Das Buch

Für viele wäre es wohl die Höchststrafe. Die junge Wienerin Nunu Kaller macht es freiwillig: ein Jahr Shoppingboykott, ein Jahr ohne neue Kleidung, ohne neue Schuhe, Schmuck oder Taschen. Aber ein Jahr voll neuer Styling-Ideen, mit Spaß am Selbermachen – und jeder Menge neuer Lebensenergie.

Mit Witz und ohne moralischen Zeigefinger erzählt Nunu Kaller in »Ich kauf nix!« von den Höhen und Tiefen ihres Selbstversuchs: von Momenten der Versuchung im Schilderwald unserer Sale!-Schnäppchen!-Alles-muss-raus!-Kultur, vom Spaß auf Kleidertauschpartys und Kämpfen mit »Mount McWäscheberg«, von Lust und Frust mit Stricknadel und Nähmaschine. Und sie geht auf die Suche nach Alternativen zum sozialen und ökologischen Wahnsinn, der mit dem Shoppen beim Textilschweden und Co. verbunden ist. Am Ende des Jahres wird sie natürlich wieder shoppen – und zwar gerne. Aber bewusster und mit gutem Gewissen.

Die Autorin

Nunu Kaller, geboren 1981 in Niederösterreich, aufgewachsen in Wien. Studium der Publizistik, Anglistik und Zeitgeschichte. Nach dem Studium arbeitete sie zwei Jahre bei *Die Presse* im Onlineressort Politik, danach wechselte sie in die NGO-Welt und arbeitet inzwischen bei einer Umweltorganisation in Wien. Nunu Kaller lebt mit Partner in Wien.

KiWi

1354

Nunu Kaller

Ich kauf nix!

Wie ich durch Shopping-Diät glücklich wurde

Kiepenheuer & Witsch

MIX
Papier aus verantwortungsvollen Quellen
FSC® C083411
FSC www.fsc.org

Verlag Kiepenheuer & Witsch, FSC® N001512

6. Auflage 2021

Umschlaggestaltung: Barbara Thoben, Köln
Umschlagmotiv: © Wirtschaftswundermuseum
Gesetzt aus der Sabon
Satz: Buch-Werk statt GmbH, Bad Aibling
Druck und Bindung: CPI books GmbH, Leck
ISBN 978-3-462-04589-5

Vorwort

Dies ist ein Buch über ein Jahr, das mein Leben verändert hat.

Na ja, eigentlich hat mein Leben sich im Jahr zuvor verändert: Meine Familie wurde von ziemlich vielen Schicksalsschlägen gebeutelt, und es dauerte Monate, bis wir alle wieder das Gefühl von Boden unter den Füßen hatten. In dieser Zeit ohne Boden, wie ich sie inzwischen nenne, manifestierte sich bei mir ein veritabler Konsum-Knall. Anstatt darüber nachzudenken, wann und wie meine Mutter, mein Bruder und wir alle wieder etwas leben konnten, das wenigstens ansatzweise an Normalität erinnerte, dachte ich viel lieber darüber nach, wie dieses magentafarbene Jerseyoberteil wohl zu meinem violetten Baumwollkleid passen würde. Und welche Stiefel ich dann dazu anziehen sollte. Oder ob ich mir eine Leinenhose in Grau bestellen sollte oder doch lieber in Grün.

Kleidung gekauft habe ich seit meinen Teenagertagen gerne, modisches Interesse war bereits seit meiner Kindheit da – und mit rosa Sachen konnte mich meine Mutter damals schon jagen. In der Zeit ohne Boden war diese Einkaufsleidenschaft jedoch kurz davor, außer Kontrolle zu geraten. Das spürte ich vor allem an meinem Konto – und an den Reaktionen meines Liebsten, der irgendwann nicht mehr so begeistert von meinen Neuerwerbungen war, wie man das von einem Liebsten erwartet. Man erwartet nämlich auf ein »Schau mal, neu!« ein »Passt dir gut, schön, gefällt mir!« und im Optimalfall ein »Sehr schön, aber kannst du das bitte wieder ausziehen? Jetzt? Sofort? Und ins Schlafzimmer kommen?«. Das kam jedoch nach einiger Zeit alles nicht mehr.

Es ging sogar so weit, dass ich die Sachen vor Flo, meinem Liebsten, versteckte. Ich brachte sie nach Hause, legte sie in den Kleiderschrank und zog sie erst ein paar Tage oder Wochen später an. Warum? Damit ich ihm sagen konnte: »Hab ich schon lang, wieso?«, falls er fragen würde. Lange später, während meiner Shoppingdiät, klärte er mich darüber auf, wie grottenschlecht meine Versteckmethode gewesen war: Er wusste, dass ich mir dauernd neue Sachen kaufte – weil die Menge der Einkaufstüten, die wir in der Küche sammeln, immer mehr geworden war. Weil er aber auch wusste, dass ich gerade eine harte Zeit durchmachte, sagte er nie etwas dazu. Toller Mann. Meistens.

Apropos »Shoppingdiät«: Um sicherzugehen, dass ich während meines Boykotts nicht schwach werde, begann ich zu bloggen. Dieser Blog (ichkaufnix.wordpress.com) war als Ventil für meine Gedanken, aber auch als Selbstkontrollinstrument gedacht. Vor einer anonymen Masse zugeben zu müssen, dass man sich ein neues Kleidungsstück gekauft hat, war einfach eine zusätzliche Hürde. Ich wollte mich nicht blamieren, weder vor mir selbst noch vor anderen.

Ein paar Kilometer weiter westlich von Wien, im schönen München, hatte Katrin übrigens zur gleichen Zeit die gleiche Idee. Auch sie bloggte über ihre einjährige Shoppingauszeit. Und sie nannte es »Shoppingdiät«. Weil ich seit jeher kein großer Fan von Diäten bin und es Phasen gibt, in denen bereits das Wort schlechte Laune und aufgeringelte Zehennägel bei mir verursacht, beschloss ich während meines Jahres, das Projekt anders zu benennen. Mal war es Shoppingabstinenz, mal Shoppingauszeit, mal Shoppingboykott.

Aber um ehrlich zu sein: Es war eine Diät. Ich habe quasi viel Konsum »abgenommen«. Und während dieses Buch entstand, wurde auch mir klar: »Shoppingdiät« ist einfach das passende Wort. Und ich danke Katrin aus ganzem Herzen dafür, dass ich es in diesem Buch ebenfalls beanspruchen darf. Überhaupt danke ich Katrin sehr, unsere Gespräche und gegenseitigen Motivationen haben das Jahr ohne Kleiderkonsum sehr bereichert.

Doch am allermeisten danke ich meiner Familie, dem Liebsten und meinen Freunden – dafür, dass wir alle immer zusammenhalten und dass wir es gemeinsam geschafft haben, dass doch alles wieder irgendwie gut ist. In diesem Sinne: Mama und Denisa, dieses Buch ist euch beiden gewidmet.

18. Dezember
Der Mount McWäscheberg

»Holde, hättest du vielleicht die Güte, beizeiten mal wieder deinen Mount McWäscheberg im Schlafzimmer abzubauen?«

Na toll. Da sitzt man einmal gemütlich auf dem Sofa und will sich die TV-Serie in Ruhe zu Ende ansehen, und der Liebste raunzt. Gut, genau genommen sitzt man den dritten Abend in Folge auf dem Sofa und glotzt, weil man dieser Serie komplett verfallen ist und es vor Spannung kaum noch aushält, ob Hauptdarsteller und Hauptdarstellerin sich kriegen – sie tun es, immer – und ob sie dann gemeinsam die Welt retten – auch das tun sie, immer. Und überhaupt, wieso stört den Liebsten denn mein aufgetürmtes Wäschechaos? Liegt doch eh alles auf einem Haufen und nicht quer durchs ganze Zimmer verteilt! Was hat er denn? Er war es doch schließlich, der meine Wäscheberge liebevoll Mount McWäscheberg getauft hat. Dass der Haufen inzwischen in etwa einen halben Kubikmeter Zimmer einnimmt, tut hier jetzt gar nichts zur Sache. Und außerdem hab ich einfach keine Lust auf Aufräumen. Die hab ich sowieso selten.

»Muss ich? Ist aber grad so spannend …«, raunze ich zurück.

»Du hast mir versprochen, dass du immer dann aufräumst, wenn ich nicht mehr an mein Zeug komme. Und da der Berg diesmal vor und nicht auf der Kommode liegt, haben wir beide jetzt ein Problem«, sagt der Liebste trocken. Ich hasse es, wenn er diesen Ton draufhat.

Ich gebe es ja zu, ich bin in Sachen Kleidung keine Ordentliche. Nie gewesen. Kleidung wird angezogen, getragen, genau an einem Ort ausgezogen und fallen gelassen. Dort landet sie auf dem Boden und gut ist. Ein Verhalten, das nicht nur früher schon meine Mutter, sondern nun auch Flo in den Wahnsinn treibt. Alle zwei Wochen in etwa wird der Berg dann abgebaut und verräumt. Zu meiner Verteidigung: Soooo schlimm bin ich nun wirklich nicht. Ich habe nur das zweifelhafte Glück, dass Flo, der wirklich in vielen Bereichen der wunderbarste Partner der Welt ist, über einen übermäßig ausgeprägten Ordnungssinn verfügt. So mit Zettel am Schreibtisch parallel zur Kante anordnen und Töpfe am liebsten schon während des Kochens abwaschen wollen.

Dennoch. Er hat ja recht, ich muss es zugeben. Der Mount McWäscheberg hat dieses Mal sogar für meine Verhältnisse verdammt hohe Ausmaße angenommen. Irgendwie ist er in letzter Zeit sogar zum Dauerzustand geworden. Ich war wohl etwas zu oft einkaufen, denke ich insgeheim, als ich die Fleecejacken aus dem Berg herausziehe und in den Kleiderschrank hänge. Wann war ich eigentlich das letzte Mal beim Textilschweden?, überlege ich, während ich den Berg an Kleidung verkleinere. Der Textilschwede ist einfach meine liebste Textilkette – immer neue Sachen, immer topmodern und immer strunzbillig.

Lang ist das nicht her. Zwei Wochen oder so. Was habe ich da eigentlich gekauft? Ah ja, genau, diesen Rock für fünf Euro. Wo ist der eigentlich? Der ist sicher irgendwo in dem Stapel vergraben. Den hatte ich erst einmal an. Könnte ich mal wieder tragen. Da liegt ja auch das rote Langarmshirt, sehr lässig, das passt sogar zu dem neuen Rock! Das hab ich auch erst seit ein paar Wochen, das Teil. Hab ich das überhaupt schon mal gewaschen? Ich muss mir endlich angewöhnen, meine Kleidung vorm ersten Tragen zu waschen. Oh, hallo Jeansjacke, lange nicht gesehen!

Langsam wird der Stapel kleiner – und dieses ungute Gefühl im Bauch stärker. Ich habe viel zu viel anzuziehen, ich gehe viel zu oft shoppen. Das kann ich wirklich nicht mehr leugnen. Der Liebste, treffsicher wie eh und je, sticht im Vorbeigehen haargenau in die offene Wunde: »Sag mal, das passt ja gar nicht mehr alles in den Kleiderschrank, wenn ich mir das so anschaue …«

Danke auch. Seh ich selbst. Grumpf.

Flo lässt mich wieder allein mit meinen Kleiderbergen. Ich verliere die Geduld und stopfe die restlichen Sachen mit Schwung in das mittlere Schrankregal und versuche, das Geräusch der nachgebenden Rückwand zu ignorieren. Verdammt, ich hab keinen Überblick mehr. Von diesen Fünfeuroröcken hab ich inzwischen drei Stück, und dass ich das rote Langarmshirt innerhalb weniger Wochen vergessen habe, ist mir wirklich peinlich.

Eigentlich ist mir das Shirt selbst peinlich, und der ockerfarbene Cordrock, den ich dazu gekauft habe, ebenso (wo ist *der* überhaupt?). Das war nämlich so: Mein Kleiderschrank gibt stilistisch viel her, aber wenn etwas darin nicht vorhanden ist, sind es edle Teile. Edel ist nicht bei mir. Ich hab's gern gemütlich, aber doch modern, leger, bunt und feminin. Diese bunte Mode aus Spanien, die gerade so in ist, die ist genau meins. Wenn die Teile nur nicht so teuer wären! Aber edel? Nö, edel gefällt mir nicht.

Doch leider musste vor Kurzem genau so ein edles Teil her. Ich war nämlich auf eine wirklich noble Hochzeit eingeladen. Eine Freundin meiner Mutter hat geheiratet, so richtig fesch in der Innenstadt, gefeiert wurde in einer 300-Quadratmeter-Dachterrassenwohnung am Graben, Wiens innerstem Innenstadtplatz. Und obwohl ich Kleider in jeder Farbe des Regenbogens (nur jede Farbe etwas dunkler schattiert) besitze, erschien mir kein Kleid edel genug für diesen Anlass. Also zog ich vor ein paar Wochen nach der Arbeit los, auf der Suche nach Edelgarderobe.

Das erwünschte Kleid fand ich nicht. Aber dieser Cordrock, der war im Ausverkauf! Und genau der hatte mir an einer Bekannten sooo gut gefallen. Nur dass der Rock der Bekannten wunderschön weinrot war und nicht so langweilig ockerfarben. Egal, der Rock musste trotzdem sein, war ja schließlich im Ausverkauf und auf fünfzehn Euro heruntergesetzt. Sicherheitshalber eben ein weinrotes Shirt dazu. Schon beim Nachhausekommen war mir klar: Das ist keine meiner Bestleistungen gewesen. Auf der Hochzeit habe ich übrigens mein Lieblingskleid aus Australien getragen und wie erwartet einen Haufen Komplimente kassiert (das *ist* aber auch lässig, das Kleid, keine Frage).

Doch es ist ja nicht erst seit dieser Hochzeit so, das muss ich mir eingestehen. Shopping ist einfach ein wunderbares Hobby, das einen den Stress des Alltags in null Komma nix vergessen lässt, weil man einfach nur noch darüber nachdenkt, wie wohl dieses Kleid da an der Stange beim Textilschweden in Kombination mit den roten Stiefeln zu Hause aussehen würde. Shopping macht glücklich, es gibt einen Kick. Ich kann gar nicht mehr zählen, wie oft ich nach richtig miesen Tagen im Büro mit einem neuen Paar Schuhe oder einem neuen Pullover nach Hause gekommen bin. Aber auch wenn es richtig gut läuft, geh ich shoppen. Ich muss mich schließlich belohnen, oder? Und was sind schon fünf Euro für einen Rock oder zehn Euro für einen Pullover? Da gebe ich mehr aus, wenn ich am Abend mit Freunden was trinken gehe.

Nur blöderweise habe ich mir im vergangenen Jahr verdammt oft den Shopping-Kick gegeben. So oft, dass der Kick – ganz wie bei einem klassischen Junkie auf Droge – inzwischen nur noch sehr kurz anhält. Meistens denke ich schon an mögliche nächste Einkäufe, während ich ein neues Stück zu Hause gerade mal erst auspacke. Dieses Jahr habe ich es mit dem Shoppen wirklich übertrieben. Ich hatte ja auch genügend Gelegenheiten, wirklich lauter gute und schlechte Tage im Büro! Aber jetzt mal ernsthaft: Mein Leben war dieses Jahr alles andere als voller Sonnenschein, das Schicksal hatte sich in meiner Familie ordentlich ausgetobt. Doch inzwischen geht es mir wieder gut. Die familiären Katastrophen haben sich halbwegs beruhigt, ich habe seit einem halben Jahr einen neuen Job mit weitaus mehr guten als schlechten Tagen, und der Liebste ist wundersamerweise trotz all der Krisen im vergangenen Jahr immer noch der Liebste.

Doch nicht nur das Shoppen selbst macht halt so viel Spaß, bisher hab ich es auch immer sehr lässig gefunden, so viel Auswahl zu haben. Das ist wohl ein Kindheitstrauma, als all meine Kleidung in ein Regalfach passte und ich meine Mama oft wochenlang belagern musste, weil ich unbedingt und jetzt und sofort eine neue Markenjeans haben wollte. Aber damals gab es ja auch den Textilschweden noch nicht …

Jedenfalls ist es einfach schön, in der Früh unter der Dusche zu stehen und zu überlegen, worauf man heute denn Lust hat – und dann genau das auch wirklich anziehen zu können.

Halleluja, endlich, der Berg ist abgebaut und verräumt. Fast eine Stunde habe ich gebraucht. Mein Name ist Nunu, und ich habe ein Problem. Ich kaufe zu oft neue Kleidung. Und die ganzen vorweihnachtlichen Sonderangebote, die da gerade in den Auslagen hängen, machen diese Erkenntnis auch nicht unbedingt besser.

27. Dezember
Urlaub

Urlaub, endlich Urlaub. Seit Wochen freu ich mich darauf. Flo und ich zwei Wochen auf Teneriffa: angenehme zwanzig bis fünfundzwanzig Grad anstelle der dunkelgrauen Minusgrade, die seit Wochen über Wien hängen, rauf auf den Vulkan Teide, mitten im Winter im Meer baden, die Insel mit einem Mietauto erkunden und jeden Tag frischen Fisch und die typisch kanarischen Kartoffeln essen, von denen mir Flo seit Jahren vorschwärmt.

Nur jetzt gerade, in diesem Moment am Vorabend des Abflugs, ist die Freude grad gar nicht so groß. Sosehr ich Urlaub liebe, so sehr hasse ich das Kofferpacken. Der Liebste braucht dafür eine halbe Stunde, ich einen halben Tag. Und während meine Reisetasche meist kaum zugeht, hat er bei sich im Koffer sogar noch Platz – es ist mir ein Rätsel. Während ich versuche, meine diversen Stapel an Shirts, Röcken und Sommerhosen zu reduzieren, um eine realistische Chance auf das Verschließen der Tasche zu haben, schickt meine Freundin Gina eine SMS: »Rote Unterwäsche nicht vergessen! In Spanien trägt man zu Silvester als Glücksbringer rote Unterwäsche. Und du hast dieses Jahr so viel Pech gehabt, du darfst jetzt echt nix riskieren, also hopphopp, einpacken, hast du sicher, oder?« Aus dem roten Unterwäscheset, das ich besitze, bin ich vor gefühlten fünf Jahren herausgewachsen. Ich besitze Unterwäsche in Weiß, Schwarz, Bunt, Gestreift, Türkis, Orange, Violett, Gemustert, mit Spitze und ohne, aber keine rote, die mir passt.

Also los, rote Unterwäsche kaufen.

Wohin? Eh klar, ab zum Textilschweden.

Etwa 45 Minuten später sitze ich schon wieder in der U-Bahn heimwärts. Ja, ich habe rote Unterwäsche gefunden. Aber auch ein schwarzes Top für nur zwei Euro (!!), eine grüne Hose für fünfzehn Euro, schnell mal ohne Anprobieren gekauft, und eine unglaublich lässige rostrote Bluse. Diese Bluse ist perfekt für Teneriffa, das weiß ich jetzt schon! Dieser Ausverkaufswahnsinn, der jedes Jahr kurz nach Weihnachten losgeht, kommt mir gerade sehr entgegen – ich habe insgesamt genau 48 Euro ausgegeben. Woanders hätte ich dafür nicht einmal einen roten BH bekommen! Erfolg!

Die Reisetasche geht immer noch nicht zu. Wie immer muss Flo ein Paar Schuhe von mir bei sich im Koffer einpacken. Wie immer macht er das nur höchst widerwillig. Und wie immer geht die Diskussion los, wofür ich so viel Zeug im Urlaub brauche. Wofür ich überhaupt so himmelschreiend viel zum Anziehen brauche. Ob ich mir schon mal überlegt hätte, wie viel das kostet, insgesamt. Wie sehr ihn mein Chaos rund um den Kleiderschrank nerve. Wie inkonsequent ich sei. Und wie immer denke ich, er hat ja wirklich keine Ahnung, der Liebste.

Zu seiner Verteidigung: So vortrefflich an mir herumkritisieren kann er wirklich nur beim leidigen Shopping-Thema. Und vielleicht auch beim Aus-dem-Teller-des-anderen-Kosten, aber das ist eine andere Geschichte.

Doch diesmal ist es schlimmer als sonst, wir streiten richtig heftig. So sehr, dass wir auf dem Weg zum Flughafen und beim Einchecken nur das Nötigste besprechen. Während dieser Schweigeminuten keimt in mir ein Gedanke. Ja, ich bin nicht konsequent, da hat er recht. Und dass ich zu viel Kleidung besitze, da könnte er eventuell, unter Umständen, wenn man es aus einer gewissen Perspektive betrachtet, auch recht haben.

Ob ich die Ausgaben der letzten paar Monate mal zusammenrechnen soll? Ich verwerfe den Gedanken schnell wieder: Ich weiß, dass es viel ist – und das mit dem Masochismus, das ist so gar nicht meins. Ist sowieso weg, das Geld, wozu noch drüber nachdenken? Überhaupt, die Geldausgeberei, die nervt ja nicht nur den Liebsten. Ich verdiene nicht genug, um mir regelmäßig solche Einkaufsräusche zu leisten – und leiste sie mir trotzdem. Ich weiß, dass das dumm ist. Aber irgendwie geht es sich dann doch am Ende des Monats immer wieder aus.

Dann ist er plötzlich da, der Gedanke. Ein Jahr lang keine neue Kleidung kaufen. Wenn ich das schaffe, dann beweise ich einerseits meine Konsequenz, andererseits gewinne ich vielleicht die Möglichkeit, wieder für Überblick im Kleiderschrank zu sorgen.

Wirklich?

Ein Jahr keine neue Kleidung kaufen?

Interessanterweise schreckt mich der Gedanke gar nicht ab. Im Gegenteil, er klingt regelrecht erleichternd. Dass ich schon längst nicht mehr einkaufe, weil ich neue Sachen brauche, das hat mein Bauch schon vor einer Weile überrissen. Doch jetzt, in diesem Moment im Flugzeug, kommt es auch im Kopf an: Nunu, du hast ein Problem. Du bist ein Shopaholic. Und du musst auf Entzug. Dringend.

Aber da wäre noch diese eine Sache, die dieser Idee ganz gewaltig im Weg steht: meine seit Anbeginn meiner Tage nur in Krümeln existierende Konsequenz. Wenn ich etwas durchsetzen will, dann muss es möglichst jetzt, sofort sein. Langfristigere Planungen und Zielsetzungen sind ganz und gar nicht meins, mein Zeithorizont bewegt sich normalerweise bis zum nächsten Wochenende, dem nächsten Urlaub oder dem nächsten Gehaltsscheck. Ein ganzes Jahr durchhalten, ohne schwach werden? Puh! Die Zweifel sind plötzlich doch groß, aber ganz tief in mir drin nagt sie sich gerade den Weg frei, die Überzeugung, dass ich das schaffen kann.

Wie praktisch, dass in wenigen Tagen Silvester ist! Eigentlich könnte ich doch gleich den klassischen Vorsatz fürs neue Jahr beschließen. Doch auch dieser Teil des Plans hat einen Haken: An unseren Teneriffa-Urlaub hängen wir noch ein Wochenende in Barcelona an. Praktischerweise wohnt ein guter Freund seit vielen Jahren dort, und seine Frau arbeitet bei einem riesigen Textilkonzern. Stichwort Mitarbeiterprozente und so.

Wenn ich das wirklich durchziehe, ein Jahr nix Neues zu kaufen, dann definitiv erst ab der Rückkehr nach Wien und keine einzige Minute vorher.

29. Dezember
Soll ich wirklich?

Ich zögere noch zwei Tage, Flo von meiner Idee zu erzählen – auch wenn wir uns seit dem ersten gemeinsamen Anblick des Meeres wieder richtig lieb haben. Ich habe nicht etwa Angst, er würde mich auslachen oder nicht an mich glauben oder die Idee für blöd halten oder gegen mich wetten oder, oder, oder. Ich habe Angst, dass er *zu* begeistert sein würde und anfangen würde, mir Druck zu machen, damit ich sofort, jetzt, gleich damit beginne.

Er reagiert für mich überraschend. Nach seinem vernachlässigenswerten ersten Kommentar – »Na, das schau ich mir an, du und keine neuen Fetzen!« – sagt er, nachdem er sich ganz brav von selbst das Grinsen aus dem Gesicht gewischt hat: »Klingt gut und würde deinem Konto auch guttun.

Aber wenn, dann mach doch noch was draus. Ein Jahr lang nix kaufen, das ist echt keine Herausforderung.«

Ja, da hat er recht. Ein Jahr lang kein Kauf von neuer Kleidung, das könnte zufällig vorkommen. Manchen Menschen passiert das sogar regelmäßig. Auf der anderen Seite: mir eben nicht. Für mich ist es eine echte Herausforderung.

»Nein, ich meine damit, dann informier dich doch«, erklärt er weiter: »Du arbeitest jetzt seit einem halben Jahr bei einer Umweltschutzorganisation. Hast du schon mal darüber nachgedacht, wie deine ganzen Fetzen produziert werden? Man kriegt doch immer wieder mit, dass das eine ziemliche Sauerei sein soll.«

Das sitzt. Ja, auch da hat er recht. Ich weiß natürlich, dass es beim Baumwollanbau zu einem ziemlich gewaltigen Wasserverbrauch kommt, und dass es in den Fabriken, wo die Kleidung genäht wird, nicht menschenwürdig zugeht. Aber wenn ich in einem Laden stehe, denke ich nur an die Dinge, die ich da kaufen kann, und wie sie wohl zu meinen zu Hause bereits vorhandenen Sachen passen könnten. Wenn ich überhaupt »denke«. Manchmal gebe ich mein Hirn gleich beim Eingang ab und verfalle in eine Art Kaufrausch – ein Gefühl, das jede Frau nachvollziehen können wird, die schon einmal in einem perfekten Schuhgeschäft gestanden hat, wo obendrein Ausverkauf war. In diesen Situationen darüber nachzudenken, wer wohl zur Herstellung dieser Schuhe beigetragen hat und ob sie unter menschenwürdigen Situationen entstanden sind – ist nicht. War bisher nicht. Der Liebste – selbst in Modesachen relativ trendresistent – sieht das anders. Für solche Inputs mag ich ihn sehr. Er ist halt einfach doch der Allerliebste.

30. Dezember Gleich morgen?

»Was ist? Übermorgen ist Silvester, kannst ja gleich anfangen, oder?«

Also doch, Flo macht Druck. War ja klar.

»Hast du vergessen, dass wir noch zu Christoph und Maria nach Barcelona fliegen? Und dass diese bunte Mode, die ich so mag, aus Barcelona kommt?« Christoph ist der gute Freund aus Wien, der in Spanien seine Traumfrau gefunden hat, in Barcelona mit ihr lebt und praktischerweise ein Gästebett hat.

»Na komm, wenn schon, denn schon. Und ich überleg mir auch etwas, auf das ich für ein Jahr verzichte, okay? Ein Jahr nix shoppen ist für mich jetzt aber keine große Herausforderung, fällt dir was anderes ein?« Flos Grinsen geht von einem Ohr zum anderen.

Der wirkt ja ziemlich siegessicher, der Gute. Glaubt, dass mir nichts einfällt, das für ihn ähnlich schlimm ist wie eine Shoppingdiät für mich. Noch dazu weiß er, dass er ein sehr konsequenter Mensch ist, dem auch Verzichten nicht schwerfällt. Na warte, mein Lieber. Du wirst noch Augen machen. Von dem hohen Ross hole ich dich schon noch runter.

»Wie wär's, wenn du für ein Jahr lang keine Gummibärchen isst?«, frage ich mit zuckersüßem Blick. So zuckersüß, wie seine heiß geliebten kleinen Bärchen schmecken.

Binnen Sekunden entgleiten Flo die Gesichtszüge. Obwohl er im Gegensatz zu meinen doch eher wohlgeformten Rundungen sehr schmal und schlank ist, ist er regelrecht süchtig nach Gummibärchen. Macht er sich eine Tüte davon auf, ist sie ungelogen innerhalb von fünf Minuten leer gegessen. Nur »ein paar« Gummibärchen zu essen ist ein

Konzept, das er nicht kennt. Es ist immer gleich die ganze Packung leer.

Also: ein Jahr lang keine Gummibärchen. Ein paar Sekunden zögert er, Sekunden, in denen ihm die Panik ins Gesicht geschrieben steht. Doch dann willigt er ein. »Ja, das ist definitiv genauso hart wie kein Shopping für dich, das seh ich ein«, seufzt er – und ich bin glücklich über meinen tollen, solidarischen Freund.

Während er sich sichtbar an den Gedanken gewöhnt, schon bald seine Lieblingssüßwaren nicht mehr essen zu dürfen, sprudele ich los: »Wenn wir wieder in Wien sind, informiere ich mich, wo meine Kleidung herkommt – genau die Marken, die ich am meisten habe, schau ich mir an! Außerdem werde ich mir selbst einen Pullover stricken und einen Rock nähen, ja genau, das mach ich! Und ausmisten will ich. Überhaupt will ich wissen, wie viel Kleidung ich eigentlich besitze, ich werde zu Hause alles durchzählen«, ich bin kaum noch zu bremsen, »aber all das beginnt ab Urlaubsende, okay? In Barcelona will ich unbedingt noch mal shoppen gehen …«

Der Liebste ist inzwischen sehr still geworden. Ihm wird anscheinend gerade klar, dass ein Jahr nicht gerade kurz ist. Doch es kommt noch schlimmer: »Du, Nunu, wie blöd, wir haben ein Schaltjahr vor uns. 366 Tage keine Gummibärchen, das wird echt hart!«

2. *Januar*
Einkaufspanik nicht erlaubt

Teneriffa hat einen unglaublichen Vorteil, stelle ich fest. Rein shoppingtechnisch kann ich es dort vergessen. Jeden Abend schlendern wir vom Hotel runter in die Altstadt und entscheiden uns für ein anderes Restaurant. Die Geschäfte haben teilweise bis weit nach unserem von zu Hause gewohnten Ladenschluss geöffnet. Flo ist sogar richtig gönnerhaft unterwegs und fragt bei jedem kleinsten Seitenblick meinerseits in Richtung einer Auslage, ob ich nicht hineinschauen wolle. Ich habe ihn schwer im Verdacht, dass er sich jetzt noch mal von seiner geduldigen Seite zeigen will, bevor das shoppingfreie Jahr losgeht. Er scheint sich darauf zu freuen, dass genau dieses Nunu-beim-Shopping-Begleiten bald für ein Jahr vorbei sein wird. Doch offen gestanden: Ich habe weder Lust auf Rentnerinnen- noch auf Wanderermode. Zwischen diesen beiden Extremen gibt es dann noch eine Menge klassischer Touristenfallen mit gefälschten Parfums (mein Favorit: »Hugo Boos«), billigen Plastikschuhen und Haarschmuck, mit dem man wahrscheinlich aufgrund akuter Brandgefahr einer Kerze nicht mal auf zwei Meter nahekommen darf. Lediglich ein einziger Shop bietet recht feine Teile an – doch als wir den erreichen, ist die Geduld meines Liebsten nach mehreren durchschlenderten Läden wieder dahin und mein Zeitkontingent aufgebraucht. Macht nix. Meine Tasche geht ja eh kaum zu, und in wenigen Tagen steht Barcelona an.

Schon wochenlang bin ich drauf eingestellt: Barcelona! Shopping! Bunte Kleider und Mäntel! Juhu!!! Das jetzt auszulassen, wäre mir eindeutig zu heftig, zu sehr fiebere ich bereits den großen bunten Läden auf der La Rambla und den kleinen entzückenden Läden im Barri Gòtic entgegen. Ob die bunten Patchworkmuster-Kleider, die gerade in ganz Europa immer beliebter werden, in ihrem Heimatland billiger sind? Vorfreude, Vorfreude!

Doch eines nehme ich mir fest vor: Bummeln ist erlaubt, Einkaufspanik ist verboten. Dass ich mich nicht mit Basics für das Jahr ausrüsten muss, weiß ich. Den Überblick über die Menge meiner Strumpfhosen oder Langarmshirts habe ich eh längst verloren, da muss ich nicht noch weitere Teile hinzufügen. Außerdem erscheint es mir fast wie Schummeln. Keine Panik. Alles roger. Durchatmen. Ein, aus, ein, aus.

13. *Januar* Barcelona und die Mitarbeiterprozente

»Und, wann magst du mit Maria einkaufen gehen?«, fragt Christoph. Maria arbeitet bei einem der größten Textilunternehmen Spaniens, das seine Zentrale außerhalb von Barcelona hat.

Mitarbeiterprozente – ein Wort wie Musik in meinen Ohren. Eine innere Anspannung macht sich breit. In mir drin kämpfen zwei Einstellungen gegeneinander. Während die eine mich nervös macht und dauernd sagt: »Kauf! Kauf! Kauf!! Du darfst bald nicht mehr!«, wiederholt die andere wie in einem Mantra: »Du brauchst nichts. Denk daran, was du alles zu Hause im Schrank hängen hast. An diesen Gedanken musst du dich jetzt sowieso gewöhnen.« Selbst der Rotwein, an dem ich gerade nippe, lässt die beiden nicht verstummen.

14. Januar
Final Countdown

Samstag, 12 Uhr, Barcelona. Die Frisur hält. Gestern noch das klassische Touristenprogramm heruntergespult, ist heute Shopping angesagt. In fast feierlicher Stimmung betrete ich das riesige Geschäft der Textilkette mit den bunten Sachen. Schlechtes Licht gibt es, und ein bisschen laut ist es, aber die Sachen sind schön! Nur leider ist kein Stück so schön, dass ich es wirklich mitnehmen will – irgendwie bin ich überfordert von dieser Masse an grell gemusterten Kleidern und Mänteln.

Ich bin enttäuscht. Da habe ich nur noch heute die Gelegenheit, und dann finde ich nix? Was ist denn das für ein grausames Spiel des Schicksals? Der Liebste schmeißt nach ein paar Stunden die Nerven weg und beschließt, mich für eine Stunde alleine weitershoppen zu lassen. Haha, ich hab noch nicht *ein* Teil gefunden, was heißt da »weitershoppen«, bitte?

Fast schon trotzig kaufe ich ein paar Straßen weiter in einer Filiale einer Textilkette, die es auch in Wien gibt, ein türkisfarbenes Pulloverkleid – und freue mich, obwohl es nur ein Trotzkauf ist. Endlich eine Plastiktüte in meiner Hand.

»Na, was hast du gefunden?«, begrüßt mich ein wieder entspannter Flo.

»Ein Kleid, in Türkis!«, antworte ich wahrheitsgemäß.

»Na ganz was Neues, türkis! Hast ja so wenige Sachen in Türkis!«, lacht er.

Ja, okay, der Vorwurf von Freunden, ich sei in Sachen Türkis wie eine Elster, könnte ein Körnchen Wahrheit beinhalten. Die Farbe Türkis und ich, wir sind halt einfach beste Freundinnen. Aber dieses dunkle Türkis, das fast schon ins

Petrolfarbene geht, nicht dieser Pastellscheiß. Seit Jahren zieht mich diese Farbe magisch an. Und glücklicherweise ist diese Liebesbeziehung gegenseitig – Türkis steht mir einfach. A match made in heaven.

Dass es mein zweites Pulloverkleid innerhalb kürzester Zeit ist, den Gedanken schiebe ich schnell beiseite. Das andere, das zu Hause im Schrank liegt (oder doch auf dem Mount McWäscheberg?), ist eh grau, gaaaaanz anders also.

Doch der Höhepunkt meines letzten Shoppingtages steht noch bevor: mit Maria in einer Filiale »ihrer« Textilkette einkaufen gehen. Etwa zwei Stunden vor Ladenschluss treffen wir uns und ziehen los. In der engen Umkleidekabine, die sogar jetzt im Winter nach einem recht uncharmanten Mix aus mindestens drei verschiedenen Schweißausbrüchen von Mädels riecht, die trotz Kampf gegen den Hosenknopf nicht in Größe Hungerhaken reinpassen, passe ich nicht mal in Größe Wohlgenährt. Was ich eigentlich schon vorher hätte wissen können – Hüfthosen passen nie, ich wiederhole, NIE in einer Größe, die einem sogar sonst nur mit viel Glück passt. Ich pelle die senfgelbe Knackwurst wieder an meinen Beinen runter und probiere eine blaue Strickweste an. Die passt wenigstens. Ansonsten sind meine Funde eher mager. Ganz im Gegensatz zu denen von Flo, der stolz mit einer neuen Jacke und ein paar T-Shirts an der Kasse auf Maria und mich wartet. Na ja, wenigstens nix Überflüssiges gekauft, das ich sowieso nicht brauche, sondern nur kaufen würde, weil ich's über Maria billiger bekomme. Wobei, den bunten Schal, der da neben der Kasse hängt, den nehme ich doch noch mit. Man weiß ja nie.

Das Überflüssige erledige ich dann beim Textilschweden, wo ich mir mein viertes oder fünftes schwarz-weiß geringeltes Shirt kaufe.

Wirklich gut fühle ich mich nicht, als ich mit den neuen Sachen bei Maria und Christoph versuche, meine Tasche zu schließen (und bete, dass die Reißverschlüsse halten). Ich kann nur nicht einsortieren, ob es sich blöd anfühlt, weil ich genau weiß: »Das war es jetzt, liebe Nunu«, oder ob es sich blöd anfühlt, weil ich im Grunde noch genauer weiß: »Nix von dem neuen Zeugs brauchst du, liebe Nunu.«

Das war es jetzt also wirklich. Der letzte Abend unseres Urlaubs. Alle Geschäfte sind zu, morgen geht mein shoppingfreies Jahr los. Ich entspanne mich wieder bei dem grandiosen spanischen Rotwein und unterhalte mich mit Maria. Sie hat schließlich Insiderwissen in Sachen Textilproduktion. Neugierig höre ich ihr zu, wie ihre Geschichten immer absurder werden. Ich habe noch nicht einmal angefangen, mich damit zu beschäftigen, wo meine Kleidung genau herkommt, und schon jetzt hängt mir die Kinnlade bei Fuß. Die mit Abstand beste Geschichte, die Maria erzählt:

Ihre Firma lässt ihre Entwürfe unter anderem in China nähen, so wie viele andere große Konzerne. Dort werden die Teile dann abgepackt und Richtung Hauptquartier verschifft. Dort werden sie ausgepackt, umgepackt, neu zusammengestellt und landen wieder auf dem Schiff. Da es auch in China Filialen dieses Textilriesen gibt, werden manche Teile auch wieder zurück nach China geschickt. Sie sind dann quasi einmal um die ganze Erde herumgereist. Übrigens: Auch Transport per Schiff ist umweltschädigend, und zwar nicht gerade wenig. Sagt zumindest mein Kollege immer. Maria holt zur Pointe aus: »Und dann? Bleibt die Kleidung aufgrund mangelhafter Qualität im chinesischen Zoll hängen.«

Unfassbar. Dass das nur der Gipfel eines riesigen Eisberges ist, werde ich in einigen Wochen feststellen. Doch schon allein diese Info reicht mir, um meine neue Weste mit kritischen

Augen zu begutachten. Wo kommst du wohl her, du schönes Wollstrickstück? Woher kommt die Wolle, wo wurde sie gefärbt? Welche Maschine hat dich gestrickt und wer hat dich dann zusammengenäht? Und das, was für dich gilt, gilt das für alle anderen Stücke in meinem Kleiderschrank auch?

An diesem Abend kann ich lange nicht einschlafen.

15. Januar
Ein allerletztes Mal

Doch der wirkliche Tiefschlag ereilt mich am nächsten Tag am Flughafen. Da Flo und ich uns die Neurose teilen, einen Flug verpassen zu können, sind wir mal wieder um Stunden zu früh am Flughafen und haben unser Gepäck bereits eingecheckt. In meiner Naivität denke ich, dass sonntags auch am Flughafen nur die »nötigsten« Geschäfte – also die Souvenirläden – offen haben. Weit gefehlt – jeder einzelne Laden ist geöffnet. Oh verdammt, es gibt auch eine Filiale mit dieser bunten Patchworkmode. Ich merke, wie mein Herz schneller klopft. Morgen ist wirklich definitiv Beginn der Shoppingdiät. Aber heute, auch wenn Sonntag ist, darf ich ja eigentlich noch, oder?

Praktischerweise muss Flo aufs Klo. Ich kann nicht widerstehen und betrete den Raum voller bunter Kleidung. Und da hängt er. *Der* Mantel. Er ist perfekt. Obenrum schwarz, aber nicht langweilig. Untenrum bunt, aber nicht zu bunt. Er passt wie angegossen und ist noch dazu preislich runtergesetzt. Nur neunzig Euro! Sonst kosten diese Mäntel locker drei- bis viermal so viel! Wo ist Flo eigentlich? Hat der sich auf dem Weg zum Klo verlaufen? Auf einem Flughafen nicht so unwahrscheinlich. Nach etwa zehn Minuten des sehnsüchtigen Sich-mit-dem-Mantel-im-Spiegel-Anschauens verlasse ich den Laden und suche Flo. Er kommt mir sowieso schon entgegen. Und mit mir geht es durch.

»Liebster? Allerliebster Liebster? Magst dir kurz was anschauen kommen? Ich muss dir was zeigen.«

Zum Glück hat er gerade keine Ausrede. Am Flughafen funktioniert ja weder ein »Hab keine Zeit, muss noch ein Meeting vorbereiten« noch ein »Du, ich sollt dringend mein Fahrrad aufpumpen, leider«. Also zerre ich ihn zurück in die Filiale und zeige ihm den Mantel. Das wird mein letzter Kauf, da bin ich schon sicher. Aber wenn, dann will ich ihn auch in der klassischen Dramaturgie zelebrieren. Wenn schon, denn schon.

Es funktioniert. Ich führe den Mantel vor. Der Liebste meint etwas genervt: »Brauchst du den wirklich?« Ich erkläre ihm haarklein, dass ich keinen schwarzen Mantel besitze (gelogen), und schon gar keinen mit solchen bunten Tupfen drauf (nicht gelogen, aber stilistisch jetzt auch nicht unbedingt lebenswichtig für eine Garderobe). Er versucht's anders: »Die neunzig Euro hast aber nicht mehr im Urlaubsbudget, oder?« Ich wedle schnell mit der Kreditkarte und erkläre, dass ich jetzt doch sowieso für ein Jahr gar nix mehr kaufen werde, da würden neunzig Euro doch überhaupt nicht ins Gewicht fallen.

Funktioniert wie am Schnürchen, als ob es ein Drehbuch dafür gäbe. Schnell noch einmal kurz überlegen und ein lang gezogenes »Soll ich wirklich?« fragen und das schulterzuckende »Du musst es wissen, ich kann's dir eh nicht ausreden« als finales Argument für den Mantelkauf entgegennehmen.

Ein letztes Mal ein neues Kleidungsstück in einer Papiertüte in Empfang nehmen, ein letztes Mal die Kreditkarte durch das Kartenlesegerät ziehen lassen, ein letztes Mal die

Unterschrift auf eine Rechnung krakeln. Ein letzter Schuss für den Shoppingjunkie in mir. Tut das gut!

Aber hoffentlich auch ein letztes Mal dieses nagende schlechte Gewissen, weil man genau weiß, dass das gerade nur ein Kauf um des Kaufens willen war und nicht um des Mantels willen. Wobei, der Mantel ist wirklich schön.

16. *Januar* Los geht's

Zurück in Wien. Ich bin voll motiviert. Das Auspacken der Reisetasche, die Berge an Schmutzwäsche und das vor dem Urlaub zurückgelassene Chaos in und rund um den Kleiderschrank nerven mich so sehr, dass der Gedanke an die shoppingfreie Zeit wie ein Wellnessurlaub erscheint.

Wenn man eines in meiner Familie übrigens nicht tun darf, ist es, sich nicht zu melden, wenn man irgendwo ankommt. Egal, ob man von den Eltern die etwa fünfzehnminütige Fahrt nach Hause mit dem Auto antritt, ob man mit dem Zug zu Freunden aufs Land fährt oder in den Urlaub auf einen anderen Kontinent fliegt. »Meld dich, wennst angekommen bist« sind immer die letzten Worte meiner Mutter. Die kommen sogar noch nach dem »Bussi und Baba«. Also melde ich mich auch heute aus dem Urlaub zurück. Und weil grad Zeit ist und ich sowieso nicht Tasche auspacken und Wäsche waschen will, werde ich mich sogar persönlich zurückmelden. In meinem neuen Mantel.

»Fesch, fesch! Ist der aus Barcelona?«, sind die ersten Worte meiner Mutter, und mein Vater grinst. Der grinst aber nur, weil er sich freut, mich wiederzusehen, nicht aufgrund des

Mantels. Warum ich das so genau weiß? Weil ich niemanden auf der ganzen Welt kenne, der noch intensiver kleidungsblind ist als mein Vater. Meine Mutter hingegen riecht neue Kleidung fünf Meter gegen den Wind. Metaphorisch gesprochen natürlich. Hoffe ich zumindest immer.

»Ja, den hab ich gestern am Flughafen gekauft«, sage ich. »Ist übrigens mein letzter Kauf für ein Jahr.« Mama versteht nicht gleich. Ich muss es ihr erklären. Sie reagiert wirklich furztrocken: »Super. Du solltest eh sparen bei deinem kleinen Gehalt.«

Womit habe ich es eigentlich verdient, in eine Familie hineingeboren worden zu sein, deren Verhalten und deren Kommentare manchmal trockener sind als der Weißwein, der gerade vor mir steht? Dass mein Liebster meiner Familie in Sachen verbalem Staub um nichts nachsteht, gibt mir ebenfalls zu denken.

Gina, eine meiner besten Freundinnen, kennt mich verdammt gut. Ihre erste Reaktion, als ich ihr nach einem ausführlichen Protokoll des Urlaubs am Telefon von meinem Vorhaben erzähle: »Never. Nie. Niemals. Never ever. Das schau ich mir an, wie du Shopaholic das schaffen willst.«

Danke auch. Was für eine tolle Motivation. Andererseits kennt sie mich nicht nur verdammt, sondern verdammtdammt gut: Sie weiß genau, dass sie mich mit dieser Reaktion unglaublich anstacheln kann. Ich mag ja vielleicht nicht konsequent sein – aber stur bin ich bis dorthinaus. Nachdem sie nur noch hin und wieder gluckst und nicht mehr schallend lacht, packt sie dann auch die positive Motivation aus: »Find ich cool! Hätt auch nie gedacht, dass gerade du dich mit den Hintergründen der Modeproduktion auseinandersetzen willst!«

Moment mal, was heißt das jetzt schon wieder?!

Ich versuche, es ihr zu erklären: »Ich denk mir halt, ich kenne das fertige Stück, und ich kenne den Preis. Alles, was davor war, kenne ich nicht. Blöd, oder? Bei meinem Gemüse will ich ja auch unbedingt, dass es Bio ist und dass auf dem Etikett draufsteht, welcher Bauer in welchem Kuhdorf das jetzt angebaut hat.«

»Stimmt schon, und das find ich auch super! Aber glaubst du wirklich, dass du das durchhältst? Darf ich dich kurz mal an Australien erinnern? Wir haben uns in den Städten von einer Shoppingmall zur anderen bewegt damals«, meint Gina.

»Ja, aber auch nur, weil es so heiß war und wir uns nur in klimatisierten Räumen aufhalten konnten, draußen ist man ja zergangen, bitte!« Noch während ich das sage, merke ich, wie armselig dieser Versuch einer Ausrede ist.

Und nutzlos. Gina stellt nämlich klipp und klar fest: »Liebste Nunu, ich kenne keine Frau, die lieber shoppen geht als du.«

Sie hat ja recht, aber wieso geht mir diese Aussage so wahnsinnig gegen den Strich?

19. *Januar* Feedback

In den folgenden Tagen »sammle« ich Reaktionen aus meinem Umfeld ein: Der Großteil meiner Freundinnen ist schwer begeistert. Die meisten betonen, dass sie das selbst nie schaffen würden und – wie Gina es schon so haargenau in die Wunde treffend auf den Punkt gebracht hat – dass sie sehr überrascht seien, dass ausgerechnet ich so etwas schaffen will. Aber im Großen und Ganzen finden es alle gut. Yey, Bauchpinselei!

Den Vogel schießt ein Arbeitskollege ab. Er ist so überzeugt, dass ich es nicht schaffen werde, dass er mit mir sogar um fünfzig Euro wettet. Damit heizt er meine Motivation nur noch mehr an. Dem werde ich es schon noch beweisen!

Doch er ist nicht der Einzige, der nicht an mich glaubt. Der beste Freund von Flo bricht in schallendes Gelächter aus. »Nunu, du bist eine Frau! Frauen gehen shoppen, das ist ein Naturgesetz! Jede Wette, dass du das nicht durchhältst. Und wenn ich dir Gutscheine für den bunten Spanier schenken muss, die eine Woche vor Ende des Jahres ablaufen.« Er kriegt sich wirklich kaum noch ein vor Lachen – und ich bin einfach nur strunzbeleidigt. Genauso beleidigt, wie ich als Kind war, als es mal wieder hieß: »Da bist du noch zu klein dafür, Nunu.« Pures, reines Beleidigtsein.

20. *Januar* Selbsttest, die Erste

Gut, sobald man sich erst mal die ganzen Onlineshops verbietet, wirkt alles ganz einfach. Aber da wäre ja auch noch die Mariahilferstraße, Wiens bekannteste Einkaufsstraße und blöderweise nur zwei U-Bahn-Minuten von meinem Zuhause entfernt. In meiner Übermotivation hatte ich schon in Spanien beschlossen, dass ich mich sehr bald nach meiner Rückkehr selbst testen und einmal die Mariahilferstraße runtergehen würde. Vorbei an all den Auslagen mit billiger Mode.

Die Gelegenheit kommt bereits am ersten Wochenende. Ich bin auf zwei Partys eingeladen. Nachdem es beim ersten Fest gutes Essen gegeben hat, beschließe ich, den Weg zum zweiten Fest zwecks Verdauung zu Fuß zurückzulegen. Der

Weg führt – richtig geraten – die Mariahilferstraße entlang. Also perfekt für meinen Selbsttest, aber in der ziemlich feigen Version: Es ist spätabends, alle Geschäfte haben zu, nur aus dem Burgerladen am oberen Ende und der Pizzabude neben der Kirche strömen etwas bedenkliche und trotzdem verführerische Gerüche.

Alles zu ist wirklich feig, ich weiß. Aber andererseits: Ich kann ja mal schauen, ob mich irgendetwas anspringt, von dem ich mir einbilde, ich müsste es am Montag unbedingt kaufen. Das klingt jetzt vielleicht seltsam, aber ich kenne dieses Verhalten bei mir zur Genüge.

Doch erstens kommt es anders, zweitens als man denkt: Die ganzen Kleidungsläden lassen mich komplett kalt – zum Glück ist die Frühlingsmode dieser Saison in meinen Augen einfach nur grottenhässlich. Weder gemusterte Paillettenkleider, wie sie die Damen in der Serie »Golden Girls« tragen – allerdings in einer signifikant längeren Version als der, die mich da aus der Auslage anschaut –, noch Karottenjeans in Pastellfarben reizen mich. Im Gegenteil. Es schüttelt mich. Flo würde sagen: »Da kämpfen die Haare jetzt alle um einen Stehplatz«, könnte er meine Gänsehaut sehen.

Nur meine Sucht nach Stiefeln, die habe ich massiv unterschätzt. Ich drücke meine Nase an einem Schaufenster platt, das mich von einem wunderschönen hellbraunen Paar Stiefel trennt. Ich liebe den Schnitt der Stiefel, ich liebe die Farbe, runtergesetzt sind sie auch noch, ich will hellbraune Stiefel haben, jetzt und sofort! Ich brauch die, ich will die haben, haben, haben!!

Das könnte hart werden, das Jahr.

21. *Januar* Die Regeln

Regeln müssen her. Wenn schon konsequent, dann auch richtig. Im Urlaub habe ich mein Notizbuch vollgeschrieben mit einzelnen Einfällen, jetzt muss ich sie mal zusammenfassen. Ich beschließe folgende Punkte:

1. Ein Jahr lang nicht shoppen. Keine Bekleidung, keine Schuhe. »Sonstiges« Shoppen wie Möbel, Deko, Parfums usw. ist erlaubt. (Irgendwie mache ich mir in dem Moment Sorgen um meine sorgfältig eingerichtete Wohnung. Ich habe Gedankenblitze von bis ins letzte Eck mit Möbeln vollgestellten Räumen, die in ihrer Anordnung etwas an das Spiel Tetris erinnern. Mir ist klar: Achtung, Ersatzhandlungsgefahr …)
2. Selbermachen ist erlaubt und auch gewollt. Das wäre doch gelacht, ich kann das. Ich werde mir Stoff und eine Nähmaschine organisieren und versuchen, mir selbst etwas zu nähen. Obwohl ich mich mit Schaudern an meine von einer schrecklichen Handarbeitslehrerin in der Unterstufe erzwungenen Nähversuche erinnere. Eventuell werde ich die Hilfe von näherfahrenen Freundinnen in Betracht ziehen, so ganz alleine traue ich mir das nicht zu. Aufs Stricken allerdings freue ich mich. Ich habe immer schon gern gestrickt, doch über die Schal-und-Mütze-Kombination bin ich bisher nie hinausgekommen. Ich will einfach wissen, wie lange ich für ein Kleidungsstück brauche, wie viel Arbeit es ist und wie oft ich dabei fluchen werde.
3. Ich habe einen »Joker«. Das schreibe ich nur auf, weil ich weiß, dass ich im Sommer dringend Wanderschuhe

brauchen werde. Die Wanderungen auf Teneriffa in meinen bequemen Outdoorschuhen waren zwar okay, knöchelhohe Wanderschuhe würden mir jedoch mehr Trittsicherheit garantieren. Und im Sommer wollen wir ja in die Berge wandern gehen.

4. Im Hinterkopf hatte ich es eh immer wieder, wenn ich in meinen Shirts was von »Made in Bangladesch« las: Die Bedingungen, unter denen heutzutage hergestellt wird, sind gewaltig mau. Doch jedes Mal, wenn ich irgendein neues wunderschönes Teil entdecke, das ich unbedingt haben muss, vergesse ich plötzlich die immer wiederkehrenden Artikel rund um Kinderarbeit und sonstige schlimme Dinge, die in den Fabriken in Fernost passieren. Im folgenden Jahr will ich mich besser informieren. Ich will genau wissen, wo und wie meine Kleidung produziert wird. Vor dem Teil des Projekts habe ich gewaltig Respekt, ich befürchte, dass ich da ziemlich üble Dinge entdecken werde.

Außerdem nehme ich mir noch so einige Fleißaufgaben vor:

- Ich werde all meine Kleidungsstücke zusammenwerfen und den Stapel fotografieren. Andere hängen ein Foto von sich selbst im Bikini an den Kühlschrank, ich werde ein Foto vom Kleiderhaufen in meine Geldbörse geben. Als kleine Erinnerung, sollte ich doch in Verführung kommen: Ich habe definitiv genug anzuziehen.
- Dann werde ich meine Kleidung sortieren und zählen, quasi eine Inventurliste erstellen.
- Ich werde mich einen Monat lang jeden Tag von einem Kleidungsstück trennen. Das wird verdammt hart. Der Gedanke, genau jetzt Kleidung herzugeben, wenn ich keine neue anschaffen darf, löst sofortige Kopfschmerzen

aus. Als Monat wähle ich den Februar aus – wenigstens hat der ein paar Tage weniger. Wobei, es ist Schaltjahr. Das macht das Kraut auch nicht mehr fett.

- Ich werde einen richtigen Nähkurs machen (sosehr ich ansonsten dem Typ »Das kann doch nicht so schwer sein, ich versuch das mal und geh mir aus dem Weg mit dieser blöden Anleitung« entspreche, vorm Nähen geht mir gewaltig der Reis. Da brauche ich definitiv professionelle Hilfe).
- Ich werde einen Pullover stricken (und auch fertig zusammennähen und vor allem auch außerhalb meiner vier Wände tragen).
- Ich werde eine Kleidertauschparty organisieren.

22. *Januar* Ballaststoffe

Punkt eins der Fleißaufgabe steht an. Etwas frustriert von meinem Stiefel-haben-wollen-Anfall, der nur durch die Öffnungszeiten des Geschäfts gebremst werden konnte, beschließe ich, es anzugehen. *Es.* Das Sortieren. Allein schon das Wort weckt in mir den plötzlichen Wunsch, schlafen zu gehen. Aber beschlossen ist beschlossen – und im Jänner schon aufgeben ist einfach nicht. Nicht, nachdem ich so vielen Leuten davon erzählt habe.

Ausgeräumt ist der Schrank schnell. Was heißt der Schrank? Die Schränke! Im Schlafzimmer ist einer, in der Diele sind zwei, im Bad ist eine kleine Kommode. Und dann wäre da noch die Kommode, die ich mir mit dem Liebsten teile. Als er noch nicht fest bei mir wohnte (genauer: als er bereits seit Monaten jede Nacht hier verbrachte, aber noch keine Miete zahlte), hatte er alles, was er täglich trug, in diesen zwei Kommodenschubladen. Es wird mir auf immer ein Rätsel bleiben, wie er mit so wenig auskommen, dann mit Sack und Pack hier einziehen und vorher und nachher trotzdem immer die gleichen Sachen anhaben konnte.

Zurück zum Ausräumen: Der Stapel auf dem Schlafzimmerboden erschlägt mich förmlich. Wann ist das passiert, dass ich soooo viel Kleidung angesammelt habe? Der Berg hat einen Durchmesser von fast drei Metern und ist weit über einen Meter hoch. Das meiste, was ich auf den ersten Blick erkennen kann, ist Zeug, das ich so gut wie nie anhabe. Da liegt der Samtrock meiner Mutter – ein edles Stück, das ich mit 18 Jahren auf Bällen angezogen habe. Seit jenem 18. Geburtstag sind schon so einige Winter ins Land gegangen, und der Rock ist mit mir durch verschiedene Wohnungen gezogen. Irgendwann zwischen Wohnung drei und fünf bin ich aus dem Rock herausgewachsen. Aber weggeben? Nie! Nicht, dass ich vorhätte, jemals in absehbarer Zeit wieder auf einen Ball zu gehen – aber der Rock muss bleiben. Der ist mindestens dreißig Jahre älter als ich, Familienerbstück, davon kann ich mich nicht trennen.

In Zeitlupengeschwindigkeit fange ich an zu sortieren. Die schockierenden Momente nehmen kein Ende: Ich besitze 34 Röcke. Vierunddreißig. Und noch drei weitere, die sich in einer Kiste oben auf dem Schrank befinden – dieser Kiste weiche ich noch aus. Diese Kiste habe ich seit Jahren nicht mehr geöffnet. Sie enthält Dinge, die ich nicht mehr trage, die ich aber auch nicht weggeben, sondern möglichst verdrängen will. Ja, ich bin verrückt.

Nach drei Stunden Sortieren gehe ich in einem Zimmer schlafen, in dem immer noch der komplette Boden mit meiner Kleidung bedeckt ist. Neben einem Liebsten, der über das Chaos erwartungsgemäß wenig erfreut ist. Statt »Gute Nacht« kassiere ich ein »Na Mahlzeit«.

23. *Januar* The show must go on

Am nächsten Morgen ermattet mich der Anblick sofort. Anstatt nach der Arbeit direkt nach Hause zu fahren, besuche ich daher meine ehemalige Arbeitskollegin Kirsten, die unweit meines neuen Büros wohnt. Dort trinke ich mit ihr ein bisschen Sekt, lache, tratsche, rede – und lasse mir richtig viel Zeit dabei. Kurz überlege ich, ob ich zu Fuß nach Hause gehen soll, um noch mehr Zeit zu gewinnen und dem Kleiderberg möglichst spät gegenüberzustehen. Da sie gerade kommt, nehme ich doch die Straßenbahn – und fahre absichtlich drei Stationen zu weit, um nicht gleich weiterräumen zu müssen. So ein Winterspaziergang hat ja auch noch niemandem geschadet, rede ich mir ein, während ich durch den nassgrauen Schneematsch heimwärts gehe.

Etwa um halb acht Uhr abends sperre ich dann doch die Wohnungstür auf. Ich beginne zwar brav unmittelbar mit der weiteren Katalogisierung und Einsortierung der Kleidung, jedoch diesmal um einiges öfter unterbrochen von im Internet surfen, Statusmeldungen auf Facebook durchschauen, schnell mal mit einer Freundin telefonieren, fernsehen und, und, und …

Dennoch ist um Mitternacht etwa die Hälfte meiner Kleidungsstücke katalogisiert. Die Zahl ist der nächste Schocker: Immer noch Chaos im Schlafzimmer, aber 264 Kleidungsstücke einsortiert. Es fehlen noch Unmengen an T-Shirts sowie der ganze Kleinkram wie Socken, Strumpfhosen, Schals,

Tücher oder Unterwäsche. Allein schon beim Gedanken an meine chaotische Sockenkiste und die mich erwartende Sortierung kringeln sich mir wieder einmal die Zehennägel hoch. Meine Sockenkiste ist ein Fundus an einzelnen Socken – und der Grund dafür, dass ich regelmäßig aus der Schublade des Liebsten zusammengelegte Paare mopse und nach dem Tragen unauffällig in den Wäschekorb stopfe.

26. *Januar* Mount McSchmutzwäscheberge

Nach drei Abenden bin ich komplett niedergeschlagen – und erschlagen von der schieren Menge meiner Garderobe. Natürlich ist es logisch, dass sich aus der Kombination von »leidenschaftliche Shopperin« und »Kann nix wegwerfen« eine riesige Menge an Kleidung ergibt. Andererseits: 33 Jacken und Mäntel?! Würde ich ab jetzt beschließen, in jedem Jahr nur eine dieser Jacken anzuziehen, hätte ich beinahe bis zu meiner Pensionierung genug anzuziehen.

Ein weiterer Gedanke nagt an mir: Ich kann mich nicht daran erinnern, wann ich mir das letzte Mal ein Stück gekauft habe, weil ich es wirklich gebraucht habe. Damit meine ich: Regenjacke kaputt, neue Regenjacke muss her. Ich weiß wirklich nicht mehr, wann das zum letzten Mal der Fall gewesen ist. Sosehr mir die Auswahl in den vergangenen Jahren Spaß gemacht hat, so glücklich mich schon in der Früh der Gedanke machte, dass ich ganz viele Möglichkeiten habe, mich anzuziehen – es ist zu einer riesigen Belastung geworden. Ich habe mir rein aus Lust am Shopping verdammt viel Schrott zugelegt und damit meine Wohnung zugekleistert.

Nebenbei fällt mir auf: Ich habe nicht nur einen, nicht zwei, nein, ganze drei Schmutzwäschekörbe. DREI. Der Liebste produziert an Schmutzwäsche genau eine Unterhose, ein Paar Socken und ein Shirt pro Tag und etwa alle acht bis zehn Tage eine Jeans. Gewaschen wird etwa einmal pro Woche. Dass wir trotzdem drei Körbe haben, nervt mich immer wieder. Doch beim Räumen der letzten Tage habe ich festgestellt: Es ist logisch, dass so viel von mir getragene Wäsche in den Körben herumdümpelt. Mit einmal Waschen pro Woche geht es sich rein nach Adam Riese einfach nicht aus, weniger Schmutzwäsche zu haben! Kein Wunder, dass es neben dem »normalen« MountMcWäscheberg auch noch drei MountMcSchmutzwäscheberge gibt. Wieso ist mir nie aufgefallen, dass ich einfach viel zu viel habe? Wieso bin ich Socken kaufen gegangen, weil grad alle in der Wäsche waren? Und wieso habe ich trotzdem (oder deshalb) so unfassbar viel einzelne Socken?

Es reicht mir: Ohne fertig zu zählen, räume ich die restlichen Sachen in meine Schränke – so gut es halt geht. Die schiere Menge meines Kleiderbestandes wiegt tonnenschwer auf meinen Schultern.

»Na, dann miste doch aus!«, ruft mir der Liebste zu.

Sehr lustig. Da darf ich ein Jahr nichts Neues kaufen, und jetzt soll ich mich auch noch von dem trennen, was ich habe? Der Gedanke schnürt mir zu meiner eigenen Überraschung den Hals zu. Ganz sicher nicht. Nicht jetzt. Obwohl es sich stark nach einem »Zuviel« anfühlt, fühle ich mich nicht imstande, zu reduzieren. Und auch das Ding mit »Jeden Tag ein Stück ausmisten« im Februar, das wird verschoben. Ich bin noch nicht so weit.

Jetzt brauche ich dieses Gefühl, viel Auswahl zu haben und aus dem Vollen schöpfen zu können (ob dieses Volle auch schön und noch tragbar ist, ist eine andere Diskussion). Anfang nächsten Jahres könnten wir unter Umständen, vielleicht und eventuell darüber reden. Aber ganz sicher nicht jetzt.

28. *Januar* SALE! Ausverkauf! Letzte Reduzierungen!

Trotz dem ein oder anderen frustrierenden Erlebnis in den ersten Tagen macht mein Projekt Spaß. Wahrscheinlich, weil ich mir selbst einen Auftrag geschaffen habe. Ich habe einen Plan, ein Ziel, bin herausgefordert und weiß ganz genau: Ich werde nicht nackt enden. Meine Kleidung reicht locker für fünf Jahre.

Es macht einfach Spaß, sich mit einem Thema zu beschäftigen und nicht wie so oft das Hirn abzuschalten, dumme Serien zu schauen und dabei auf dem Sofa einzuschlafen. Im Winter können Flo und ich das nämlich hervorragend. Und so schön die Zweisamkeit auf dem Sofa auch sein kann, irgendwann schleicht sich dann doch das Gefühl an, dass man damit gerade gewaltig viel Lebenszeit verplempert. Nach einem Jahr, in dem ich des Öfteren energietechnisch mehr als nur in den Seilen gehangen habe, gehe ich nun förmlich über vor Antrieb. Ich räume zu meiner eigenen Überraschung weiter auf, wasche alle drei Körbe leer und schaffe es, im Internet interessante Artikel zu lesen, ohne nach zehn Minuten auf eine Seite zu wechseln, auf der man Kleidung in Warenkörbe klicken kann. Die Energie, die von meinem Projekt ausgeht, reißt auch meinen restlichen Alltag mit. Alles, was ich zu erledigen habe, hake ich in kürzester Zeit ab.

Nach ein paar unangenehmeren Verpflichtungen – der Kater muss wieder einmal zum Tierarzt, die Hausverwaltung wird wieder einmal mit Telefonterror bedacht, weil dieser verdammte Wasserfleck am Klo ... lassen wir das, ich werde nur wieder stinksauer –, stehen auch ein paar nette Sachen an. Zum Beispiel die Stehlampe.

Hach, die Lampe. Flo hat nämlich dieses Jahr all meine subtilen und weniger subtilen Hinweise verstanden und mir zu Weihnachten eine ganz bestimmte Stehlampe geschenkt. Diese Lampe gibt es jedoch in zwei verschiedenen Ausführungen, und ich soll sie mir selbst aussuchen. Also ab ins Einkaufszentrum, wo es eine Filiale dieser Möbelkette gibt.

Das Einkaufszentrum selbst ist natürlich gefährlich. Dort gibt es nämlich nicht nur besagte Möbelkette, sondern auch Filialen diverser von mir favorisierter Modemarken. Der gesamte erste Stock ist voll mit Schuhen, Taschen, Strumpfhosen, Kleidern, Mänteln – alles, was mein Shoppingherz begehrt. Ich muss vorbei an all diesen Versuchungen, hinauf in den zweiten Stock. Aber der Anblick der vielen modischen Teile bestärkt mich interessanterweise sogar: Ich brauch das alles nicht, ich habe so viel anzuziehen zu Hause, und diese Last des Zuvielbesitzens werde ich sicher nicht weiter erhöhen.

Rede ich mir ein. Bis ich auf der Rolltreppe an einem Schuhgeschäft vorbeifahre. Da stehen sie. Graue Biker-Boots. Die soooo gut zu meinen grauen Kleidern passen würden, und überhaupt sehen die bequem aus. Noch dazu stehen sie genau vor einem Plakat, das mich förmlich anschreit: »Final Sale! Jetzt bis zu minus 70 Prozent!«. Vor Weihnachten wäre ich schnurstracks auf diese Stiefel zugegangen. Hätte sie anprobiert. Hätte mir gesagt: Wui, Nunu, die brauchst du nicht, du hast genug Stiefel. Um sie mir dann doch zu kaufen. Weil sie halt grau sind und graue Stiefel habe ich noch nicht. Und weil sie im Ausverkauf sind (der ja inzwischen schon vor Weihnachten losgeht). Weil ich doch unbedingt noch graue Boots brauche, die grünen, die blauen, die roten, die vielen schwarzen und die braunen reichen nicht.

Aber es ist nicht »vor Weihnachten«. Es ist heute. Und heute sind die ersten Wochen meines shoppingfreien Jahres. Ich bin umgeben von Schildern, die mir »SALE!«, »Alles muss raus!«, »Ausverkauf!« – immer begleitet von Ausrufungszeichen – entgegenwerfen. Wörter, die normalerweise Musik in meinen Ohren sind. Heute klingt das aber eher nach dissonanter Zwölftonmusik. Oder – genauso schlimm – nach »Last Christmas« von Wham.

Der Anblick der Stiefel versetzt mir also einen kurzen Stich irgendwo in der Magengegend. Ich bin nicht sicher, was mehr schmerzt: die Erkenntnis, dass ich solchen Gelüsten nun ein ganzes Jahr nicht nachgeben darf, oder die Erkenntnis, dass mir bereits so früh im Jahr das Shoppen abgeht. Wieso muss ich dieses Projekt ausgerechnet in einem Schaltjahr starten, noch ein Tag mehr bis zum Wiedereintritt in die so verführerisch glitzernde Modewelt. Alles so schön bunt hier! Und grau!

Vor lauter Selbstmitleid vergesse ich fast, mich auf die Lampe zu freuen. Doch wenig später beruhigt ihr Anblick meine bereits überraschend intensiv vom Shoppingentzug geplagte Seele. Ein angenehmes Gefühl von »Ich hab was Neues, und ich habe es mir wirklich so gewünscht« macht sich in mir breit. In wenigen Tagen wird sie geliefert – ich kann's kaum erwarten. Um mir die Zeit bis dahin zu verkürzen, löse ich einen weiteren Gutschein ein. Zum Geburtstag haben meine Freunde zusammengelegt und mir Geld für ein Smartphone geschenkt. Von meinem alten Tastenhandy bin nämlich nicht nur ich, sondern inzwischen sogar mein knapp 13 Monate alter Neffe genervt. Er patscht mit seinen kleinen Händen ständig über das Display und ärgert sich, dass dieses Tapsen ergebnislos bleibt. Diese Jugend von heute … Ich kann mich noch gut daran erinnern, als die Anschaffung eines schnurlosen Festnetztelefons meine persönliche Lebensqualität als von elterlicher Fürsorge gepeinigter Teenager in gewaltige Höhen steigerte – und dieses kleine Scheißerle ist enttäuscht, wenn das Display nicht auf seine kurzen Wurstfinger reagiert.

Also: Smartphone. Das Modell ist schnell ausgesucht, mein Mobilfunkanbieter hat es sogar auf Lager. Nicht schlecht für knapp zwei Wochen Shoppingboykott: Ich habe Produkte im Wert von 800 Euro erworben – und keinen Cent davon selbst bezahlt. Es sind zwar den Regeln entsprechend »erlaubte« Produkte, dennoch fühle ich mich, als ob ich bereits in den ersten Tagen schummle, was das Zeug hält. Wie soll ich es nur ein Jahr ohne neue Kleidung schaffen? Schließlich ist Kleiderkauf dank dem Textilschweden und anderen Billiganbietern die günstigste Version, an dieses befriedigende Gefühl im Bauch zu kommen, das nach einem Konsumerfolg einsetzt.

30. *Januar* Das Strumpfhosendilemma

Schweißgebadet wache ich auf: meine Strumpfhosen! Wie in aller Welt soll ich dieses Jahr strumpfhosentechnisch überstehen? Ich habe zwar wirklich Unmengen davon, aber ich trage sie im Winter auch fast täglich. Strumpfhosen und Röcke sind einfach viel bequemer als Jeans.

Jedoch sind Strumpfhosen bei mir mit wenigen Ausnahmen so etwas wie »Einmalgeräte«. Einmal getragen, sind sie an der großen Zehe durch. Oder ich habe bereits beim Anziehen ein beträchtliches Loch in den Zwickel gerissen – vorzugsweise in teure Modelle. Bis zum Frühling sind meine Strumpfhosenvorräte ganz sicher aufgebraucht. Ich muss mir dringend etwas einfallen lassen, damit ich kommenden Herbst nicht dazu verdonnert bin, nur Jeans zu tragen.

Dass ich lieber Strumpfhosen als Jeans trage, hat bei mir nicht nur modische Gründe: Nichts ist unangenehmer als zwickende, zu enge Jeans. Und leider ist in den letzten Jahren ein Großteil meiner Jeans in die zwickende Kategorie gewandert. Ein Hungerhaken war ich nie – aber in letzter Zeit passiert es mir immer öfter, dass ich mir alte Fotos anschaue und denke: »Was? Da habe ich mich dick gefühlt? Was war denn ich für eine Idiotin?«

Die letzten zehn Kilo haben sich vor allem seit Ende meiner Studentenzeit angeschlichen, als ich begann, Vollzeit zu arbeiten – und kurz danach mit Flo zusammenkam. Kennt man ja, die klassischen Beziehungskilos. Und das Gemeine: Flo ist ein typisch männliches Stoffwechselwunder. Ein Abend zu Hause ohne Schokolade oder Gummibärchen ist kaum denkbar. Und während er eine Tafel Schokolade binnen weniger Minuten gleichsam inhaliert und mir maximal einen Riegel davon abgibt, fühle ich diesen einen Riegel direkt in Richtung meiner Oberschenkel wandern. Still und heimlich keimt in mir die Hoffnung, dass sich seine Gummibärchendiät auch auf meinen Hüftumfang auswirkt.

Wirklich dick bin ich glücklicherweise – zumindest meiner eigenen Ansicht nach – immer noch nicht. Soll heißen: Die Kilos formen sich recht gut ein. Warum ich diese zehn Kilo nicht einfach wieder abnehme? Erstens, weil ich anscheinend wirklich tief und fest geschlafen habe, als schicksalstechnisch die Fähigkeit zu konsequentem Verhalten verteilt wurde, zweitens, weil der Liebste jedes Mal, wenn ich hoch motiviert von Abnehmplänen erzähle, mit leichter Panik in den Augen fragt, ob »die« dann auch kleiner werden würden ...

Langer Rede, kurzer Sinn: Strumpfhosen dehnen sich. Jeans nicht ganz so sehr. Was Strumpfhosen einfach um einiges gemütlicher macht. Außerdem finde ich die seit einigen Wintern grassierende Jeans-in-den-Stiefel-Stopf-Mode nur halb sympathisch. Stiefel sehen einfach nur mit Rock und Strumpfhosen gut aus.

Wie idiotisch ich beim Strumpfhosenkauf regelmäßig war, fällt mir beim Durchsortieren am Nachmittag auf: Ich habe Unmengen, die meisten in mieser bis unterirdischer Qualität. Kein Wunder, dass sie mir immer sofort kaputtgehen. Von den Mengen, die da vor mir liegen, verwaschen, an den Zehen aufgerissen, mit ausgeleiertem Gummizug, könnte ich mir jedes Jahr locker zwei oder drei wirklich gute, hoch qualitative Strumpfhosen kaufen. Aber nein, ich habe lieber jedes Mal zugeschlagen, wenn irgendwo welche im Angebot waren.

1. Februar
Da darf noch mehr nicht mehr gekauft werden

Es ist eine Zeit voller Wunder: Mir macht das Sortieren immer noch Spaß! Das ist die längste durchgehende Phase an Aufräumlust, an die ich mich erinnern kann. Der Wunsch, mir endlich einen Überblick über mein Kleiderchaos zu verschaffen, spendet die nötige Energie dafür. Nur um die

Sockenkiste mache ich immer noch einen großen Bogen. Ich widme mich dafür ausführlich dem Schrank im Flur, wo meine Winterpullover, Jacken und Taschen ihr Dasein fristen. Bei einigen Teilen bin ich nicht sicher, wann ich sie das letzte Mal so richtig ausgeführt habe. Und ob ich sie überhaupt mal .... Alter Schwede, hab ich viele Taschen. Und siedend heiß fällt mir ein: Das sind noch lange nicht alle! Hinten im Schlafzimmer, auf dem Schrank, da ist doch diese Truhe ...

Je mehr und länger ich sortiere, umso stärker wird auch wieder dieses inzwischen zum Dauerzustand gewordene blöde Gefühl: Boah, ist mir das peinlich, wie viel Zeug ich habe! Diese rote Tasche, die habe ich locker seit zehn Jahren – und wahrscheinlich seit neuneinhalb Jahren nicht mehr getragen! Und diese wunderschöne türkisfarbene vom Flohmarkt: ein Traum von Tasche – aber der Verschluss war binnen weniger Tage nach dem Kauf endgültig hinüber. Mit dem Schicksal als Schrankleiche hat die auf ihre alten Tage wohl auch nicht gerechnet. Arme türkisfarbene Tasche.

So. Schluss. Taschen kauf ich mir auch keine mehr. Ich renn doch eh immer mit dem gleichen grauen Beutel herum, der schon bald auseinanderfällt, oder mit der Lastwagenplanentasche, die ich meiner Freundin Melli mal abgekauft habe und deren heruntergekommene Optik der grauen Tasche um nichts nachsteht. Mein Bauch sagt mir zwar, dass das gelinde gesagt schwierig werden könnte – kann man »neue Taschen« eigentlich als Hobby bezeichnen? Trotzdem, wenn schon konsequent, denn schon.

Und weil ich grad so schön in Rage bin: Schmuck auch keinen! Keine Armreifen, die ich dann doch wieder nicht trage, weil sie mich beim Tippen im Büro stören, keine großen bunten Ohrringe, die ich dann sowieso nicht trage, weil Brille und Ohrringe im Gesicht mir einfach zu viel sind (meine blöden Augen haben ja beschlossen, keine Kontaktlinsen mehr vertragen zu wollen, blöde Dinger, die!), und keine Ringe, die ich dann auch nicht trage, weil ich seit 1997 konsequent die gleichen zwei Silberringe trage und da sowieso kein anderer Ring dazu passt.

Schmuckkauf ist bei mir eigentlich komplett für den Hugo, komme ich so nebenbei drauf: seit Jahr und Tag die gleichen Ringe, keine Armreifen und Ohrringe nur sehr selten. Was hat der Liebste doch ein Glück mit mir, in der Kategorie »teure Geschenke« kann er sich das Bling-Bling schon mal sparen. Stehlampen hingegen …

3. *Februar*
Ich habe das Rad nicht erfunden

Andauernd nur Aufräumen nervt dann doch irgendwann. Ich muss doch auch recherchieren, nicht wahr? Pflichtbewusst pflanze ich meinen Allerwertesten aufs Sofa – natürlich nicht ohne vorherige Einrichtung der Umgebung, also ein Getränk, was zum Knabbern und das Handy in Reichweite – und nehme den Laptop auf den Schoß. Was schreibt man da eigentlich ins Suchmaschinensuchfeld, wenn man Tipps für den kalten Shoppingentzug sucht?

Das Naheliegende natürlich. »Ein Jahr keine Kleidung kaufen« gebe ich ein.

Ungefähr 13 600 000 Ergebnisse.

Aha.

Und wo soll ich anfangen?

»Ein Jahr lang keine Kleidung kaufen« heißt ein Blog einer Schweizer Studentin. Ich klicke mich rein – die Frau schafft es doch glatt, sich nicht nur nichts Neues zu kaufen, sondern aus dem Inhalt ihres Kleiderschranks jeden einzelnen Tag ein neues Outfit zusammenzustellen. Kein einziges Outfit kommt zweimal vor – und sie ist gerade fertig geworden mit ihrem Jahr. Fasziniert klicke ich mich durch die Fotos der 365 verschiedenen Outfits. Soll ich das auch machen?

Nee. Das würde ja bedeuten, dass ich meine Lieblingskombination im Winter – schmale Hose, superweiter grauer Pulli, Jeansjacke drüber, dicker Schal – nur einmal tragen dürfte! Nie im Leben. Ich wohne in dem Zeug!

Ich schaue wieder zurück zu den Ergebnissen der Suchmaschine.

»American Apparel Diet«, lese ich. Das klingt spannend. Ich klicke den Link an.

American Apparel, das ist doch eine Modemarke, denk ich mir. Noch dazu eine, deren Produkte mir gar nicht gefallen – alles irgendwie so Porno-Aerobic-Chic für Magersüchtige. Darauf verzichten würd ich auch locker schaffen. Aber die American Apparel Diet ist etwas anderes, lese ich – es ist der Name für das, was ich eigentlich auch mache.

Na gut, mir ist schon klar, dass ich mit meiner Idee, ein Jahr auf Kleiderkauf zu verzichten, nicht unbedingt das Rad neu erfunden habe. Aber da steht wirklich genau das, was ich mir auch vorgenommen habe. »Wir sind eine Gruppe von einigen Frauen und zwei Männern, die sich entschieden haben, auf eine Art Diät zu gehen. Wir fasten. Für ein Jahr streichen wir den Kauf neuer Kleider aus unserer ›Ernährung‹.«

Ja. Ich auch.

Welche Motivationen stecken bei der American Apparel Diet dahinter? Ganz unterschiedliche, lese ich. Die einen wollen ihren ökologischen Fußabdruck minimieren, andere sind einfach müde von dem ganzen Konsumwahnsinn um sie herum, und wiederum andere wollen ihre Sucht nach Shopping besiegen.

Wie bitte, die Gruppe hat über 300 Mitglieder? Jetzt bin ich wirklich beeindruckt. Ich sollte mir auch Mitfastende suchen. Frei nach den anonymen Alkoholikern könnte man ja gemeinsam stärker sein ...

Mal ernsthaft – beim Liebsten kann ich fest damit rechnen, dass er mich maximal auf die Schaufel nehmen wird, wenn ich im kommenden Jahr einen Haben-wollen-Anfall haben sollte. Gina, Moni und meine anderen Freundinnen will ich eigentlich nicht mit reinziehen – schließlich bin ja ich diejenige, die nicht mehr shoppen will, in ihren Alltag will ich da nicht eingreifen. Die gegenseitige Motivation, die die einzelnen Mitglieder der American Apparel Diet sich durch Einträge auf der Website zukommen lassen, beeindruckt mich jedenfalls gewaltig.

Immer noch 3. Februar
Stunden später

Neben den diversen Nicht-Einkaufs-Formen stolpere ich bei der *New York Times online* über ein Video einer sehr hübschen blonden Dame, die in einer Werbeagentur mitten in Manhattan arbeitet. Die Dame – Heidi ist ihr Name – hat vor einiger Zeit ein Projekt durchgezogen, von dem ich sofort beeindruckt bin: Für einen Monat trug sie genau sechs Kleidungsstücke. Gut, im ersten Moment denke ich mir: Na, wäh. Aber das Wäh hält nur kurz an, als ich mich genauer einlese: Du ziehst einen Monat lang nur sechs Teile aus deinem Kleiderschrank an. Damit das Ganze nicht unhygienisch wird, gilt das nur für Oberbekleidung, also zum

Beispiel Kleider, Röcke, Hosen, T-Shirts. Sonderregel: Wenn du zum Beispiel zwei gleiche glatte schwarze Shirts hast, gelten die als eines.

Warum Heidi das getan hat? Weil sie seit Jahren in einer höchst oberflächlichen Umgebung arbeitet, in der es ein ungeschriebenes Gesetz ist, täglich neu gestylt zu sein. Und sie wollte einfach mal schauen, ob es überhaupt auffällt, wenn sie einfach nicht mehr mitspielt.

Ganz ehrlich? Ich finde das heftiger als mein eigenes Projekt, obwohl meines zwölfmal so lange dauert. Ich liebe die tägliche morgendliche Überlegung, auf welche Farbe und auf welches Kleidungsstück ich denn heute Lust habe. Das nach sechs Teilen fertig gedacht zu haben, löst in mir Schweißausbrüche aus.

Ich sehe mir das Video-Interview mit Heidi noch einmal an und noch einmal. Irgendwie kommt sie mir unglaublich bekannt vor, doch woher? Auch weiteres Googeln ihres Namens bringt mich nicht weiter. Aber ich komm da noch drauf, ich kenn die Dame, hundertprozentig!

4. *Februar*
Cross-kontinentale Bekanntschaften und sechs Teile

Am nächsten Tag im Büro der Umweltschutzorganisation, bei der ich arbeite, denke ich noch einmal drüber nach. In einer NGO kann es schon mal vorkommen, dass man Kleidungsstücke von Kollegen immer wieder erkennt, und ob eine bestimmte, frisch verliebte Kollegin zu Hause oder bei ihrem neuen Freund geschlafen hat. Aber wenn ich mir die Werbeagenturszene in Manhattan so vorstelle – das ist ja quasi ein täglicher Laufsteg! Warum ich das weiß? Weil mein bester Freund, Markus, seit über fünf Jahren in New Yorks Werbeszene arbeitet. Was einerseits superblöd ist, wenn der beste Freund plötzlich Tausende Kilometer weit weg ist und die Zeitverschiebung das ihrige tut – aber andererseits superlässig ist, Hotels in New York sind schließlich nicht gerade günstig. Und außerdem habe ich so einen regelmäßigen Lieferanten meiner liebsten Erdnussbutter-Schokolade-Dragees, die es nur in den USA gibt (wohl aufgrund strengerer Lebensmittelgesetze in der EU, aber darüber mag ich in den Momenten, in denen ich diese herrlichen Hüft-»Schmeichler« einwerfe, definitiv nicht nachdenken).

In Manhattans Werberszene nicht permanent von Kopf bis Fuß gestylt herumzulaufen, ist mutig. Und in dieser Szene einen Monat lang genau sechs Teile zu tragen, ist verdammt mutig. Heidi gestand sich selbst zu, mit Accessoires wie beispielsweise Ketten oder Tüchern die jeweiligen Outfits aufzupeppen, und auch ihre Schuhauswahl war nicht limitiert. Ich klicke mich zum gefühlt vierzigsten Mal durch die Auswahl ihrer Outfits, die sie aus sechs Teilen – einem Kleid, einem Rock, einem Top, einer schwarzen Hose, einem Blazer und einer Jeansshorts – zusammengestellt hat, und bin zum gefühlt vierzigsten Mal komplett weggeblasen von ihrer Kreativität.

Und davon, was sie erzählt: In der oberflächlichen Welt Manhattans ist es keinem Schwein aufgefallen, dass sie permanent die gleichen Sachen anhatte! Das zeigt mir (und ziemlich sicher auch ihr), dass Menschen wie sie und ich Mode anscheinend als viel zu wichtig bewerten. In Wahrheit kommt es gar nicht darauf an, was man anhat, sondern darauf, was man ausstrahlt. Das klingt jetzt wie ein Satz aus einem kitschigen Selbsthilfebuch, ist aber wahr.

Nach dem sechsundfünfzigsten Mal Klicken durch die dreißig verschiedenen und doch gleichen Outfits fällt es mir übrigens wie Schuppen von den Augen. Heidi! Markus! Markus kennt sie! Auch ein ganzer Ozean zwischen uns hält Markus und mich nämlich nicht davon ab, uns über unsere jeweiligen Crushes, Affären oder Beziehungen auszulassen. Und Heidi, die war einer der ersten Crushes von Markus, als er damals nach New York zog. Plötzlich ist wieder da, wie (unglücklich) verliebt er war, als er mir täglich von ihr erzählte und Fotos schickte. Damals – sehr knapp nach seinem Umzug – hielt ich seine Verliebtheit für den Wunsch, in der neuen Stadt nicht zu einsam zu sein. Doch jetzt, fünf Jahre später, muss ich zugeben: Der Mann hat damals richtig Geschmack bewiesen. Die Frau ist toll.

Flo muss grinsen, als ich ihm von diesem Zusammenhang erzähle: »Du genießt seit Jahren den Ruf, halb Wien zu kennen. Aber dass dein ›Leute über ein Eck kennen‹ inzwischen über ganze Kontinente reicht, ist echt respektabel!«

Kurz überlege ich, ob ich das Projekt selbst auch durchziehen soll. Aber ich scheitere bereits bei der Frage, welche sechs Teile ich auswählen soll. Nehme ich Grau, Schwarz und Rot? Da lässt sich viel kombinieren. Aber was ist, wenn ich nach zwei Wochen plötzlich Lust auf Türkis bekomme? Ich schiebe den Gedanken schnell wieder beiseite, fürchte, dass ich mich das wohl nicht trauen werde. Außerdem vermute ich, dass ich nach einem solchen Monat unglaubliche Lust auf den Kauf neuer Kleidung bekommen würde. Aber so ganz abhaken kann ich es doch nicht. Ich versuche, mich zu entspannen – schließlich habe ich sowieso noch einige shoppingfreie Monate zur Auswahl.

5. *Februar*
Sechs ist viel, eines ist wenig!

»Sechs Teile sind doch eh noch viel! Kennst du das Uniform Project?«

Ich sitze mit meiner Lieblingsmoni beim Lieblingsitaliener, bei dem es das wohl beste, nach Holunder und Gurke schmeckende alkoholische Gesöff der Welt gibt. Und dass es das beste Gesöff der Welt ist, davon müssen Moni und ich uns regelmäßig überzeugen. Qualitätskontrollen nennen wir es.

»Wie, Uniform Project? In Uniformen rennen viele Berufsgruppen herum, aber darum geht es doch nicht.« Ich bin verwirrt.

Moni grinst, nimmt einen Schluck des von uns liebevoll »Gurkengesöff« genannten Getränks, streichelt kurz ihren in der Öffentlichkeit immer sehr verschreckten Hund und legt los: »Das war ein Fundraising-Projekt vor ein paar Jahren. Eine Studentin, ich glaub, sie war aus den USA, hat ein Jahr lang das gleiche Kleid getragen. Aber sie hat es täglich neu gestylt, mit geschenkten Stücken oder Sachen vom Flohmarkt. Ihre neuen Styles hat sie täglich im Internet gezeigt und auf der Website Geld für Kinder in Indien gesammelt. Das hatte einen echten Suchtfaktor, sich täglich anzuschauen, wie sie das Kleid – war ein ganz simples schwarzes Hemdkleid – heute kombiniert.«

Ich bin baff. »Jeden Tag das gleiche Kleid? Aber ist das nicht unglaublich langweilig? Ich meine, schon bei sechs Teilen denk ich mir, dass das doch echt fad sein muss!«

Ein einziges Kleid. Immer der gleiche Schnitt, immer die gleiche Farbe. Langweilig, langweilig, langweilig – ein anderes Adjektiv fällt mir dazu nicht ein. Doch Moni bleibt hartnäckig: »Ich schicke dir nachher von zu Hause aus den Link, schau dir die Stylings an, war wirklich lässig!«

Wenige Stunden, drei Gurkengesöffe und eine U-Bahn-Fahrt ohne Heizung später klicke ich auf »The Uniform Project« und bin sofort beeindruckt: Die Frau schafft es, ein immer gleiches Kleid abwechselnd sportlich, sexy, mädchenhaft, im Business-Look und im Freizeit-Look zu gestalten. Dafür muss sie aber halbe Flohmärkte leer gekauft haben, immer wieder schmückt sie sich auf den Fotos mit neuen Accessoires.

Mein Gefühl, dass meine Shoppingauszeit keine besondere Leistung ist, steigert sich angesichts der Herausforderung, der sie sich gestellt hat. Andererseits macht mich der Gedanke, dass ich nicht auf neue Accessoires angewiesen bin, auch ein bisschen stolz.

Bei einem Detail, das ich auf der Website entdecke, klappt mir dann endgültig die Kinnlade runter: Die Frau wurde von einer der größten und bekanntesten Frauenzeitschriften der Welt (keine *Petra, Sabrina, Allegra, Laura, Amica* und wie sie alle heißen, sondern eine von den richtig, richtig großen, weltweit bekannten Zeitschriften) zur »Woman of the Year« gekürt.

Moment mal: In dieser Zeitschrift sieht man Modestrecken, die Tausende und Abertausende Dollar kosten, und Make-up, das mehr kostet, als ich im Monat verdiene. Frauen wird durch diese Zeitschrift vermittelt, sie müssten ein luxuriöses Leben führen, nur in High Heels herumlaufen, täglich zur Maniküre gehen und beim Friseur mindestens vierstellige Summen ablegen.

Und dann kürt diese Zeitschrift eine Frau, die es sich zur Aufgabe gemacht hat, ein einziges Kleid ein Jahr lang nur durch Geschenktes oder am Flohmarkt Erstandenes aufzumotzen und damit auch noch Spenden für indische Schulkinder zu sammeln, zur Frau des Jahres?

Für das Uniform Project ist das natürlich großes Kino – aber ich kann mich des Gedankens nicht erwehren, dass das verlogen ist. Das passt doch einfach nicht zusammen. Das wirkt doch, als ob die Zeitschrift sich durch diese Kür einen nachhaltigen Anstrich geben will, während weiterhin das Neueste und Teuerste aus der Welt der High Fashion beworben wird.

10. Februar
LisaMarieSimoneLenaSophie

Endlich Wochenende, noch dazu ein langes! Flo und ich beschließen, wieder einmal seinem Vater einen Besuch abzustatten, der seit seiner Pensionierung wieder in dem kleinen Ort auf dem Land wohnt, in dem er aufgewachsen ist. Für Flo ist das väterliche Haus so etwas wie ein Spielplatz: Im Keller ist eine riesige Werkstatt eingerichtet – und der Liebste entdeckt zu meiner großen Überraschung immer wieder sein handwerkliches Talent. Zu meiner Überraschung, weil dies ein Talent ist, das sich in den letzten Monaten erst nach und nach entwickelt hat. Seit der Auf-dem-Fensterbrett-stehend-über-Kopf-Rollos-mit-einem-einfachen-Schraubenzieher-montieren-Aktion befindet sich in unserem Haushalt sogar ein Akkuschrauber.

Für mich sind diese Wochenenden auf dem Land die pure Entspannung. Entweder wir fahren in eine der unzähligen Thermen in der Umgebung, oder ich stricke oder lese, während Flo im Keller lautstark vor sich hin werkelt.

Als wir ankommen, kniet sein Vater gerade vor der wahrscheinlich vierzig Jahre alten Waschmaschine. »Die ist hin«, ist seine Begrüßung.

Diese drei Worte haben für Flo Auswirkungen: ab ins Auto, mit dem Vater zum Baumarkt im nächsten größeren Ort, Waschmaschine einladen, alte Waschmaschine raus auf die Terrasse. Wenig später höre ich von der Terrasse ohrenbetäubenden Lärm. Der Liebste hämmert auf die alte Waschmaschine ein und rüttelt an der Verkleidung.

»Bitte, was tust du da?«, rufe ich entgeistert.

»Ich will die Trommel rausbekommen, da mache ich einen Lampenschirm draus! Und das Bullaugenglas kann man hervorragend als Auflaufform verwenden, habe ich gehört!« Seine Augen leuchten.

Na gut, soll er halt – ich überlege kurz, mich auf dem Sofa einzumümmeln. Doch selbst das gemütlichste Sofa und das spannendste Buch können das Hämmern und Rütteln, das durchs gesamte Haus zu hören ist, nicht wettmachen. Es wird also ein Spaziergang. Der Liebste bearbeitet die Waschmaschine unterdessen mit einem bereits verbogenen Schraubenzieher …

Auf dem Weg in Richtung Weinberge lasse ich meine Gedanken rund um meinen Knall, was den Kleiderkauf angeht, kreisen. Seit Wochen stelle ich mir dieselben Fragen: Wieso shoppe ich eigentlich so gerne? Wieso ist mir Kleidung so wichtig? Und wann zur Hölle ist das Ganze so aus dem Ruder geraten, dass ich alle zwei Wochen beim Textilschweden eingefallen bin?

Plötzlich überrollt mich ein Gedanke: Ich war zu Schulzeiten die klassische Außenseiterin. Größer als alle Jungs in der Klasse, als die Mädels sowieso, mit locker zehn Kilo weniger als heute bei den anderen die »fette Sau«, mit anderem Musikgeschmack als die meisten (wenn die Brüder zehn Jahre älter sind als man selbst und die Plattensammlung der beiden der Zugang zu guter Musik, dann steht man definitiv nicht auf Boybands), mit einem anderen Humor gesegnet; und ein gutes Buch am Bett war mir lange wichtiger als ein schlechter Küsser im Bett (ist übrigens heute noch so – nur dass ich inzwischen tatsächlich weiß, was einen guten Kuss ausmacht).

Meistens war das auch in Ordnung, ich hatte immer schon gute Freunde, die Nachbarin, der Volksschulfreund und später die Clique in der Nachbarschaft. Aber ich könnte nicht behaupten, dass mir mein Außenseitertum immer rotzegal war. Im Gegenteil, es gab Zeiten, da wollte ich unbedingt zur Mädchenclique meiner Klasse dazugehören. Und das definierte ich über Kleidung. Wenn ich nur diese Schuhe/eine Markenjeans/jenen Pulli hätte, dann würde LisaMarieSimoneLenaSophie mich gut finden. Was muss ich meiner Mama auf die Nerven gegangen sein damals!

Dann begann die Uni, ich zog in eine WG – und alles wurde anders. Mein Freundes- und Bekanntenkreis explodierte, ich verbrachte meine Wochenenden mit einem Hintern auf fünf Partys, und ich wurde mutiger, optisch gesehen. Zog das an, was mir gefiel. Begann, mich in meinem Körper wohlzufühlen. Und fand es toll, dass ich mir dank gegebener Nachhilfestunden immer wieder neue Sachen leisten konnte, ohne durch den Filter »Mama zahlt, Mama urteilt« gehen zu müssen.

Mitten in den Weinbergen erscheint plötzlich die metaphorische Glühbirne über meinem Kopf: Moment mal, da besteht ein Kausalzusammenhang zwischen meinem früheren Außenseitertum und meinem Drang, mich über Kleidung zu definieren – und das tue ich. Ich weiß, dass ich viel mehr bin als meine Hülle, ich bin stark, positiv, lache gerne, und als doof würde ich mich jetzt auch nur hin und wieder bezeichnen, aber: Die Hülle ist mir wichtig. Kleidung gibt mir Sicherheit.

Im Zuge dieser »Erleuchtung« fällt mir aber noch etwas auf: In meinem Freundeskreis befindet sich keine einzige Frau, die mich an LisaMarieSimoneLenaSophie erinnert.

Als ich zurückkomme, bearbeitet der Liebste die Waschmaschine bereits mit einem Brecheisen. Das Bullauge hat leider dran glauben müssen. Auf der gesamten Terrasse liegen Scherben verteilt.

Ich kann's nicht lassen: »Wird wohl nix mit Auflauf heute!«

»Ruhe.«

13. Februar
Schwarz oder Dunkelblau?

Unglaublich. Dieser bewusste Umgang mit dem eigenen Kleiderbestand ist manchmal ordentlich anstrengend. Inzwischen kann mich sogar schon das Abräumen des Wäschegestells fassungslos machen. Ich nehme gerade meinen Teil der frisch gewaschenen Wäsche ab (um sie auf den Mount McWäscheberg zu stapeln, anstatt sie gleich in den Schrank zu räumen. Gleich aufräumen – das machen doch nur Freaks): drei Tops, ein Langarmshirt, vier Unterhosen (waren damals im Siebenerpack im Angebot), ein Paar Leggings, ein Hemdkleid, ein BH. Das allein macht mich noch nicht fassungslos. Allerdings: Der Gesamtpreis dessen, was ich da gerade auf die Schlafzimmerkommode staple, beträgt 72 Euro. Eigentlich sogar noch weniger, drei weitere Unterhosen sind dabei auch noch im Preis enthalten.

»Du starrst seit einer Minute deinen Wäscheberg an, überlegst du dir, wo die einzelnen Teile hingehören?« Auch er kann es einfach nicht lassen, der Liebste.

»Zweiundsiebzig Euro. Der ganze obere Stapel da hat keinen Hunderter gekostet.«

»Aber deshalb gehört trotzdem das Shirt in die Schublade, das Kleid in den Kasten, und bitte, wieso hast du die Unterhosen ins Schlafzimmer gebracht? Die lagerst du doch sowieso im Badezimmer!«

»Zweiundsiebzig Euro für vier Tage Outfit. Fast jedenfalls.« Wie viele Teile das sind! Meine Recherchen letzte Woche sind gegen Mitternacht dann bei ganz üblen Bildern von verbrannten Fabriken, verbrannten Näherinnen und vergifteten Flüssen gelandet. Mit dem Ergebnis, dass ich die ganze Nacht nicht schlafen konnte. Jetzt, vor dem Wäscheständer, kann ich nur noch an die Näherinnen denken, die von den fünf Euro, die ich für dieses Top da gezahlt habe, nicht einmal ein Prozent bekommen haben. Sagt zumindest die Kampagne für Saubere Kleidung.

Ich werfe mich samt Laptop aufs Bett und fange wieder an zu recherchieren. Ich lande bei einem Videoportal, auf dem ich verschiedene Dokumentationen streamen kann. Eine Doku über Fabriken in Bangladesch bringt mich fast zum Weinen: Eine hübsche Frau wird vorgestellt, keine dreißig Jahre alt. Sie arbeitet als Näherin in einer übel aussehenden Fabrik. Mit versteckter Kamera werden dort auch die Labels gezeigt, die in die Kleidung eingenäht werden. Ich erkenne Labels des Textilschweden und von zwei anderen in Europa bekannten Modediscountketten.

Schnitt.

Die Näherin zeigt ihr Zuhause. Ein winziges, fensterloses Zimmer in einer Hütte aus Wellblech in einem Slum. Sie erzählt, dass sich 200 Menschen hier eine Toilette teilen müssen.

Ihr kleiner Sohn wird gerade von seiner Oma gefüttert, die weniger Zähne im Mund hat als das kleine Kind neben ihr.

Schnitt.

Die Näherin erzählt, dass sie im Monat umgerechnet etwa 35 Euro verdient, bei locker sechzig bis siebzig Arbeitsstunden pro Woche. Und dann sagt sie: »Für das Zimmer bezahle ich 30 Euro.«

Die Frau, die meine Tops vom Textilschweden näht, bekommt dafür nicht einmal genug, um ein menschenwürdiges Leben zu führen. Und das, weil mir letztes Jahr Schwarz gefiel und dieses Jahr Dunkelblau besser gefällt.

18. *Februar*
Gib mir Stoff!

Überraschend früh im Jahr kitzeln erste frühlingshafte Sonnenstrahlen unsere Zehen, die unter der Bettdecke hervorschauen. Und in selbigen juckt es den Liebsten dann auch schnell: »Idee: Wir rufen ein paar Leute zusammen, fahren an die Donau und gehen in der Sonne spazieren.«

»Idee: gut! Aber nicht in der Stadt, fahren wir ein bisschen raus?«

»Strombad?«

»Strombad!«

Gesagt, getan. Im Auto dämmert es mir dann. »Wart mal. Auf dem Weg Richtung Strombad ist doch dieser riesige Stoffladen, oder?«

»Magst jetzt schon Stoffe kaufen?« Der Liebste weiß, dass mir noch ein Nähprojekt bevorsteht.

»Was heißt denn jetzt schon? Vorbereitung ist alles!«

»Du hast noch nicht einmal eine Nähmaschine!«

»Pfah, die besorg ich schon noch.«

Der Stoffladen ist ein Erlebnis für sich. Im ersten Moment bin ich mir nicht sicher, ob ich mich gerade in einem riesigen Stofflager oder doch in einem ebenso riesigen Ramschladen befinde. Es riecht nach Staub und Moder. Und hier werden Stoffe verkauft, die dann zu Kleidungsstücken verarbeitet werden?

Flo war schon mal da. »Los komm, rauf in den ersten Stock! Hier unten gibt es nur Reste und Ramsch.«

Kann der eigentlich Gedanken lesen oder hab ich Ramsch gerade laut ausgesprochen?

Im ersten Stock bietet sich dann ein anderes Bild: Gut sortiert und viel weniger nach Moder riechend gibt es hier Tausende Stoffrollen. Leicht überfordert gehe ich erst mal durch die Gänge. Als ich einen herrlichen dunkelblauen Jerseystoff entdecke, klopft mein Herz schneller. Und gleich noch mal ein bisschen schneller, als ich den Preis sehe. Nur zwei Euro pro Meter! Oder dieser schwarze Stretchstoff! Und da, grüner Strickjersey! Und Wollwalk in allen Farben für 16 Euro pro Meter! Und irgendwo dahinten habe ich etwas in Türkis leuchten sehen …

»Was magst denn draus machen?«, fragt Flo jedes Mal, wenn ich mit leuchtenden Augen eine neue Stoffrolle anschleppe.

»Na, aus dem schwarzen Stoff ein Kleid, aus dem blauen mach ich mir einen Pullover, aus dem grünen entweder ein Kleid oder einen Rock oder beides, und der türkisfarbene wird ein Sommertop«, sprudelt es aus mir heraus.

»Schatz, wann genau hast du das letzte Mal genäht? Ich glaub nicht, dass das so einfach ist.«

»Also wenn andere das können, dann kann ich das auch«, stelle ich trotzig fest.

»Kauf doch erst mal zwei Stoffe zum Ausprobieren, wir können ja wieder mal herkommen, wenn du wirklich Kleider, Röcke und Sommertops nähen willst.«

Aber was ist, wenn es die Stoffe dann nicht mehr gibt? Genau *die* will ich nämlich! Ich hab's mir vorher zwar nicht vorgenommen, dass ich genau *die* Stoffe brauche, aber jetzt, wo ich sie gesehen habe, bin ich überzeugt davon, dass ich ohne genau *die* Stoffe nicht weiterleben kann.

Da ist er ja wieder, dieser Haben-wollen-Instinkt, diese gemeine kleine Stimme in meinem Kopf, die so hartnäckig sein kann. Lang hatte ich ja nicht Pause von ihr!

Zwischen der Futterseide und den Kunstlederresten fällt es mir wie Schuppen von den Augen: Moooooment mal, ich bin gerade komplett im Kaufrausch! So wie ich mich gerade fühle, könnte ich auch beim Textilschweden in der Umkleide stehen. Der einzige Unterschied ist, dass ich hier einfach die Vorstufe zur Kleidung kaufe – eigentlich sogar saudoof, ich kaufe hier Stoffe für zwei Euro den Meter, um mir zusätzlich noch Arbeitszeit anzutun, die mir keiner bezahlt. Da kann ich doch gleich das Top für zwei Euro kaufen …

Hoppla, aus welcher Ecke kommt denn jetzt bitte plötzlich dieser Gedankengang? Wenn ich mir das Top fertig für zwei Euro kaufe, dann hat eine Näherin, die das als Job macht, so gut wie nix dafür bekommen. Die Erinnerung an das Video mit der Näherin und ihrem Sohn im Slum poppt wieder in meinem Kopf auf. Wenn ich's selbst nähe, dann ist das wenigstens meine Freizeit und meine Entscheidung, mein Geld kommt woandersher.

Ich sollte hier nichts kaufen, es wäre das gleiche Verhalten wie früher. Kaufrausch.

Der türkisfarbene Stoff wandert wieder zurück ins Fach,

der grüne auch, und den blauen lege ich verschämt zur Futterseide, ich weiß nämlich nicht mehr, wo der her war.

Aber der schwarze Stoff, dieser wunderschöne ... nein, das geht nicht, aus dem MUSS ich mir was machen.

Ich kaufe drei Meter davon. Flo wartet bereits unten auf dem Parkplatz auf mich. Ich strahle ihn an: »Ich habe mir grade ein Kleid gekauft! Und ich darf das, trotz Boykott, ist das nicht cool?«

»Du hast dir grad Stoff gekauft. Und du hast keine Nähmaschine. Das ist kein Kleid.«

Ach, nebensächliche Details. Mann, fühlt sich das gut an, was Neues in einer Einkaufstasche auf dem Rücksitz.

21. *Februar* Stylebloggerinnen

Bei meinen Recherchen stolpere ich binnen kürzester Zeit über eine mir völlig neue Parallelwelt: die Style- und Fashionbloggerinnen. Es gibt Mädchen und Frauen, die jeden Tag ihre Outfits abfotografieren und im Internet auf ihren Blogs posten. Es ist mir ein Rätsel, wie sie das schaffen, dass sie sich über den Spiegel fotografieren, der Blitz nicht das halbe Foto zu einem weißen Fleck macht und sie trotz etwas ungesund aussehender Verrenkungen der Wirbelsäule noch herrlich entspannt aussehen. Wie wunderschön sie die Details ihrer täglichen Zusammenstellungen abbilden. Einige von ihnen müssen einen höchst verständnisvollen und noch dazu fotografisch talentierten Freund haben, die Bilder sind definitiv fremdfotografiert und traumhaft nachbearbeitet, sodass sie eigentlich einem Modemagazin entstammen könnten. Stolz werden neu erstandene Stücke vorgeführt –

und ich muss zugeben: Dieser Trend inspiriert mich gewaltig. Stundenlang scrolle ich durch verschiedene Blogs und überlege, wie ich die Modekombis, die mir gefallen, selbst nachstylen könnte.

Nach gefühlten einhundert Blogs aus aller Welt, durch die ich mich klicke, dämmert es mir aber: Die Mädels haben wirklich alle paar Tage etwas Neues an. Manche tragen zwar bestimmte Hosen oder Schals immer wieder, aber ein neues Stück ist auf fast jedem Foto dabei. Bei einigen der Bloggerinnen denke ich recht bald: Bitte, wie machen die das? Die können nicht viel verdienen, viele von ihnen stellen sich als Studentinnen vor, wo kommt das Zeug her?

»Bei dir war das doch auch nicht anders, du hast doch auch dauernd was Neues gekauft«, meldet sich Flo zu Wort, der auf dem Sofa bereits stundenlang mein unzusammenhängendes Murmeln (»Wow, schöööön«, »Hat die einen Spiegel?«, »Nein, bitte nicht schon wieder geblümte Leggings, die waren in der Volksschule schon wäh«) belauscht.

»Ich hab doch nicht andauernd was Neues gehabt! Maximal ein-, zweimal im Monat, bitte!«

»Ernsthaft? Nunu, schau bitte mal in die Küche und hol den Stapel Plastiktüten hervor – wir haben einen Vorrat für Jahre, allein vom Textilschweden!«

Da ist wieder einmal das altbekannte Stichwort: der Textilschwede. Der verkauft allerneueste Trends für einen Spottpreis. Ein Shirt für fünf Euro, ein Rock für zehn – was kostet die Welt? Na klar, Fast Fashion! Die Blogger-Mädels finanzieren das täglich neue Outfit im Internet durch Billigstmode, die nur auf den Fotos manchmal aufgrund schlauer Belichtung teuer aussieht. So schön die Blogs teilweise sind, mir gibt das zu denken. Ein Blog sticht mir besonders ins Auge, er trägt den Titel »Chic on the cheap – never sacrifice style for savings«, »Günstiger Chic – opfere niemals deinen Style für mehr Ersparnisse«. Sosehr ich das bisher auch so betrieben habe, der zweite Teil des Satzes stößt mir unangenehm auf. Mir wird immer klarer, dass das mit dem Fünfeuroshirt ökologisch und sozial nicht so ganz hinhauen kann. Aber schön sind sie halt schon oft und bei meinem bedauernswerten Gehalt auch angenehm bezahlbar.

Hin- und hergerissen klicke ich weiter. Mir eine Meinung zu bilden, schaffe ich zwischen den beiden Polen »Wow, wie inspirierend« und »Diese Ladys mit ihrem Dauershopping sind Teil des Problems« immer noch nicht. Dass sie sich so gar nicht mit der Herkunft der Produkte beschäftigen, dass sie nicht nachdenken über das, was sie tun, das stört mich plötzlich sehr. Mir geht es nicht um die Oberflächlichkeit, um diese Zeitverbrennung durch permanente Selbstdarstellung – jeder Blog hat seinen eigenen Stil und seine Thematik, und wenn's nur um Nagellack und Schuhe gehen soll, bitte schön! Aber kapieren diese Ladys nicht, dass sie Verantwortung tragen, indem sie sich zu Vorbildern machen? Viele junge Mädchen sind begeisterte Leserinnen solcher Blogs und bekommen nur eines vorgeführt: »Kauf dich schön.«

Doch eigentlich habe ich selbst ja auch Vorbildwirkung. Seit Jahren arbeite ich bei einer Nichtregierungsorganisation, die sich dem Umweltschutz widmet, im Pressebereich. Seit Jahren rede ich also mit Journalisten über den Klimawandel, den Ressourcenverbrauch, die Atomkraftwerke in ganz Europa, den massiven Pestizideinsatz in der Landwirtschaft – und all das mache ich in billigster Textilschwedenmode. Da geht sich doch was nicht aus! Anstatt also weiter die Modebloggerinnen zu kritisieren, bleibt mir vor lauter Selbsterkenntnis der Keks im Hals stecken. Blöde Sache.

24. *Februar* Rrrraaatsch!

Rrrraaatsch! Das ist ein Geräusch, das man selten gerne hört. Besonders, wenn man gerade ein Jahr lang nichts kaufen darf und nach wenigen Wochen mit dem heiß geliebten grünen Winterparka im Büro an einer Türschnalle hängen bleibt. Dreißig Zentimeter lang ist das Rrrraaatsch. Und natürlich ist das Rrrraaatsch genau so passiert, dass es auch wirklich niemand übersehen kann. Rein operativ hält das Drama sich in Grenzen – erfrieren werde ich nicht. Es ist schließlich nicht so, dass ich nicht noch geschätzte fünf andere Winterjacken hätte. Aber der grüne Parka, der ist halt einfach das Lieblingsstück – groß wie ein Zelt, die dicksten Pullover passen drunter, und trotzdem schaut er cool aus.

Da der Gedanke ans Nähen mir derzeit noch verdammt viel Respekt einjagt, kommt mir die Idee »Ha! Nähmaschine besorgen und einfach selbst reparieren, so schwer kann das nicht sein!« nicht. So was von nicht. Stattdessen rufe ich Gina an.

»Ginaaaaaaa? Ich bin die Ärmste aller Nunus …«

»Was ist los? Stehst du vor einer Stiefelauslage oder doch schon an der Kasse beim Textilschweden? Blöd, so ein Ausverkauf, oder?« Ich kann ihr Grinsen hören.

»Nix da, ich bin ganz brav – aber das Schicksal ist gegen mich. Ich hab mir grad die Winterjacke an einer Türschnalle ruiniert.«

»Na geh, das kann man doch reparieren«, sagt Gina.

Yes, ich muss es nicht mal selbst ansprechen! Wir vereinbaren, dass ich ihr die Jacke am nächsten Abend vorbeibringe.

25. *Februar* Die Nähbibeln

Während ich in ihrer Küche aus einer Unmenge an Tees einen schmackhaften aussuche, näht Gina mir den Riss wieder zusammen. Und als der kleine Mann nicht mehr bespaßt werden will, sondern lieber allein in seinem Zimmer an einem »geheimen Projekt« arbeitet, setze ich mich zu ihr und bewundere ausgiebig ihre diversen Näh- und Bastelutensilien.

Hier muss kurz festgehalten werden: Gina ist ohne jegliche Übertreibung völlig und restlos bastelwahnsinnig. Mit einer bewundernswerten Leidenschaft vernäht, verstrickt, verzeichnet und (ja, doppelter Wortsinn) verschneidet sowie verklebt sie sämtliche Materialien, die ihr unter die Finger kommen. Aus zwei alten Shirts wird schnell mal ein langes gemacht, eine von ihr genähte Tasche hat eine richtige Fütterung, eine Innentasche und sonst noch jede Menge Details, die sie von der einfachen Taschenherstellweise (→ Nähe zwei gleich große Stoffvierecke aneinander, aber lass eine Kante offen, sonst kannst nix mehr reintun) doch sehr massiv abheben.

»Magst du meine Nähbibeln sehen?«, fragt Gina mit verschwörerischem Blick. Na logo, was denn sonst! Sie macht eine Vitrine auf und zeigt aufs unterste Regal, wo fünf dicke Zeitschriftensammler stehen. Sie alle sind voll mit Nähzeitschriften – fein säuberlich nach Erscheinungstermin sortiert. Ich nehme ein paar Magazine mit ins Wohnzimmer und blättere sie auf dem Sofa durch.

Aufgebaut sind die Strickmagazine wie ganz normale Modezeitschriften, ich sehe Seite um Seite Models in teils mehr, teils weniger stylisher Kleidung. Der Unterschied: Die gesamte dargestellte Kleidung kann ich theoretisch selbst nähen, die Anleitung ist im Heft gleich mit dabei. Theoretisch. Sehr, sehr theoretisch. Ich lese die Anleitungen. Mehrmals. Denke mir: Hallo, zwei Stück Stoff an einer bestimmten Stelle aneinandernähen und sich einfach Schritt für Schritt an der hoffentlich deppensicheren Anleitung entlanghanteln, das kann doch keine Hexerei sein! Doch in den Anleitungen steht da was von »Die Schnittteile mit aneinanderstoßenden Markierungen auflegen. Linkes Vorderteil zuzüglich Nahtzugabe im Stoffbruch zuschneiden und rundum versäubern. Nahtzugabe am Beleg auf links bügeln, Beleg ebenfalls links bügeln und schmalkantig absteppen.«

Nahtzugabe? Stoffbruch? Versäubern? Auf links bügeln? Am Beleg? Auweia, ich fühl mich selbst grad richtig schmalkantig. Ich glaube, Chinesisch lernen ist nur unwesentlich schwieriger, als Nähanleitungen zu verstehen.

»Sag, was heißt denn das da bitte alles, ich versteh nur Bahnhof«, rufe ich ins Nebenzimmer hinüber, wo Gina gerade meine Jacke bearbeitet: »Was soll bitte ein Stoffbruch sein? Tut so was nicht weh?«

Gina lacht. »Ja, mir ist es vor nicht allzu langer Zeit auch so gegangen. Ich hab dauernd meine Mutter angerufen und gefragt, was das heißt. Aber irgendwann kapiert man's dann. Und dann ist es ganz einfach. Wie Autofahren. Einmal gelernt, kann man irgendwann alle Warnschilder und Regeln und weiß außerdem intuitiv: links Kupplung, Mitte Bremse, rechts Gas. Beim Nähen ist das ganz genauso. Irgendwann schafft es jede, die es können will.«

Ah ja. Ist das so!? Irgendwann!? Das kann ja noch was werden mit mir und dem Nähen. Außerdem kann ich mich noch gut an den Handarbeitsunterricht in der Schule erinnern. Heute noch überkommt mich das nackte Grausen, wenn ich an die Lehrerin von damals denke. Was für ein Drachen.

Während mir gerade aufgrund der Erinnerung an Frau Professor Drachen ein kalter Schauer den Rücken runterläuft, ruft Gina aus dem Nebenzimmer: »Und ein Stoffbruch ist übrigens die Faltkante eines Stoffes!« Aha. Ich glaube, würde ich genau jetzt in den Spiegel schauen – ich würde zwei Fragezeichen statt meiner Augen sehen.

Andererseits packt mich der Ehrgeiz. Mit der Motivation, mit der ich bereits Abitur, Führerscheinprüfung und das Uni-Diplom hinter mich gebracht habe – »Wenn andere das schaffen, die viel größere Deppen sind als ich, dann schaff ich das auch« –, beschließe ich, dass ich wirklich und richtig und so echt jetzt nähen lernen will. Einige der Modelle in den Zeitschriften schauen wirklich sehr hübsch und vor allem professionell produziert aus. Langsam macht das Durchblättern Spaß – besonders ein Mantel und ein Kleid stechen mir besonders ins Auge.

Ginas Wohnung verlasse ich mit einer optimal zusammengenähten Winterjacke und Hummeln im Hintern. Der Selbermachteil meines Projekts muss umgehend gestartet werden, so lautet der Beschluss.

28. Februar
Saisonales Selbermachen

Gesagt, getan. Einen Pullover stricken und ein Kleidungsstück nähen. Vor dem Nähen habe ich trotz der Motivationsrede von Gina gewaltigen Respekt. Diverse Versuche, Frau Professor Drachen aus meiner Erinnerung zu löschen, funktionieren nämlich nicht. Seit Jahren. Sogar jetzt, hüstelundzwanzig Jahre später, habe ich noch die schrille und immer wieder leicht in Richtung Hysterie neigende Stimme von Frau H. im Ohr.

Ich verstehe es bis heute nicht. Wenn man beschließt, Lehrerin zu werden, dann muss einem doch klar sein: »Wui, für den Job muss ich ordentlich geduldig sein. Nicht, dass ich noch verhaftet werde, nur weil ich nach zwanzig Minuten einen der Rotzlöffel durch das geschlossene Fenster bugsiere, der weder auf ›Bitte Ruhe‹ noch auf ›Alle sind jetzt still, auch du, Kevin‹, und schon gar nicht auf ›KEVIN, WENN DU JETZT NICHT SOFORT STILL BIST, SETZTS WAS‹ reagiert.« So etwas muss man sich doch vorher überlegen. Ist Lehrern, insbesondere Handarbeitslehrerinnen, nicht klar, dass in einer Schulklasse selten mal nur die braven Vorzugsschüler sitzen? Sogar vor zwanzig Jahren, als man als Handarbeitslehrerin davon ausgehen konnte, nur Mädchen zu unterrichten, die in der Theorie als tendenziell braver gelten, war Geduld doch eine der wichtigsten Stärken für Lehrer!

Im Nachhinein betrachtet bin ich der Überzeugung, dass Frau H. das Wort »Geduld« nicht einmal buchstabieren konnte. Es gab keine einzige Stunde, in der sie nicht irgendeine Schülerin anbrüllte, ihr das Werkstück aus der Hand riss, von der Nähmaschine vertrieb und laut schimpfend selbst weiternähte oder Gemeinheiten in Richtung jener Schülerinnen abließ, die ihre dahingeschimpften Erklärungen nicht sofort verstanden.

Mit Grausen erinnere ich mich an eine Weste, die wir damals im Unterricht nähen sollten. Wir waren zwölf, durften uns Stoff und Schnitt selbst aussuchen, zuschneiden und nähen. Für jede falsche Naht wurde man vor allen anderen angebrüllt – und ich produzierte vor lauter Nervosität, etwas falsch zu machen, natürlich jede Menge falsche Nähte.

Das Fazit: Mama nähte die Weste zu Hause fertig, schimpfte wie ein Rohrspatz über Frau H. (»Früher hat dir Handarbeiten von ganz alleine Spaß gemacht! Selbst hast häkeln lernen wollen! Das ist jetzt alles für die Fisch! So ein Trampel, diese Frau!«) und versprach mir, mich niemals zum Nähen zu zwingen. Mein Wortschatz an Schimpfwörtern erhöhte sich in diesem Zeitraum übrigens signifikant. »Trampel« war da noch einer der netteren Ausdrücke. Zwei Jahre Handarbeitsunterricht bei Frau H., und zwanzig Jahre später werde ich immer noch nervös beim Anblick einer Nähmaschine.

Aber Stricken. Stricken mag ich, das macht Spaß. Ich habe es schon als Kind von meiner Oma gelernt, sogar Zopfstricken kann ich theoretisch. Und vor etwa einem Jahr habe ich von ganz alleine wieder begonnen zu stricken. Nachdem ich mir selbst eine sehr zipfelig geratene Zipfelmütze und einen zu breiten, dafür aber zu kurzen Schal gestrickt hatte, machte ich den Liebsten zu meinem Opfer. Der rannte seit Jahren im Winter in einer Mütze herum, die ihm die Mutter seiner Ex gestrickt hatte – schon rein als Statement ging mir das gegen den Strich. Flo selbst, praktisch orientiert, war das komplett schnurz. Bei ihm gibt es nur die Logik: Im Winter ist es kalt, die Mütze ist warm. Ihm einen Vortrag zu halten, dass er sich doch bitte eine andere Mütze zulegen solle, weil die von der Ex ihm nicht zu Gesicht steht, war chancenlos und vor allem weit unter meiner Würde. Da musste Subtilität her – und Stricknadeln.

Wenige Tage später war meine erste Mütze für ihn fertig. Und sie gefiel ihm. Einfach so! Mit keinem Wort wurde erwähnt, dass ich damit die Exschwiegermuttermütze von seinem Haupt erfolgreich verdrängt habe. Er freute sich über das Geschenk von mir, und ich freute mich, dass sie ihm sogar wirklich passte! In seinem Freundeskreis kam sie sogar so gut an, dass eine weitere Mütze bestellt wurde. In dieser Zeit »erstrickte« ich mir auch selbst eine beträchtliche Menge an Mützen und Schals – der Winter kann also kommen, ich bin mit genügend Kopf- und Halsbedeckungen munitioniert gegen die Kälte.

Ich habe mich allerdings noch nie an einen Pullover oder ein anderes großes Stück getraut. Dieses Maschenabnehmen und -zunehmen und das genaue Reihenzählen und so, das klingt nach Arbeit, während Mützenstricken inzwischen nur noch freestyle stattfindet und echt entspannend ist.

Na gut. Nähen fällt erst mal flach, da muss ich erst meinen Frau-H.-Knall überwinden. Aber Stricken, damit kann ich ja schon mal anfangen. Wenn ich jetzt mit einem Pulli beginne, ist der eh frühestens im Spätherbst fertig. Fröhlich google ich das Wort »Strickpullover« und schaue mir die gefundenen Fotos an. Die Anleitungen überlese ich geflissentlich – ich verstehe auch da wenig und will mich nicht nervös machen lassen. Pullover. Locker. Schaff ich. Blöde Handarbeitssprache – dass die so kompliziert sein muss!

Wenige Meter von meiner Arbeitsstätte entfernt ist praktischerweise ein Wollgeschäft. In der Mittagspause statte ich dem winzigen Laden einen Besuch ab. Er geht vom Boden bis zur Decke über vor bunten Wollknäueln. Ich habe mir im Vorfeld bereits den perfekten Pullover ausgemalt: dick, warm, flauschig, grau, großer Kragen. Stolz bringe ich meinen Wunsch vor: »Ich kann stricken, hab aber noch nie einen Pullover gestrickt. Das soll sich jetzt ändern. Ich suche möglichst dicke, warme, graue Wolle bitte.«

»Gnä' Frau, dafür ist es zu spät, wir haben nur noch Sommergarne. Die Winterwollsaison fangt erst im August wieder an. Im Modegeschäft kriegen Sie ja jetzt auch keine

Mützen und Schals, oder?«, sagt die Dame mit leicht unfreundlichem Unterton. Was für eine unwissende Kundschaft ich doch bin! Unwürdig!

Na gut, Wollgeschäfte haben Saisons. Wieder was gelernt. Und das Strickprojekt in den Herbst verschoben. Verdammt. Ich muss also doch vorher nähen lernen. Aber immerhin, dadurch verzögert sich auch die Erkenntnis, dass ich nicht nur die Nähsprache nicht verstehe, sondern auch keinen blassen Schimmer von Stricksprache habe. »Am re Rand in jeder 2.R 1x5, 1x4 und 2x1 M abk. Bei Gesamtl von 60/66cm die restlichen 31/23 Schulterm abk. Linke Hälfte gegengleich str.« ...

Aber noch ist das weit entfernt. Noch habe ich saisonal bedingte Gnadenfrist.

1. März
Rotz und Socken

Das Leben könnte so schön sein: Ich habe wirklich inzwischen alles aufgeräumt. Es ist einer dieser seltenen Momente, an denen kein Kleidungsstück herumliegt und ich es gewaltig genieße, als der Liebste meint: »Irgendwas ist anders als sonst ...«, aber nicht drauf kommt, was genau anders ist. Na ja, wenigstens heißt das, dass er anscheinend seinen Frieden mit den Mount McWäschebergen gemacht hat.

Außerdem: Es wird langsam wärmer. Wahrscheinlich wird es in den kommenden Wochen noch einmal ordentlich schneien, aber derzeit klingt, riecht und fühlt es sich nach Frühling an.

Nur mein Körper hat das mit dem Frühling noch nicht so ganz kapiert. Ich bin krank – ich liege eingemümmelt in dicke Decken auf dem Sofa, die Nase leuchtet bis rüber in die Küche, und ich gebe permanent trompetende Geräusche von mir. Wenn ich nicht gerade schlafe oder mir im Fernsehen schlechte Serien anschaue, nutze ich die Zeit für Recherchen. Das klingt jetzt ambitionierter, als es ist: Die meiste Zeit bin ich nicht einmal fähig, die Fernbedienung zu bedienen. Aber wenn es besser geht, dann suche ich im Internet nach biofairer Mode.

Ich entdecke riesengroße Onlinestores, die vom grässlichsten Ökoschlappen bis hin zu toll geschnittenen Röcken und Hosen aus Biobaumwolle alles anbieten, was aus Biostoffen besteht und fair produziert ist. Ich finde kleine Designerlabels, die sich auf bio und fair konzentrieren. Da gibt es eine Marke, die Mäntel aus alten Gefängnisdecken näht, eine Designerin hat ihr eigenes Nähprojekt in Peru, und eine andere verwendet nur Stoffe, die bei der konventionellen Massenproduktion übrig bleiben. Die Sorge, dass biofaire Alternativen nur sackartig und pastellfarben sind, zerschlägt sich schnell. Dieses Vorurteil kann ich mir eindeutig in die Haarwurzeln massieren beim Anblick all dieser tollen, stylishen, bunten und coolen Teile.

Und dann sehe ich es. *Das* Teil. Es ist so unglaublich schön, dass ich nach Luft schnappen muss. Das ist es, damit werde ich mich belohnen nach einem Jahr Shoppingdiät: ein Sockenpullover. Ein Pullover, der nur aus einzelnen Socken zusammengenäht ist. Was für eine schräge Idee, aber es sieht toll aus!

Irgendwoher kenne ich das Stück bereits. Aber woher? Es dauert ein paar Minuten, bis es mir wieder einfällt: Kirsten, eine ehemalige Kollegin, hatte so einen Pulli mal im Büro an, ich war damals sofort hin und weg. Ich war so lange hin und weg, bis Kirsten mir den Preis nannte, dann war ich nur noch weg. Verdammt, sind die Teile teuer! Aber auch logisch. Ich will gar nicht wissen, wie viel Arbeitszeit da hineinfließt: Socken zusammenstellen, auseinanderschneiden, zusammenstellen und vernähen – und das Ganze nicht in irgendeiner Fabrik in Bangladesch, sondern in einem Atelier in Wien. Aber wenn ich ein ganzes Jahr nicht shoppen gehe, dann kann ich mir solch einen Pullover definitiv leisten.

»Schau mal, den kauf ich mir!«, sage ich zum Liebsten und zeige ihm Fotos mit der Sockenmode.

»Den wirst du sicher nicht kaufen!«, entrüstet sich der Liebste.

»Nein, nicht jetzt. Nächstes Jahr! Mit dem belohne ich mich, wenn ich es geschafft habe.«

»Und ich?«

»Du kriegst dann eine Tüte Gummibärchen von mir, versprochen.«

4. März
Öffnungszeiten für Onlinestores!

Onlineshopping – das ist immer noch so eine Sache. Eine riskante Sache. Himmel noch mal, langsam sollte ich es doch wirklich drinhaben: »Nein, liebe Nunu, du wirst jetzt NICHT die Homepage des riesigen Onlineschuhgeschäfts aufmachen! Du hast genügend Stiefel! Und außerdem kommt jetzt eh der Frühling, was brauchst du da denn noch Stiefel?«

Besonders abends ist es hart: der Liebste noch mit Arbeitskollegen Fußball spielen, der Kater schnarchend bei den Beinen, vielleicht sogar ein Glas Wein neben mir – und ich kenne die Postings meiner Freunde auf Facebook langsam auswendig. Mich dann nicht in Richtung meiner geliebten Onlinestores zu klicken, ist kaum machbar.

Oder, noch schlimmer: sonntags! Früher mal, da war sonntags einfach Sendepause. Keine Geschäfte offen, man musste so arge Dinge tun wie Ausflüge machen, Bücher lesen, Zeit haben! Zugegeben, früher war's für mich um einiges schlimmer, dass das Zuckerlgeschäft ums Eck geschlossen hatte, die Fetzenläden waren mir piepegal.

Inzwischen finden Sonntagvormittage bei mir meistens vor dem Laptop statt – mein Lieblingslangschläfer locker bis Mittag im Land der Träume, ich seit Stunden wach und gelangweilt. Ich sollte mir mal ausrechnen, wie teuer mir diese Sonntagvormittagsstunden in den letzten Jahren gekommen sind. Ich tippe auf einen Stundensatz, den ich unter der Woche bei Weitem nicht verdiene. Während alle Geschäfte da draußen geschlossen haben – dadrin in meinem Laptop auf meinem Schoß, da ist immer irgendwo Ausverkauf im Reich der wunderbaren Warenwelt. Und es ist halt doch viel einfacher, mit ein paar Mausklicks ein Paket zu bestellen, als in einen Laden zu gehen, in voller Montur und vor allem im Winter höchstwahrscheinlich schwitzend bis dorthinaus das Angebot durchzusehen, auf eine leere Umkleidekabine und die Tatsache zu hoffen, eine zu erwischen, in der es wenigstens noch halbwegs erträglich nach Schweiß riecht, sich umzuziehen, anzuprobieren, sich in der engen Kabine nicht wohlzufühlen – all das ist doch so ungemütlich! Zu Hause, gekleidet in uralte Klamotten zum Herumknotzen, das ist doch gleich was anderes! Und noch dazu zu jeder Uhrzeit. Ist mir bei minus zwanzig Grad Außentemperatur um drei in der Nacht und nach fünf Gin Tonic danach, Bikinis zu kaufen, dann kann ich das tun, selbst wenn es diese Bikinis nur in den USA gibt. Shopping rund um die Uhr und rund um den

Globus – was sich wie ein Traum anhört, ist eigentlich ein ziemlicher Horror.

Es ist sogar zum Verzweifeln. Selbst wenn ich es vermeide, auf die größten Einkaufsseiten zu klicken, blinken mich auf diversen Nachrichtenportalen immer wieder Werbungen genau dieser Seiten an. In meinem liebsten Onlineschuhgeschäft habe ich vor einem halben Jahr nach Sandalen im Ausverkauf gesucht und wunderbar türkisfarbene gesehen, die es leider in meiner Quadratlatschengröße nicht mehr gab. Trotzdem werden mir diese Schuhe seit fast sechs Monaten immer wieder auf individualisierten Werbeeinschaltungen vorgeschlagen. Es ist absurd: Die Sandalen blinken mir sogar von einer Seite entgegen, auf der man einen kritischen Artikel über die intransparente Produktion von Schuhen lesen kann. (Seit Kurzem wechseln sich die Sandalen jedoch regelmäßig mit hellbraunen Stiefeln ab, warum, ist wohl nicht allzu schwer zu erraten.)

Warum gibt es für Onlinestores eigentlich keine Öffnungszeiten? Nur zu bestimmten Zeiten einkaufen zu dürfen, würde doch so vieles vereinfachen. Wahrscheinlich hätten wir den gleichen Stress wie beim klassischen Einkauf (»Ich muss schnell nach Haus rennen, in zehn Minuten macht der Onlinetextilschwede zu, und ich wollte mir doch noch diese Jacke kaufen!«), aber dafür würde es echte Auszeiten geben.

Hoppala, ich hab gar nicht gemerkt, dass Flo, inzwischen aufgewacht (wobei, das ist ein dehnbarer Begriff), im Türrahmen steht. »Schatz, ich hab *die* Idee! Ich führe ein Gesetz ein, das den Onlinestores Öffnungszeiten vorschreibt, ganz klassisch, acht Stunden am Tag! Das wär doch super, dann käme ich nicht in Versuchung, mich nach einem Scheißtag virtuell mit Fetzen belohnen zu wollen, und würde viel weniger Mist bestellen, der in echt sowieso ganz anders ausschaut als auf der Website! Wieso gibt es so was eigentlich noch nicht? Wäre doch super!«, blubbere ich begeistert los.

Der Liebste braucht länger als sonst, um mir zu antworten – ich schiebe es auf die Tatsache, dass er erst seit etwa fünf Minuten bei Bewusstsein, von einem wachen Zustand jedoch noch meilenweit entfernt ist. »Denk noch mal drüber nach, was du grad gesagt hast. Du hast dir die Antwort eh schon selbst gegeben!«

Verdammt. Also doch die eigene Konsequenz weiter fordern. Die höre ich inzwischen ziemlich oft vor sich hin wimmern.

5. *März*
Bist du besoffen?

Ich erzähle auch Gina von meiner Idee rund um Online-Öffnungszeiten. Sie fängt unvermittelt an zu lachen: »Sag, bist du besoffen, wenn du online shoppst?«

»Nö, meistens nicht. Wieso?«

»Weil da gerade eine Studie dazu erschienen ist. Hab ich letztens in der Zeitung gelesen: Die meisten Leute shoppen abends online, und zwar rotzbesoffen.«

Zu Hause suche ich gleich nach dem Artikel. Und tatsächlich: An der Universität Oxford hat man herausgefunden, dass online am meisten in der Zeit zwischen 18 und 24 Uhr eingekauft wird. Und dass viele der Käufer betrunken sind. Ich frage mich: Bitte, wie finden die das raus? Fragen die nach online ausgegebenem Geld und gleichzeitig getrunkenen Vierteln? Oder läuten sie am Abend zu Hause, und wenn man die Tür öffnet, heißt's erst mal: »Was machen Sie grad?«, und bei entsprechend passender Antwort: »Na dann blasen Sie mal ins Röhrchen!«?

Jetzt kapier ich auch, wieso es jedes Mal, egal zu welcher Tageszeit, in diesem kleinen Schmuckgeschäft heißt: »Magst a Glaserl Sekt?« Das Spannende an diesem Laden: Die Chefin trinkt jedes Mal mit. Beeindruckend. Zumindest ihre Leber.

Im Endeffekt finde ich die Ergebnisse aber einleuchtend. Ist doch klar. Stellst du dich stockbesoffen ins Schuhgeschäft und bringst auch auf mehrmaliges Nachfragen, welche Art von Schuhen du denn suchst, nur ein schwer verständliches »Schuuuuäää! Schuä brauchi!« raus, wird da wohl relativ schnell eine Person von der Größe und Statur eines durchschnittlichen Kleiderschranks auf dich zukommen und dich wieder auf die Straße stellen. Man könnte ja randalieren und so. Dabei will man doch nur Schuuuuäää. Im Onlinestore hingegen kann man nichts ruinieren – abgesehen vom eigenen Kontostand natürlich.

8. *März*
Also doch nähen

Beim besten Willen kann ich mich nicht mehr erinnern, wer mir wann vom Stoffsalon erzählt hat. Lang kann es nicht her sein, schließlich hat mich der Gedanke, einen Nähkurs zu machen, erst vor wenigen Wochen gestreift – vor meiner Shoppingdiät wäre er ungefähr so wahrscheinlich gewesen wie eine in drei Nächten aufeinanderfolgende Mondfinsternis. Praktischerweise liegt der Stoffsalon genau zwischen Büro und Zuhause, ich muss mit dem Fahrrad einfach nur eine Parallelstraße zu meinem üblichen Heimweg nehmen.

Nun ist es also so weit: Ich betrete den kleinen, sehr bunten Laden. Und bin ordentlich eingeschüchtert – da liegen Unmengen an schönen, bunten Stoffen in den Regalen und werden höchstwahrscheinlich von Menschen gekauft, die wissen, wie man eine Nahtzugabe am Beleg auf links bügelt und versäubert. Noch dazu wissen diese Menschen wahrscheinlich auch, wie man Stoffe zerschneidet, zusammensteckt und aneinandernäht, und zwar so, dass am Ende wirklich etwas Brauchbares herauskommt. Beeindruckend. Und beängstigend.

Eine recht freundlich wirkende Dame fragt mich, ob sie mir helfen kann. Kann sie: Ich will einen Nähkurs machen. Binnen zehn Minuten ist alles erledigt: Ich habe einen Platz im Nähkurs in drei Wochen, muss eine Anzahlung tätigen, und schon sitze ich wieder auf dem Fahrrad und strample nach Hause. In den wenigen Minuten des Heimwegs packt mich dann der Ehrgeiz: Als blutige Anfängerin will ich mich doch nicht abstempeln lassen. Schließlich habe ich ja doch mal eine Weste genäht, in grauer Vorzeit! Eine Nähmaschine muss her. Jetzt.

»Maaaaamaaaa?« (Ich will fair bleiben. Wenn ich mit dieser lang gezogenen, fragenden Anrede beginn, weiß die Frau Mama sofort: Das Kind will was. Oje.)

»Jaaaa?«

»Du hast doch eine Nähmaschine, oder? Die alte, schwere …«

»Vergiss es.«

»Aber …«

»Vergiss es! Die borg ich dir nicht, die brauch ich immer wieder und die soll noch lange halten, da kann ich keine Anfänger dran brauchen! Erben darfst sie mal. Aber vorher ist das meine.«

Das ist eindeutig, da ist nichts zu holen. Danke auch für das große Vertrauen, das du in mich setzt, Frau Mutter.

Was man ihr zugutehalten muss: Wahrscheinlich hat auch sie das Westen-Debakel noch in lebhafter Erinnerung. Ich will mir aber nicht gleich eine eigene Maschine kaufen. Erstens weiß ich noch nicht, ob mir die Näherei überhaupt Spaß macht, zweitens sind die Nähmaschinen, die laut meinen näherfahrenen Freundinnen brauchbar sind (»Unbedingt eine Pfaff, am besten eine alte, dieses neue Plastikzeugs kannst vergessen«), unbrauchbar teuer, und drittens: Muss ich mir unbedingt was Neues kaufen? Ich schätze, dass die meisten Nähmaschinen wohl einen Großteil des Jahres unbenutzt im Weg stehen und verstauben – so eine kann ich mir doch sicherlich von jemandem ausborgen?

Die Lösung: Facebook! »Hat zufällig jemand, der keine gesteigerte Bindung zu leblosen Gegenständen und großes Vertrauen in Menschen hat, eine Nähmaschine an mich zu verborgen? Ich verspreche, sie entsprechend oder eher trotz meines aufkeimenden Nähtalents (?) schonend zu behandeln und im Schadensfall für Ersatz zu sorgen.«

Und tatsächlich, wenige Stunden später ruft mich meine liebste ehemalige Kollegin und Immer-noch-Freundin Eva an und erklärt, ich könne ihre Maschine gerne abholen kommen. Eva ist gerade Mutter geworden und hat sowieso keine Zeit zum Nähen.

Noch am selben Abend setze ich mich ins Auto, hole Maschine und Nähzubehör von ihr ab und beginne zu Hause, an einem Stofffetzen die unterschiedlichen Stiche auszuprobieren. Doch irgendwie will die Nadel nicht so wie ich: Immer wieder verknotet und verhaspelt sich auf der Unterseite der Faden und produziert einen ganzen Fadenwald anstelle einer durchgehenden, gleichmäßigen Naht. Mir kommen alle möglichen Gedanken, die mir im Freien laut ausgesprochen eine Anzeige wegen Erregung öffentlichen Ärgernisses einbringen könnten. Der Gedanke, der mir nicht kommt: in die Bedienungsanleitung zu schauen. Wozu denn auch? Heutzutage müssen Produkte doch auch für den dümmsten anzunehmenden Anwender sofort und intuitiv bedienbar sein. Bedienungsanleitungen, die sind nur was für Streber. Also ärgere ich mich weiter über das Eigenleben des Unterfadens.

Eine Stunde später kommt Flo aus dem Büro und sieht mich an der Nähmaschine sitzen. Gerade mal die Schuhe zieht er aus, dann kommt er angestapft und vertreibt mich vom Nähplatz. Anscheinend löst der Anblick der Nähmaschine in ihm den männlichen »Maschine! Technik! Muss! Ausprobieren!«-Trieb aus. Noch in Jacke und Schal setzt er sich hin und beginnt zu nähen. Er, dem meine sonstigen Do-it-yourself-Versuche immer komplett schnurzegal sind und der diverse selbst gemachte Produkte meinerseits mit einem »Ja, eh schön« abkanzelt, noch bevor er sie überhaupt anschaut (gut, das ist jetzt eine Unterstellung, das »immer« ist gemein, aber ein Trend ist da eindeutig erkennbar) – er lässt mich nicht wieder zur Nähmaschine. »Wieso haut denn das bei deinen Nähten nicht hin? Die schauen komisch aus.«

Wenn ich das schon höre. Komisch. »Komisch« hat bei uns eine längere Vorgeschichte, die inzwischen dazu geführt hat, dass ich verlässlich explodiere, wenn der Liebste etwas, was ich gemacht habe, oder mich selbst als »komisch« bezeichnet.

»Was soll denn daran bitte komisch sein? Die Nähmaschine hat irgendwas! Ist schließlich so eine ganz billige vom Discounter; alle sagen, dass die neuen aus Plastik nix taugen!«, sage ich mit dezent erhobener Stimme. Dass auf der anderen Seite der Straße jemand gerade sein Fenster zumacht, werte ich als nicht weiter damit zusammenhängend. Der Liebste kennt diese Explosionen bereits – und ignoriert sie geflissentlich (was mich normalerweise verlässlich auf eine noch höhere Palme klettern lässt). Er blättert nämlich in der Bedienungsanleitung.

»Vielleicht schauen die Nähte auch nur so scheiße aus, weil du den Nähfuß nicht runtergegeben hast? Da steht, dass man den Fuß immer runtertun muss. Im-mer.« In der Stimme des Liebsten ist eine gewisse Süffisanz nicht überhörbar. Auch das Grinsen in den Mundwinkeln spricht eine sehr eindeutige Sprache. Es gibt wenige Dinge in unserer Beziehung, die schlimmer sind als diese Situationen: dem Partner recht geben müssen, obwohl man ihn wenige Sekunden vorher angebrüllt hat.

Hochzufrieden zeigt der Liebste sich gnädig und lässt mich weiternähen. Diesmal gelingen mir auch gerade, gleichmäßige Nähte.

Nähfuß … Was ist denn das für eine blöde Erfindung, bitte.

12. März
–214,65 Euro

Wahnsinn, ist das Leben gerade lässig. Nicht nur, dass ich voller Motivation durch die Gegend laufe und daher permanent strahle wie ein Honigkuchenpferd, nein, es wird auch tatsächlich langsam wärmer. Die letzte Schneeschmelze war hoffentlich die letzte für mehrere Monate. Was hab ich den Winter satt. Meistens schon beim ersten Schneefall im Oktober – und diese Antipathie gegen das kalte, nasse Wetter zieht sich dann durch bis Mitte März.

Es ist so super gerade, das Leben. Im Job läuft alles seiner Wege (und dankenswerterweise zur Abwechslung auch recht stressfrei), der Liebste ist so allerliebst, dass es schöner nicht sein könnte, keine gröberen Zwischenfälle im Familienkreis – das Leben lässt sich einfach nur genießen.

Und das Allerschönste: Ich habe keine Geldsorgen! Nachdem ich mir ja gerade das Shoppen spare, brauche ich kein schlechtes Gewissen zu haben, wenn ich mir Sushi nach Hause bestelle, in die etwas teurere Pizzeria gehe oder auf dem Heimweg hin und wieder im Buchgeschäft meines Vertrauens vorbeischaue.

Bücher! Es ist so schön, dass ich mir die jetzt leisten kann. Sie sind in den letzten Jahren immer zu kurz gekommen. Es gibt wenig Schöneres als ein funkelnagelneues Buch, in das noch niemand hineingelesen oder hineingerochen hat (Geruch von neuen Büchern? Sofortiges Glücksgefühl!). Und seit ich mich mit dem Kleidungsboykott beschäftige, finde ich so viele neue Bücher, die mir etwas von der konventionellen Produktion von Kleidung erzählen oder von Shoppingsucht oder von Baumwolle im Allgemeinen. Während ich es früher nach der Arbeit gerade mal geschafft habe, nach fünf Seiten eines seichten Liebesromans einzuschlafen, sauge ich jetzt Sachbücher nur so in mich hinein. Und endlich brauche ich mich nicht schuldig zu fühlen, wenn ich mit drei neuen Büchern nach Hause komme. Herrlich, so ein Leben ohne Kleiderkauf – ich hab ohnehin genügend anzuziehen, und selbst mit meinem kleinen Gehalt kann ich mir nun Dinge, die für mich früher als Luxus galten, leisten.

Glaube ich.

»Falsch geglaubt«, stelle ich fest, als ich meinen Kontoauszug anschaue. Zweihundertvierzehnfünfundsechzig. So weit die Zahl. Das Störende: das Minus vor der Zahl. Ich bin im Minus. Nicht viel, aber doch so, dass ich's nicht schnell mal ausgleichen kann. Noch dazu ist gerade mal Monatsmitte und die Heizungswartung ist nächste Woche. Verdammte Scheiße, wie ist das denn bitte passiert?

Zugegeben, allzu lang muss ich da nicht überlegen. Es ist doch wirklich zum Jungekriegen mit dieser Konsumlust: Da schwör ich dem einen ab, und dann kippe ich ohne Umschweife gleich mal in die nächste Kaufleidenschaft hinein? Wie geht's mir denn, bitte?! Habe ich in den vergangenen Wochen denn wirklich gar nichts kapiert?

Anscheinend nicht! Dieses Minus habe ich normalerweise am Ende des Monats – selten mehr als 200 Euro und immer schön zu ignorieren, weil ja in weniger als einer Woche das Gehalt überwiesen wird. Und dann verzichte ich aufs Kleidershopping und bin bereits Mitte des Monats im Minus? Verdammt, verdammt, verdammt!

Ersatzhandlung nennt man so etwas wohl. Zu Hause angekommen lese ich nach. »Ersatzhandlung ist ein Begriff aus der Psychoanalyse und beschreibt eine Handlung, die anstelle der ursprünglich angestrebten tritt, wenn diese durch Verdrängung oder äußere Hemmung nicht ausgeführt werden kann. Der Trieb oder das Bedürfnis, das hinter der angestrebten Handlung steht, verschiebt sich in ein anderes, dem ursprünglichen Ziele oftmals grundverschiedenes Handlungsziel, auch Ersatzbefriedigung genannt«, sagt Wikipedia.

Ja, Ersatzhandlung. Das trifft den Nagel auf den Kopf, und zwar sehr genau.

Ich könnte mich so derartig in den Arsch beißen. Das muss jetzt anders werden. Kann ja nicht angehen, dass ich ein Jahr lang auf eine bestimmte Art des Geldausgebens verzichte, damit ich nachher noch weniger Geld habe als vorher. Geldsparen ist zwar nicht die Hauptmotivation der einjährigen Auszeit, aber eine nette Nebenwirkung wäre es schon.

Ich kann zwar nicht sagen, wie viel ich ohne Ersatzhandlungen wirklich sparen würde – Buchhaltung war nie meins, Rechnungen werden nur so lange behalten, wie die Garantie läuft (wenn überhaupt), und nichts ist weniger sexy als Einnahmen-und-Ausgaben-Listen. Hin und wieder mal leiste … Entschuldigung, habe ich mir teurere Stücke geleistet. Diese sündhaft teure Tasche, die ich mir letzten Sommer gekauft habe, zum Beispiel. Oder meine heiß geliebten Boots aus New York. Die haben auch mehr gekostet als diese 214,65 Euro, die ich jetzt im Minus bin. Aber häufig waren diese Ausgaben nicht. Viel, viel häufiger waren die fünfzehn bis vierzig Euro »teuren« Ausflüge zum Textilschweden und anderen Billiganbietern. Da mal zwei Röcke, dort mal ein Kleid, das ohne Anprobieren mitgenommen wurde, und natürlich zahllose Strumpfhosen. Sobald ich Angebote sah, schlug ich zu, ob im Supermarkt oder beim Wäschehändler.

Trotzdem versuche ich jetzt mal, meine Ausgaben zu überschlagen. Mehr als ein Hunderter im Monat war es bei den Billiganbietern selten, und die Großausgaben – meistens in Form von Stiefeln – schätze ich auf 300,– Euro alle zwei Monate. Also dreitausend Euro. Im Jahr. Interessanterweise schreckt mich die Zahl gar nicht so sehr, mein Bauchgefühl hat mir in etwa das vorausgesagt.

Dreitausend Euro.

Für dreitausend Euro bekomme ich locker einen anständigen Gebrauchtwagen.

Oder einen richtig tollen Urlaub.

Oder so ein Bett ohne ein einziges Stück Metall und eine superübererergonomische Matratze gleich dazu.

Oder zweitausend Packungen Gummibärchen.

Gut, dreitausend Euro schockieren mich doch. Das sind ordentlich viel Knödel. Ich nehme mir vor, dass ich dieses Jahr nicht nur testen will, wie konsequent ich kleidershoppingtechnisch sein kann, sondern auch ordentlich Geld sparen will. Da muss sich etwas ändern. Den ersten Schritt beschließe ich beim Anblick meines Bücherregals: Solange ich die nicht alle gelesen habe, so lange gibt es keine neuen Bücher mehr.

15. *März* Ein Sommer wie damals

Es ist einer dieser Tag, der einfach schon falsch begonnen hat. Sowieso schon spät dran, steige ich auf mein Rad und will los. *Ich* will los. Das Rad nicht. Das Hinterrad zumindest. Platt wie eine Flunder. Dabei ist es heute so richtig schön warm: herrlich zum Radfahren, fürchterlich zum U-Bahn-Fahren. Es ist einfach typisch für diese Jahreszeit, die sich früher mal Frühling nannte. Letzte Woche noch rannten alle mit dicker Jacke und warmen Stiefeln durch die Gegend, und heute soll es dreißig Grad werden. Kann mir jemand mal erklären, wo in den letzten Jahren der Frühling hingekommen ist? Und dann auch noch U-Bahn-Fahren, wirklich ein Graus an diesen Tagen: viele Menschen auf einem Haufen, und bereits um halb neun hängt im Waggon eine Wolke aus Schweiß, die nicht einmal der Kaffeeduft aus einzelnen Wegwerfbechern übertünchen kann.

Ich bin also noch nicht einmal im Büro und habe bereits

Lust, jemanden von der Seite so richtig charmant anzupflaumen. Der Ausblick auf den Tag ist auch nicht unbedingt erhebend. Unser Büro hat durch die vielen Außenmauern und den direkten Sonnenschein den ganzen Tag lang die Angewohnheit, sich gewaltig aufzuheizen. Fenster auf ist nicht, weil zu laut und zu heiß, Fenster zu und Jalousien runter ist auch nicht, die Zimmerkollegin boykottiert den Vorschlag heute. Als ich gerade beginne, mir so richtig leidzutun, spazieren auch noch hintereinander – aufgefädelt wie Gewitterfronten – drei Kollegen rein und fragen mich, ob ich denn nicht heute noch dieses und jenes und dann auch noch das da erledigen könnte, sei ganz dringend und, tschuldigung, sie hätten gestern kommen können, aber vor lauter Stress hätten's es vergessen, und jetzt sei's echt knapp und könnte ich nicht helfen? Ich tue es ja gerne, nur manchmal haben die Kollegen ein gewaltig ungeschicktes Timing. Alle auf einmal nämlich.

Lediglich Kollegin Nina beobachtet aus dem Nebenzimmer meine Implosion (ich brülle nicht herum, aber ein Pokerface war noch nie meine Stärke) und stellt mir wortlos einen Ventilator auf den Tisch. Sie ist eindeutig die Heldin des Tages. Wenigstens ist es nicht mehr affenheiß beim Nachdenken.

Wie so oft ist es die Frau Mama, die mich ein bisschen milder stimmt. Sie erzählt mir am Telefon was von Kaiserschmarrn mit Rosinen, und den Rest kriege ich schon nicht mehr mit. Ich mache mit ihr aus, nach der Arbeit bei ihr und Papa vorbeizuschauen. Das mache ich sowieso viel zu selten in letzter Zeit, und mit Kaiserschmarrn könnte meine Mutter mich wahrscheinlich sogar dazu bringen, ihr den Computer neu einzurichten, die Radiosender im Auto zu programmieren und Papas riesige CD-Sammlung nach dem Alphabet zu sortieren. Diese Beispiele sind nicht abwegig, bis auf Letzteres hat sie mich für alles schon einmal rumgekriegt. Die Methode ist denkbar einfach: Koch mich ein, Mama. Bei ihren Dillkartoffeln oder ihren Zitronennudeln oder ihrer roten Grütze werde ich willenlos. Und ziehe Kleidung mit hohem Stretchanteil an.

Eine gefühlte Ewigkeit später ist endlich Feierabend, sämtliche Kollegenwünsche und das eigentliche Tagesprogramm sind abgearbeitet. An der Busstation vermisse ich beim Anblick der nicht gerade wenigen Mitwartenden wieder kurz mein Fahrrad und beschließe, es heute noch zu reparieren, egal, wann ich nach Hause komme.

Im Bus ergattere ich zu meiner eigenen Überraschung einen Sitzplatz – ich freue mich darüber nicht, weil ich faul bin und nicht stehen will, sondern, weil man auf einem Sitzplatz nicht so herumgeschubst wird wie auf einem Stehplatz, sehr angenehm. Ein kurzer Lagecheck ergibt: keine alten Leute, keine gebrechlichen Menschen, keine Schwangeren um mich herum, denen ich meinen Platz anbieten müsste (und auch würde, um mir hier meinen Ruf nicht komplett zu zerstören). Praktisch, ich kann also mit gutem Gewissen sitzen bleiben. Ich schaue aus dem Fenster und gerate ins Grübeln, als ich an einem Kindermodengeschäft vorbeifahre. Wie war das eigentlich früher, als ich mit meiner Frau Mama einkaufen war? Dunkel erinnere ich mich daran, wie sehr ich um Sachen betteln musste, wie peinlich das war.

»Tja, du warst halt ein Markendodel«, sagt meine Mama später, als sie mit der Pfanne voller Kaiserschmarrn ins Wohnzimmer kommt: »Ich weiß noch, du warst unerträglich frischpubertierend, und damals wolltest du unbedingt eine Markenjeans haben. Du warst eifersüchtig ohne Ende auf die Mädchen in der Schule, nur weil die genau diese Hosen hatten.«

Womit sie unter Umständen recht haben könnte. Diese Jeans musste man damals einfach haben. Mit 13 musste es eine ganz bestimmte Farbe, ein bestimmter Schnitt und vor allem das rote Fähnchen an der Potasche sein. Ich erinnere mich, wie neidisch ich war, wenn wieder jemand mit einer neuen Jeans dieser Marke am Morgen in die Klasse kam.

Mama ist im Element: »Nunu, kannst dich erinnern? Unten bei der Markthalle, da, wo jetzt dieses Keramikgeschäft drin ist, da war ein Outlet für die Fehlproduktionen dieser Marke.«

Ja, ich erinnere mich. Dort gab es stapel-, nein, bergeweise Jeans dieser Marke. Die Fehler waren meist so klein, dass man sie kaum sehen konnte. Allerdings hatten diese Jeans in meinen pubertären Augen einen riesigen Nachteil: Das rote Fähnchen an der hinteren Tasche war abgeschnitten. In der Schulhierarchie rutschte man durch das fehlende rote Fähnchen gleich mal einige Stockwerke weiter nach unten. Ich trug die »irregulären« Jeans mit viel Stolz, aber den Fähnchenträgerinnen fühlte ich mich immer noch unterlegen.

»Ich war wirklich blöd damals, ich gebe es ja zu. Aber trotzdem, Mama, einkaufen gehen mit dir war echt oft eine Blamage.«

»Wieso denn das bitte?«

»Wenn ich nur daran denke, wie du immer an mir herumgezupft hast und alles bei Tageslicht angeschaut werden musste, gruselig!«

Mama versteht die Welt nicht mehr: »Na ja, entschuldige, willst du was kaufen, das miese Qualität hat und im künstlichen Licht vielleicht ganz anders ausschaut als unter freiem Himmel? Wenn schon, dann will ich auch was Gescheites haben für mein Geld. So viel haben wir einfach nicht gehabt, dass ich dich hätt alle paar Wochen neu einkleiden können.«

»Macht ja nix, ist ja trotzdem was aus mir geworden«, lache ich.

Auf dem Heimweg hallt das Gespräch mit Mama noch nach. Wann habe ich bei meinen Kaufräuschen beim Textilschweden darauf geschaut, wie das Kleidungsstück bei Tageslicht aussieht? Oder beim bunten Spanier? Da ist es noch dazu immer so finster in den Filialen. Warum eigentlich? Zu Hause angekommen, recherchiere ich hierzu wieder mal im Internet. Was ich finde, lässt mir den Mund offen stehen: Einige Modeketten kleben in ihren Filialen bewusst die Fenster zu und schrauben schwache Energiesparfunzeln ein. Und damit die Leute die Kleidung nicht nur nicht ordentlich sehen können, drehen sie auch noch die Musik auf Anschlag, damit in einem möglichst bald der Wunsch entsteht zu bezahlen. Gut, Letzteres ist jetzt meine Interpretation, offiziell verkaufen die Firmen diese Konzepte als »Wohlfühlshopping mit allen Sinnen«, angepeilt wird eine »Partysituation« als Einkaufserlebnis.

Kurzes Gedankenspiel: Man stelle sich einen großen Raum vor, in dem es in etwa so laut ist wie in einer durchschnittlichen Tischlerei, das Ganze noch dazu im Halbdunkel. Bitte, wer denkt bei einem solchen Raum daran, dass es um den Verkauf von Kleidung geht?

Gut, beim Textilschweden scheint es noch nicht ganz so weit zu sein, aber der ist im Vergleich ja auch eher der Discounter: Kauf deine Ware billiger, dafür bekommst du auch weniger geboten. Wenn ich dagegen an den bunten Spanier denke: Wie viel von den 350 Euro, die mein – zugegeben traumhaft schöner – Frühlingsmantel letztes Jahr gekostet hat, ist wohl in Energiesparlampen, schwarze Farbe und Audioboxen gewandert?

17. März
Zurück zum guten Stück

Das Gespräch mit meiner Mutter versetzt mich auch Tage später noch in Nostalgie. Ich versuche mich zu erinnern, wie das Einkaufen früher so war mit ihr. Meine Mutter hat damals wirklich auf die Qualität der Kleidung geachtet. Wann haben wir das eigentlich verlernt? Denn nicht nur mich, auch meine Mutter zog es in den letzten Jahren immer wieder zum Textilschweden oder anderen Billighändlern. Ich kann mich noch gut an meinen ersten Besuch beim damals ersten Textilschweden Österreichs erinnern: Wochenlang hatte ich sie angebettelt, dass sie mich hinfährt – und vor Ort war ich dann komplett enttäuscht, irgendwie fühlte sich das alles dort nicht richtig an. Mama sah sich bestätigt: »Das ist alles mieseste Qualität hier. Alles Fetzen!« – Ich höre ihre Worte, als ob es gestern gewesen wäre. In Wirklichkeit war es 1994 – und in der Zwischenzeit haben wir scheinbar beide das mit der schlechten Qualität mehr oder weniger verdrängt. Ich mehr, meine Mutter weniger, aber doch auch.

Urplötzlich wird mir klar, wie dumm eigentlich dieses Vorgehen ist, von einem billigen, trendigen Shirt sicherheitshalber mal zwei oder drei zu kaufen. Warum ich das regelmäßig getan habe? Weil die Dinger einfach schnell kaputtgehen, und ich wollte einige Teile einfach länger als nur ein paar Monate haben. Nachkaufen, wenn eines kaputt war, ging so gut wie nie: Die Teile gibt es ja meist nur einmal im Laden, und wenn sie aus sind, sind sie aus. Nachgeliefert wird nicht.

Jetzt, nach einigen Monaten Shoppingdiät, fällt mir auf, wie kurzsichtig das war. Anstatt mir ein Shirt in wirklich guter Qualität zu besorgen, vielleicht sogar aus Biobaumwolle und fair produziert, habe ich mir zwei oder drei gekauft, die wahrscheinlich unter miesesten Umständen hergestellt wurden – und dafür genauso viel bezahlt wie für ein Shirt in biofairer Qualität. So ein Schwachsinn! Irgendwie schwant mir, dass das wohl der Trick dieser Riesenkonzerne ist: Sie verkaufen einfach brutal viel, weil sie brutal schlechte Qualität liefern. Dadurch gehen die Sachen schnell kaputt, man muss schnell wieder nachkaufen. Ganz abgesehen von diesem Trend-Wettrennen: Immer schneller wechseln die verschiedenen Modestile zwischen »in« und »out«, sodass man kaum noch nachkommt, will man sich immer trendy kleiden. Das ist wirklich nur aus gewinnorientierter Sicht logisch. Aus jeglicher anderen Sicht ist das hirnverbrannt.

Aus.

Das will ich nicht mehr.

Liegt's an meinem Alter oder bin ich doch konservativer, als ich dachte? Die Werte meiner Eltern waren ja gar keine so blöden. Auf Qualität schauen, darauf achten, dass etwas möglichst klassisch geschnitten ist, damit es lange »in« bleibt – vor zehn Jahren hätte man mich damit jagen können. »Klassischer Schnitt«, allein beim Gedanken daran hat's mich geschüttelt. Uncool, fürchterlich. Aber jetzt, mit genügend zeitlichem und emotionalem Abstand zu dieser Spirale namens Trendshopping, erscheint es mir doch sehr logisch. So logisch, dass ich da auch wieder hinwill, wenn ich dann wieder darf. Zurück zum guten Stück. Wenig, aber das in gescheiter Qualität. Ja. So möchte ich nächstes Jahr einkaufen.

Wobei: Mit vollen Hosen ist leicht stinken. Derzeit bin ich ja noch eine ganze Weile quasi in Sicherheit – bin mal gespannt, wie das wirklich wird, nächstes Jahr …

20. März
Alarm! Alarm! Alarm!

Seit einigen Wochen bin ich nun schon »clean«. Weder der Textilschwede noch ein anderer Laden, in dem es Anziehbares zu kaufen gibt, hat mich seit Mitte Jänner gesehen. Abgesehen von den Stiefeln gab es bisher auch keinen einzigen wirklich akuten Haben-wollen-Anfall.

Bis jetzt. Jetzt läuten die Alarmglocken. Und warum? Die Kollegin ist schuld.

Also eigentlich meint sie es ja wirklich gut mit mir. »Nunu, in Brüssel findet in ein paar Wochen ein Netzwerktreffen statt! Da du aus dem Netzwerk noch nicht so viele Leute kennst, finde ich, du solltest fahren!«

Bääämm. Brüssel. Das wird problematisch, gelinde gesagt.

Im Ausland gebe ich shoppingtechnisch nämlich meine Zurechnungsfähigkeit ab. Kaum ist das Sightseeingprogramm abgespult, muss ich shoppen gehen. Kategorischer Imperativ. Muss. Es ist einfach super, wenn man die Souvenirs anziehen kann – da hat man doch gleich mehr davon! In der Früh, wenn mein ökologischer Hausverstand noch nicht ganz wach ist, liebe ich es, mir zu überlegen, aus welchen Teilen der Welt mein Outfit des Tages stammt. Die Jacke aus New York, die Tasche aus Zürich, die Hose aus Bali und das Top aus Australien waren vergangenen Sommer so etwas wie meine globalisierte Standarduniform.

Aber nicht die klassischen Shoppingmetropolen wie London, New York oder Mailand reizen mich, nein, es sind Brüssel, Amsterdam, Utrecht oder Antwerpen. Warum? Weil es dort Filialen meiner heiß geliebten Modelinie gibt. Cora. Hach. Bei Cora gibt es unglaublich tolle Kleider in ungewöhnlichen Schnitten, immer wahnsinnig bequem und immer in den schönsten Farben. Keine andere Marke auf der ganzen großen Welt übt eine derartige Anziehung auf mich aus. Und da soll ich jetzt hin? Hilfe! Das schaffe ich niemals, dort nicht einzukaufen! No. F...ing. Way.

Eigentlich könnte ich jetzt einfach zu meiner Kollegin sagen: »Du, danke nein, fahr doch du! Ich bin hier mit den Projekten der kommenden Monate voll eingedeckt, das ist eh nur Stress!« Aber nein, der Gedanke, in unmittelbare Nähe einer Cora-Filiale zu kommen, ist verführerisch wie ein Kuchen mit flüssiger Füllung aus weißer Schokolade mit Himbeeren obendrauf. Ich weiß, ich darf nicht. Aber in diesen wenigen Sekunden nach der Frage der Kollegin wird mir eines mal wieder klar: Es mir selbst leicht zu machen, war noch nie meins. Ich stehe mir gern im Weg, da bin ich wie der Hund, auf den ich manchmal aufpasse. Den haut es beim Spielen auch regelmäßig ganz von selbst, ohne Fremdeinwirkung, auf die Pfeife.

»Wieso schwitzt du denn plötzlich so?«, fragt die Kollegin.

Verdammt, sogar wenn ich ausnahmsweise mal nicht rede, kann ich nicht lügen. »Keine Ahnung, ich zieh mal den Pulli aus!«, überspiele ich die Situation reichlich unkreativ, aber schnell und beschließe, mich einfach mal auf den Trip nach Brüssel zu freuen. Internationales Netzwerk, neue Leute – das kann ja sehr spannend werden! Wieso stell ich mich denn nur so an? Und überhaupt, mein neu entdecktes ökologisches und soziales Gewissen in Sachen Kleiderkauf würde durch Cora ja nicht getrübt! Vielleicht ist ja doch eine Ausnahme drin?

»Nein.«

Gerade habe ich mit leuchtenden Augen dem Liebsten von meiner bevorstehenden Brüssel-Reise erzählt. »Aber in Brüssel zu sein und *nicht* zu Cora zu gehen, das ist Tierquälerei! Das übersteigt meine Kraft und meine Konsequenz!«

»Nein.«

»Aber ich hab sogar schon mit meiner Mutter ausgemacht, dass ich für hundert Euro dort einkaufen gehen darf, und das Zeug krieg ich dann von ihr zum Geburtstag.«

»Nein. Und, Himmel, dein Kurzzeitgedächtnis hast du echt auch von deiner Mutter. Ich hab mit ihr schon was ganz was anderes vereinbart für deinen Geburtstag.«

»Aber geschenkt ist doch erlaubt! Und ich hab halt nur jetzt die Gelegenheit! Wer weiß, wann ich wieder hinkomme nach Brüssel oder Amsterdam!«

»Ganz einfach. Nächstes Jahr. Meinetwegen fahr nur zum Shoppen hin, aber nach so kurzer Zeit deinen Versuch schon abzubrechen, ist echt extrem schwach. Du wirst dort nicht einkaufen gehen, hörst du?«

»Aber ... aber ... aber ich brauch auch kein schlechtes Gewissen zu haben! Bioqualität! Transparente Produktion!«

»Nein!«

Verdammt noch mal, der Liebste kann echt ein Mistviech sein, noch dazu ein konsequentes. Im Gegensatz zu mir.

Und er hört gar nicht mehr auf zu reden: »Du brichst damit den Boykott. Du willst dir doch deine Sucht nach Shopping abgewöhnen, oder? Da kannst doch nicht bei der ersten Gelegenheit, bei der es ans Eingemachte geht, aufgeben! Ich versteh schon, du liebst Cora. Aber darf ich dich an deine Mount McWäscheberge erinnern? Du hast genug Klamotten!«

Ich spare mir weitere Argumente, die könnte ich genauso gut in ein Sackerl hineinreden. Es ist sinnlos, ich werde von ihm keine Absolution, oder was auch immer ich mir erwartet habe, bekommen. Aber sein Argument, nächstes Jahr hinzufliegen, lasse ich nicht gelten. Nur zum Shoppen in genau einem Shop extra das Flugzeug besteigen, das halte ich bei aller Liebe zum Shopping für die Krone der Absurdität.

21. März
Fünfzehn Mal baden

Im Büro diskutieren wir gerade, wie wir unsere neue Kampagne zur Ressourcenschonung am besten aufziehen. Die Kampagne ist bisher eine unserer schwierigsten: Während wir ansonsten immer schön Feindbilder konstruieren können – die bösen Kraftwerksbetreiber, die böse Industrie, die blöden Politiker –, sind bei der Ressourcenkampagne alle Leute aufgefordert, sich selbst bei der eigenen Nase zu nehmen. Und dieses Bei-sich-selbst-Anfangen ist schwieriger, als man glaubt. Sonst würde ich mich ja auch schon seit Jahren in Ökomode kleiden. Trotzdem ist es meine Lieblingskampagne, nicht zuletzt, weil es um mein neu entdecktes Thema geht.

»Ich finde, wir sollten mit den nackten Zahlen argumentieren«, meint ein Kollege. »Allein schon die Tatsache, dass in manchen afrikanischen Ländern so viel Baumwolle angebaut wird, dass die Leute vor Ort sich nichts mehr für den Lebensmitteleigenbedarf anbauen können, ist doch absurd, oder?«

Ja, da hat er recht. Aber dort, wo Baumwolle angebaut wird – »dort« ist weit weg von hier. Und »weit weg von hier« reißt die Leute einfach nicht vom Hocker. Nein, da müssen wir drastischer werden.

Ich beginne zu rechnen. »In unserem Bericht steht, dass für ein einziges T-Shirt in der Produktion 2700 Liter Wasser verbraucht werden. Mit der Zahl könnten wir doch was machen!«, sage ich.

Eine andere Kollegin ist um Korrektheit bemüht: »Aber diese 2700 Liter kann man nicht für bare Münze nehmen. Die setzen sich zusammen aus den verschiedensten Teilbereichen, da wird nicht nur das Wasser berechnet, das auf den Baumwollfeldern landet, sondern auch das Wasser, das beim Färben verwendet wird, und andere Teilbereiche.«

Während munter über »reales« und »virtuelles« Wasser diskutiert wird, versuche ich, mir diese 2700 Liter Wasser vorzustellen. Gar nicht so einfach. »Leute, wie viel Wasser passt eigentlich in eine durchschnittliche Badewanne?«, frage ich in die Runde.

»140 oder 160 Liter, glaube ich, wieso?«, meint die Kollegin.

»Weil man sich unter 2700 Liter nicht wirklich was vorstellen kann. Unter – wart kurz – fünfzehn bis zwanzig Badewannenladungen schon, oder?«

Ich habe die Rechnung zwar selbst angestellt, bin aber genauso baff wie alle anderen. 15 Badewannenladungen für ein einziges Shirt! Da könnte ich mit dem Inhalt meines Kleiderschranks wahrscheinlich ein ganzes Thermalbad mit drei verschiedenen Becken füllen!

Ich verfalle in so etwas wie sofortige Verzweiflung: Wasser ist kostbar. Unzählige Millionen Menschen haben keinen Zugang zu sauberem Wasser. Baumwolle braucht heiße Gegenden, ist aber extrem durstig. Das heißt, sie wird in trockenen Gebieten angebaut, und das bisschen Wasser, das sie dort zur Verfügung haben, wird dafür aufgewendet, dass bei uns darüber diskutiert werden kann, welche Farben im kommenden Jahr Trend sein werden. Für jede neue Trendfarbe werden unzählige neue Shirts, Hosen, Pullover und Tücher hergestellt. Unzählig mal 2700, das ist schon verdammt viel.

Wobei eins klar sein muss: Es sind nicht nur die Billighersteller, die so viel zur Umweltzerstörung beitragen – es sind auch die Marken, bei denen man für ein Shirt nicht fünf, sondern gerne mal 150 Euro bezahlt. Nur weil etwas teurer ist, ist es nicht zwangsläufig besser hergestellt.

22. *März* Je länger, desto besser

Nach und nach entdecke ich ein ganzes Meer an Informationen über Umweltsiegel und sonstige Zertifikate. Anscheinend gibt es kein einziges Siegel, das eine ökologisch korrekte und sozial faire Produktion innerhalb der gesamten Lieferkette abdecken kann, sondern nur welche für Teilbereiche. *Fairtrade certified cotton* schaut zum Beispiel auf die fairen Bedingungen während der Baumwollproduktion, die weitere Verarbeitung hin zum fertigen Shirt wird nicht abgedeckt. Na lustig, da kann also *Fairtrade certified cotton* auf einem Shirt kleben, und es ist möglicherweise doch unter miesen sozialen Umständen hergestellt worden?

Ein einziges Siegel scheint mir halbwegs zuverlässig zu sein: *GOTS*. Dieser sogenannte *Global Organic Textile Standard* scheint vom ökologischen Anbau der Baumwollpflanzen bis hin zur fairen Produktion der Stoffe alles zu beinhalten. Und mit einer Kombination aus *GOTS* und *Fair-*

trade hat man gewonnen, damit ist man – wenn man davon ausgeht, dass die Endfertigung nicht in Bangladesch stattfindet, sondern nachhaltig in Europa produziert wird – stofftechnisch auf der sicheren Seite.

Irgendwann lande ich beim Anbau von Biobaumwolle. Hier bricht die Verzweiflung dann endgültig aus: Es dürfen zwar keine Pestizide verwendet werden, aber der Wassereinsatz beim biologischen Anbau ist nur geringfügig weniger als beim konventionellen Anbau. Dem massiven Wasserverbrauch entkomme ich beim Shoppen also auch nächstes Jahr nicht. Die einzige Antwort darauf ist wohl: Trage deine Kleidung so lange wie möglich, und kaufe so wenig wie möglich Neues. Und wenn, dann eher secondhand.

Na gut, wieder einen Lösungsansatz gefunden, denke ich mir. Und bin insgeheim, auch wenn's komplett irrational ist, ein bisschen stolz auf mich: Dieses Jahr verschwende ich in Sachen Kleidung keinen Tropfen Wasser.

Super, kann ich öfter baden!

25. *März*
Sew in Love

Nähkurs. Heute geht's los. Sosehr ich mich darauf freue, aus den einzelnen Stoffteilen, die ich mir in letzter Zeit zusammengesucht habe, etwas zu nähen, genauso sehr bin ich nervös, zu versagen, mich als absolut untalentierte Niete herauszustellen und meine Mutter zu Hause das Stück fertig nähen zu lassen, so wie früher. Verdammte Handarbeitslehrerin, die werde ich in Gedanken wohl nie mehr loswerden.

Zwei Abende werden das jetzt also, jeweils vier Stunden. Am ersten Tag soll ich ein kleines Tascherl nähen, am zweiten einen Rock.

Mit flauem Gefühl im Bauch öffne ich die Tür zum Stoffgeschäft, in dessen Obergeschoss der Kurs stattfinden soll. Wieso, Himmel noch mal, bin ich so nervös?! Ich beruhige mich mit meinem bereits bekannten Mantra: »Nunu, du schaffst das. Es haben Leute den Führerschein, das Abitur und einen Uniabschluss, die wirkliche Idioten sind. Du bist häufig zwar auch eine Idiotin, aber du schaffst das trotzdem. Du kannst das besser.«

Auch Mantra Nr. 2 muss eingesetzt werden: »Nunu, wirst sehen, zuerst glaubst, du wirst das nie kapieren, aber danach wird's babyleicht erscheinen.« Wobei, an Mantra Nr. 2 zweifle ich gerade, als mich Alexandra, die Geschäftsführerin des Stoffsalons, begrüßt. Sie trägt ein selbst genähtes Kleid, schneidet gerade fachmännisch Stoffbahnen zu und schüchtert mich durch die Art, wie einfach sie die Nähwelt wirken lässt, gehörig ein.

»Hey, Nunu! Dann kann es ja losgehen, die anderen sind schon oben! Einfach die Stufen rauf und den Kopf dabei nicht anhauen!«

Die Warnung ist sehr, sehr wichtig, aber leider wirkungslos. Ich bin kaum auf der obersten Stufe, als ich schon mit dem Schädel gegen den Querbalken, der sich durch den ganzen Raum zieht, krache. Na toll.

»Hey, Nunu, ich freu mich! Dann können wir ja loslegen!«, sagt Leo, der Lehrer. Und die vielen bunt gemusterten Stoffe, die da auf dem Tisch vor mir liegen, tun ihr Übriges, um meine Laune steigen zu lassen. Vielleicht hat auch der Schlag auf den Kopf etwas damit zu tun, aber plötzlich kann ich es kaum noch erwarten, die Nähmaschine in Betrieb zu nehmen. Schließlich habe ich ja Erfahrung, ich weiß, wie man einen Faden einfädelt, und sogar, wie man den Unterfaden nach oben holt. Liebe Nähmaschine, du bist eine Maschine, ich werde dich bedienen, nicht andersrum.

Doch bevor es ans Bedienen der Nähmaschine geht, sind erst sehr viele Schritte notwendig, die meiner angeborenen Ungeduld nicht wirklich entgegenkommen. Schnittvorlage abpausen, zuschneiden, Stoff bügeln, anstecken, zuschneiden, die Nahtzugabe nicht vergessen, noch einmal zuschneiden, mit dem Futterstoff das Gleiche machen, bügeln, noch mal bügeln, aufeinanderlegen, noch mal bügeln, zusammenstecken und dann, endlich: nähen. Drei kurze Nähte.

Dann geht es weiter: Neu zustecken, bügeln, nicht über die Stecknadeln drüberbügeln, weil sonst das Plastik des Stecknadelkopfs mit dem Stoff (bisschen blöd) und dem Bügeleisen (gaaaaanz blöd) verschmilzt, schnell runterkratzen, neu zusammenstecken, noch mal bügeln.

Wieder drei Nähte. Leo, der Lehrer, erklärt in der Zwischenzeit, wie man sich diese flachen Stoffstücke dann als dreidimensionales Tascherl vorstellen kann und warum genau da die Naht hinkommt und dass das doch eh alles ganz logisch ist.

Ganz logisch. Ach ja.

Ich folge Leos Anweisungen sehr genau, Schritt für Schritt. »Jetzt von hier bis hier zusammennähen und am Anfang und am Ende zwei-, dreimal vernähen«, sagt er. Gut, das kapiere ich. Aber was mache ich, wenn das in einem Buch steht? Von versäubern und Stoffbruch habe ich immer noch keinen Tau, nur eine Nahtzugabe, die kenn ich jetzt. Das bedeutet nämlich, nicht entlang einer angezeichneten Linie den Stoff zuzuschneiden – was ja eigentlich logisch wäre, denke ich mir die ganze Zeit –, sondern ein, zwei Zentimeter außerhalb. Wieso dann nicht gleich da den Strich machen?

Langer Rede kurzer Sinn: Ich habe keine Ahnung, wie ich es geschafft habe, aber am Ende des ersten Abends halte ich ein kleines Necessaire in Händen. Das ich doch glatt selbst gemacht habe. Samt eingenähtem Zippverschluss und Innenfutter und Vlies. Ich fühle mich wie Tom Hanks in »Cast Away«, als er, der auf einer einsamen Insel Gestrandete, es zum ersten Mal schafft, Feuer zu machen. Er platzt förmlich vor Stolz. Haargenau so geht es mir, als ich nach Hause komme.

»Echt, das hast du gemacht? Das schaut ja super aus«, sagt der Liebste bewundernd. Und auch ich selbst kann's immer noch kaum glauben. Ich bin stolz, kann aber gleichzeitig mit absoluter Sicherheit sagen: Wenn ich das jetzt gleich noch mal nähen müsste, ich würde es nicht hinbekommen.

26. März
Der Rock

Nächster Tag, nächster Kurs, nächste Herausforderung: Ich werde mir selbst einen Rock nähen. Nix mit genauer Passform und Reißverschluss und so. Sondern einfach nur oben Bündchen, unten Stoff, fertig. Klingt einfacher als das Täschchen, finde ich, als ich – diesmal etwas motivierter und entspannter – wieder gegen die Strebe im Stockwerk über dem Stoffgeschäft knalle. Zwei Beulen innerhalb kürzester Zeit, wenn das nicht mal eine Leistung ist …

Wieder gibt Leo erste Anweisungen. Ich weiß nicht, wieso, aber diesmal fällt mir die Vorstellung des fertigen Stücks leichter. Wie ein Rock auszusehen hat, kann ich mir vorstellen, und sogar, wo in etwa da die Nähte hingehören.

»Nunu, komm mal her, ich muss deine Maße nehmen vorm Zuschneiden«, sagt Leo.

Wie bitte? Ich verweigere seit mehr als einem Jahrzehnt Waage und vor allem Maßband. Mein Messwerk sind meine alten Jeans – passen sie, ist alles in Ordnung, sitzen sie locker, habe ich meine Traumfigur, passen sie nicht, habe ich ein Problem. Und sie passen seit vielen, vielen Jahren nicht mal mehr ansatzweise. Dieses Problem verdränge ich allerdings sehr tapfer.

Das Schöne am Kleiderkauf im Gegensatz zur Eigenproduktion ist, dass man sich ein Teil kauft, das passt, danach dezent das Größenlabel rausschneidet und dann nicht mehr darüber nachdenkt. Sich damit zu beschäftigen, wie viele Zentimeter Stoff man für einen Rock braucht, den man über das eigene Hinterteil bekommt, fühlt sich in dem Zusammenhang sehr schnell sehr unangenehm an.

»Okay, aber bitte sag mir die Zahl nicht«, sage ich, als ich Leo das Maßband um mich wickeln lasse. Er lächelt kurz und verdeckt mit der linken Hand den Papierzettel, auf den er gerade meine Maße geschrieben hat.

Das Nähen des Rocks geht wie erwartet viel schneller vonstatten als das Täschchen am Vortag. Der einzige Haken: Ich muss zwei lange gerade Nähte machen – bei denen nichts schiefgehen darf, da ich an einer sogenannten Overlock-Maschine arbeite, die gleichzeitig zusammennäht und den überbleibenden Stoff wegschneidet. Einmal weg, kann man an der gleichen Stelle nicht mehr nähen, sondern es wird mit jedem Mal Auftrennen enger. Da mir das nicht passieren darf, bin ich übervorsichtig – und schaffe es trotzdem, an einer Seite eine Kurve in die Bahn zu nähen, die meinen angeborenen (okay, angegessenen) Kurven leider nicht entspricht.

Dank Leos Zauberhänden, die an dem Rock retten, was

zu retten ist, spaziere ich wieder stolz nach Hause. Nur irgendwie bin ich nicht ganz so beeindruckt von mir wie am Vortag. Mir ist inzwischen klar, dass ich zwar in dem Kurs selbst etwas produziert habe, doch an der Reproduktion zu Hause, alleine, daran habe ich immer noch erhebliche Zweifel.

31. *März* Bye-bye, Biff

Ich wache auf und finde meinen Kater im Wohnzimmer. Er liegt mitten im Zimmer und schaut mich an, kommt aber nicht wie sonst auf mich zugelaufen. Nein, nicht wieder, bitte nicht, denke ich.

Doch es ist wieder. Biffs Hinterbeine sind gelähmt und bereits kalt. Er hat wieder ein Blutgerinnsel gehabt. Das erste hatte mein kleiner Patient vor über einem Jahr. Bereits damals war ich nicht ansprechbar, solange nicht sicher war, ob er eingeschläfert werden muss oder nicht. Damals hat er es überstanden. Damals.

Unter Tränen nehme ich meinen kleinen Rabauken, gebe ihn in die Transportkiste und fahre zum Tierarzt. Dort werden meine schlimmsten Befürchtungen wahr: »Diesmal wird er es nicht schaffen. Es hat keinen Sinn. Seine Lähmung wird nicht zurückgehen, sein Darm wird aufhören zu arbeiten, er wird sich nicht mehr bewegen können. Sein Zustand ist so schlecht, dass er wahrscheinlich innerhalb weniger Tage ein weiteres Blutgerinnsel haben wird. Ersparen Sie Ihrem kleinen Liebling das Leid und erlösen Sie ihn«, sagt der Tierarzt. Ein letztes Mal halte ich meinen kleinen Schatz in den Armen, streichle ihn, er wird ganz nass von meinen

Tränen. Der kleine Racker kennt sich gar nicht aus, was los ist, während ich weiß, dass sein Leben in wenigen Minuten vorbei ist.

Ich glaube, ich werde nie wieder aufhören zu weinen.

Der Liebste bringt mich nach Hause und lässt mich erst mal minutenlang nicht los. Alles ist leer ohne Biff – dabei war dieser Kater ungelogen die größte Herausforderung an Haustieren, die ich je hatte. Er pinkelte mit Vorliebe gaaanz knapp neben das Kistl, wenn er beleidigt war. Er hatte als Baby gelernt, dass die Spielmaus noch mal fliegt, wenn er sie mir wieder bringt – und lief der Maus immer genau in der Wurfbahn nach. Ganze Parcours aus Sesseln und Tischen konnte man bauen, er sprang immer drüber, anstatt einfach unten durchzulaufen. Er konnte Türen öffnen – und wenn er es nicht gleich schaffte, versuchte er es einfach noch einmal und noch einmal und noch einmal. Biff, die kleine Kröte, konnte aber auch wahnsinnig schmusig sein – und für Katzenliebhaberinnen wie mich gibt es einfach nichts Schöneres, als mit schnurrender, schon halb schlafender Katze auf dem Schoß ein gutes Buch zu lesen oder einen Film anzusehen.

Und jetzt ist er tot, der kleine Racker, den ich so geliebt habe. Der sich im Winter auf der Küchenbank mit mir den Platz an der Heizung teilte. Der sich im Sommer, selbst wenn es draußen bereits jenseitig heiß war, liebend gern auf dem Flecken Boden rekelte, auf den die Sonne schien. Leider war der Kleine immer schon recht krank, er war mit einem Loch im Herzen auf die Welt gekommen. Ohne mich wäre er wohl keine drei Monate alt geworden – mit meiner Hilfe (und der des Tierarztes, der sich dank Biff wohl einen gebrauchten Kleinwagen leisten könnte) schaffte er ganze fünf Jahre. Nicht viel für eine Katze, aber fünf Jahre, an denen ich ihn sowohl täglich durchs geschlossene Fenster schmeißen wollte als auch mich täglich in ihn verliebte. Eine ganze Woche halte ich es zu Hause kaum aus, weil ich dauernd glaube, Biff kommt gleich angelaufen, Biff hat sicher Hunger, Biff maunzt grad hinterm Sofa. Jedes Geräusch erinnert mich an ihn. Beim Anblick der noch übrigen Futterdosen für den kleinen Vielfraß breche ich wieder in Tränen aus.

Dass nichts davon wahr ist, dass Biff einfach nicht mehr da ist, ich nicht mehr durch sein Fell kraulen kann, hinter seinen Ohren an dieser ganz besonders weichen Fellstelle, wo Katzen so gut riechen, schnuppern kann, ihn auf meinen Schoß nehmen kann, nicht mehr mit ihm spielen kann – ich verliere literweise Wasser durch die Augen. Aber der Liebste ist der tollste Liebste, den man sich vorstellen kann. Er organisiert gemeinsame Ausgehabende mit Freunden, schleppt mich ins Kino, führt mich in ein wunderschönes Restaurant am Stadtrand. Und das alles, weil ich es zu Hause nicht aushalte.

Nach der ersten Woche und einem umgestellten Wohnzimmer wird es einfacher. Ich verbringe doch wieder einige Abende zu Hause und lenke mich durch das Anschauen von sinnlosen Serien, sinnlosen Schokoladenkonsum und sinnloses Surfen im Internet ab. Alles gleichzeitig.

Online-Billigmodehaus Nummer 1.

Klick.

Online-Billigmodeshop Nummer 2.

Klick.

Der bunte Spanier.

Klick.

Der coole Sportartikelanbieter.

Klick.

Der Textilschwede.

Klick. Klick. Klick. Ich stoppe mich gerade noch selbst. Ohne nachzudenken, habe ich einfach mal drei verschiedene Kleider in den Onlineeinkaufswagen gelegt.

Wie geht's mir denn, bitte?

Schlagartig wird mir klar: Da ist gerade Schema F abgelaufen. Mir geht es beschissen, und ich will mich nicht mit der Tatsache befassen, dass mein kleiner Maunz tot ist. Stattdessen lenke ich mich ab – durch Onlineshopping.

Schnell klappe ich den Laptop zu. Das war knapp.

»Flo? Lust auf einen Spaziergang?«

»Lust« trifft es nicht ganz, aber weil Flo immer noch im Nunu-von-Biffs-Tod-Ablenkmodus ist, willigt er ein. Und ich freu mich, dass ich meinen Kopf durchlüften kann.

10. *April* Brüssel

Berufliche Verpflichtungen lenken am besten vom toten Kater ab. Ich bin in Brüssel, seit vorgestern schon. Brüssel? Richtig, da war doch was … Nun ja. Ich bin schwach. Der Gedanke, in Brüssel zu sein und *nicht* bei Cora reinzuschauen, ist leider nicht zu ertragen. Gedacht, getan. Nach zwei Tagen Konferenz plus Meeting direttamente (okay, mit kleinem Umweg, blöde Metro) Richtung Grand Place. Auf den letzten Metern bin ich mir nicht sicher, ob ich nicht doch besser daran vorbeigehen soll. Der Puls beginnt bei dem Anblick der kleinen Auslage mit dem großen Schild drüber massiv zu steigen. Reingehen oder nicht?

Ich tue es: Ich gehe hinein. Ich ziehe mir meine Jacke aus, weil es warm ist, schaue mir das gesamte Angebot an, befühle Stoffe, vergleiche Preise, bewundere Farben und Schnitte. Und mitten in dem kleinen Laden fallen mir plötzlich ein paar Schuppen von den Augen: Ja, es könnte unter Umständen sein, dass ich mir mit meinem Cora-Wahn da was eingebildet habe. Vielleicht. Oder könnte es auch sein, dass mich schlicht nichts anspricht, weil ich irgendwie aus der Übung bin? Oder weil ich schon den ganzen Tag Magenschmerzen habe und ergo nicht »in Stimmung« bin?

Jedenfalls verlasse ich den Laden nach knapp zehn Minuten wieder, ohne etwas anprobiert, geschweige denn gekauft zu haben. Irgendetwas ist anders als früher. Es macht gar keinen Spaß, sich dort umzuschauen – im Gegenteil, ich bin regelrecht genervt. Seit über zwei Monaten mal wieder in einem Bekleidungsgeschäft. Und? Nix. Ich bin trotzdem verdammt stolz auf mich. Härtetest bestanden. Nur dieser Vorschlag von Flo, nächstes Jahr einfach wiederzukommen und dann nach Herzenslust anzuprobieren und auszusuchen und einzukaufen, der ist doch etwas attraktiver geworden.

Na gut, Brüssel wäre überstanden. In den nächsten Wochen stehen zwei Kurzurlaube mit dem Liebsten an, einmal die ehemalige Mitbewohnerin in Rom begeburtstagsfeiern, einmal Romantik (und Flohmärkte) in Berlin. Man darf gespannt sein, ich bin es am allermeisten.

14. April
Massentrend?

Heute wird mal wieder richtig fein gekocht, beschließen Flo und ich. Und für richtig feines Kochen brauchen wir richtig feines Biogemüse. Womit ich mich in Sachen Kleidung gerade erst so langsam anfreunde, ist für mich bei der Ernährung schon lange Tatsache: Klasse statt Masse. Leider gibt es in unserem kleinen Supermarkt um die Ecke nur Karotten und Zucchini in Bioqualität. Karotten-Zucchini-Pfanne kommt aus exakt diesem Grund bei uns so oft auf den Tisch, dass uns die Karotten schon bei den Ohren rauskommen. Also mache ich auf dem Heimweg aus dem Büro einen kleinen Umweg zu dem riesigen neuen Supermarkt am Bahnhof.

So wie jedes Mal in diesen Märkten bin ich massiv überfordert. Über das riesige Gemüseangebot freue ich mich – aber wieso noch mal braucht man 18 verschiedene Sorten Erdbeerjoghurt? Etwas befremdet gehe ich durch die Gänge und suche nach Reis. Einfach nur Reis. Immer wieder bleibe ich hängen, fasziniert von dieser schier unendlichen Auswahl an Produkten. Als ich gerade beginnen will, die verschiedenen Apfelmussorten zu zählen, blitzt mich im Augenwinkel das Logo einer bekannten Nähmaschinenfirma an.

Moment mal. Das ist ja wirklich eine Nähmaschine! Was macht denn die da zwischen Kaffee und Olivenöl? »Sonderangebot: 199 Euro«, lese ich. »Special Edition«, steht daneben. Na eh klar. Papp ein paar Blümchensticker aufs Plastikprodukt, mach den Tragegriff rosa statt weiß, und schon ist's »Special Edition«.

An der Kasse bin ich gedanklich immer noch bei der

Nähmaschine. Eine Nähmaschine im Supermarkt, es ist doch zu skurril. Noch vor wenigen Monaten hätte ich auf die Frage, wo man Nähmaschinen bekommt, im ersten Moment nicht antworten können und im nächsten Moment mit »im Internet« reagiert – da findet man schließlich so ziemlich alles. Und jetzt kann ich sie gemeinsam mit Biogemüse, Katzenstreu und Sojasauce an der Supermarktkasse bezahlen. Habe ich ein spezielles Auge für Näh- und Stricksachen entwickelt, weil ich gerade in diese Welt eintauche? Oder ist das Selbermachen von Kleidung gerade wirklich ein Trend?

Auf dem Heimweg rufe ich Ena an, die leidenschaftlichste aller Hobbynäherinnen in meinem Freundeskreis, und frage sie nach ihrer Meinung.

»Lustig, dass du das sagst, mir ist das auch aufgefallen. Kennst doch dieses Kaffeegeschäft, das immer Sonderangebote aus den verschiedensten Sparten hat? Die haben grad von bunten Zwirnen bis hin zu Bügeleisen und Stoffscheren alles für Nähwahnsinnige wie mich! Vor ein paar Jahren hätt ich mir alle Finger danach abgeschleckt!«

»Das heißt, das ist wirklich so, dass das erst in letzter Zeit entstanden ist, ich hab also keinen Knick in der Optik?«

Ena lacht: »Durch deine Optik kann ich nicht schauen, aber schau dir mal an, wie viele Stoffgeschäfte in letzter Zeit eröffnet haben. Vor zehn Jahren sind die reihenweise eingegangen, jetzt sprießen's grad wieder wie die Schwammerl aus dem Boden. Ich find das herrlich!«

Ich selbst bin mir noch nicht so ganz sicher, ob ich das herrlich finde. Da es anscheinend derzeit in ziemlicher Geschwindigkeit zu einem Massentrend wird, kann es leicht sein, dass das Selbernähen von Kleidung in ein paar Monaten wieder total »out« ist. Das wäre doch schade. Was jahrelang selbstverständlich war, sollte nicht als Trend missbraucht werden. Schließlich ist Eigenproduktion die wahrscheinlich kreativste Form von Nachhaltigkeit.

16. April
Leggings und sadistische Mütter

Drama, Drama, Drama. Dieser verregnete Montag ist einfach nicht mein Tag. Erstens ist das Wochenende noch viel zu weit weg, zweitens erwartet mich im Büro ein Berg an Arbeit, von dem der üble Geruch von Überstunden ausgeht, und drittens ist mir gestern mein letztes Paar dunkle Leggings endgültig kaputtgegangen. Leggings gehören zu meiner Grundausstattung, vor allem in den Frühlings- und Sommermonaten. Wenn es noch zu kühl ist, um im kurzen Rock herumzulaufen, aber bereits zu warm für Strumpfhosen. Oder einfach, wenn es im Hochsommer abends etwas kühler wird und man den Mücken beim Stechen in die Beine wenigstens einen unangenehmen Nebengeschmack mitgeben möchte. Geniale Teile. Außerdem verstecken sie so wunderbar die bei mir meist dauerhaft weißen Beine, die leider jedes Jahr von mehr feinen grünblauen Linien durchzogen sind.

Der größte Feind meiner Leggings war übrigens Biff – die Löcher in der oberen Hälfte meiner diversen Leggings sind ein sehr lebhaftes Andenken an meinen kleinen Lauser. Diese Löcher sind nämlich Zeichen seiner puren Liebe. Wenn er auf meinem Schoß saß und sich kraulen ließ, ging es manchmal mit ihm durch und er begann mit den Vorderpfoten das klassische Milchtreten zu imitieren. Wer das nicht kennt: Katzen treten oft an Orten, die ihnen taugen und weich sind, auf der Stelle hin und her. Das sind Reste des Triebs, den mütterlichen Milchdrüsen einen Kickstart zu verpassen, bevor man sich mit Muttermilch vollllaufen lässt. Sämtliche Katzenbesitzer kennen es und wissen: Es gibt nichts, bei dem Katzen belämmerter dreinschauen können als beim Milchtreten. Dieser entrückte Blick – ich musste jedes Mal lachen, wenn Biff meinen Bauch oder meine Oberschenkel bearbeitete. Leider setzte er bei Letzterem auch recht gerne seine Krallen ein. Autsch. Er hat es sogar einmal geschafft, ein Loch in eine meiner Jeans zu treten, meine Leggings waren sowieso leichte Opfer.

Eine meiner drei schwarzen Leggings, die ich zu Beginn meines Projektjahres besaß, habe ich selbst auf dem Gewissen: Bei einem ausgedehnten Spaziergang habe ich eine wenig grazile Pirouette bei einer Felsenstufe hingelegt. Die anderen beiden gehen eindeutig auf Biffs Konto. Und gestern haben also auch noch meine dunkelgrauen Leggings den Geist aufgegeben – ganz von alleine. Ohne Katze, ohne Pirouette. Nähen ist aufgrund der mangelhaften Qualität der Teile nicht machbar – ich habe es versucht. Kaum ist ein Loch zugenäht, springt sie direkt an der Nahtstelle noch einmal auf. Meine Laune an diesem Montagmorgen könnte also kaum schlechter sein.

Außerdem bin ich immer noch beleidigt. Letzten Freitag rief meine Mutter an. Meine liebe, oft vergessliche Frau Mama.

»Hallo, Nunu, bin grad in einem Geschäft, da gibt's Leggings im Angebot für fünf Euro!«

»Mama, schenken darfst mir die gerne – selbst kaufen darf ich sie ja nicht …«

Ich hoffte auf mütterliches Gönnertum und freute mich insgeheim auf neue Leggings. Doch die Vorfreude war schneller vorbei, als ich »Leggings« buchstabieren konnte.

Meine Mutter war plötzlich sehr kurz angebunden: »Ah ja, genau, hab ich vergessen! Na dann, Pech!« Sie wollte schon auflegen, als ich gerade noch fragen konnte, ob sie ihrer armen Tochter, die bald nur noch in Lumpen herumlaufen wird, nicht welche schenken wolle. Meine Mutter ist eine verdammt schlechte Lügnerin: »Ich schau mal, aber ich glaub ... nein, du ... da liegt gar nix Passendes, tschüss!«

Ich kenne sie gut genug, um zu wissen, dass sie keine Minute geschaut hat, ob da wirklich etwas Passendes liegt. Selbstmitleid ist also heute mein zweiter Vorname. Und dieser Zustand hält den Rest des Arbeitstages an – blöde Überstunden.

Zu Hause angekommen, lande ich mal wieder auf einen Tratsch bei Caro, der Nachbarin und Freundin. Die Frau ist mir seit Langem unheimlich. Seit Jahren schaffen wir es, uns übereinstimmend anzuziehen, ohne dies abzusprechen. Habe ich Jeans und ein gestreiftes Shirt an, treffe ich sie auf der Straße und sie trägt das Gleiche. Habe ich zwei Tage später einen schwarzen Rock, braune Stiefel, einen schwarzen Pulli und die Jeansjacke an, treffe ich sie auf der Straße und sie trägt das Gleiche. Würde ich Jeans tragen, einen Rock drüber, drei verschiedenfarbige Shirts und eine karierte Weste – selbst dann würde sie mit hoher Wahrscheinlichkeit das Gleiche tragen. Und das wirklich Unheimliche daran: Ihr Kleiderschrank ist in meinen Augen unfassbar klein! Während ich meine Klamotten kaum in drei verschiedenen Kleiderschränken unterbringe, ist bei ihr gerade mal einer halb voll! Immer wieder zeigt sie mir stolz, was sie sich Neues gekauft hat, aber irgendwie scheint ihre Auswahl an Kleidung nicht mehr zu werden. Anscheinend ist sie ein Wunderkind an Ausmisttalent.

Ich raunze ihr mein Problem mit den kaputten Leggings

vor und erzähle beleidigt von dem Tiefschlag mit meiner Mutter. Ihre Reaktion haut mich vom Hocker: »Du, ich hab eine, die mir zu groß ist, kannst haben!« Abgesehen von überbordender Dankbarkeit bin ich sprachlos: Wie macht die das, bitte? Rein rechnerisch geht sich das in meinem Kopf nicht aus.

Meine Mutter stellt sich übrigens ein paar Tage später doch wieder als die beste Mama der Welt heraus. Die allerbeste. Dass meine dunklen Leggings inzwischen wirklich alle kaputtgegangen sind, weiß sie nicht. Und trotzdem ruft sie an und sagt: »Du, sag mal, deine schwarzen Leggings sind ja wirklich alle hin, wie schaut denn das aus? Soll ich dir eine kaufen? Aber eine gscheite, nicht so einen Billigmist, und dann behandelst sie auch pfleglich, bitte.«

Ich liebe meine Frau Mama.

17. April
Gelegenheit macht Seidenkleid

So viel hab ich schon drüber gelesen – jetzt ist es endlich so weit: Ich gehe auf eine Tauschparty. Praktischerweise findet sie in meinem Lieblingslokal (ja, das mit den Gurkengesöffen) statt, und ich bin eine der Mitorganisatorinnen – womit ein weiterer Punkt auf der To-do-Liste für dieses Jahr abgehakt wäre. Wobei, viel mehr, als es all meinen Freundinnen, deren Sachen mir passen könnten, zu sagen, habe ich auch nicht gemacht.

Die Spielregeln: Du gibst deine Sachen am Empfang ab, es wird gezählt, wie viele Teile es sind, und du bekommst Jetons – für jedes Stück einen, für große Teile wie Mäntel oder Ballkleider auch mal zwei. Und für genau diese Menge an Jetons darf man sich drinnen am Zeug der anderen bedienen. Deine Teile werden in der Zwischenzeit von guten Geistern den Größen und Kleiderarten entsprechend einsortiert.

Wie praktisch, dass ich inzwischen einen riesigen Stapel an Sachen habe, die ich eventuell GANZ AM ENDE des Jahres ausmisten möchte. (Den Gedanken, während der Shoppingabstinenz die Anzahl meiner persönlichen Kleidungsstücke zu verkleinern, den ertrage ich nämlich immer noch nicht.) Damit ging es gestern Abend wunderbar schnell – sieben Stück vom Stapel, und schon hatte ich meine Tauschware.

Gina und ich treffen uns vor dem Lokal und setzen uns in den sonnigen Gastgarten – liegt schließlich auf der Hand, dass zwei Frauen mit gleicher Größe erst einmal vorab durchsortieren.

»Tatata, bei dem Teil hab ich direkt an dich gedacht! Hab ich genau einmal angehabt, irgendwie mag ich's nicht – aber dir müsste das super passen!«, sagt Gina und zieht ein schwarzes Sommerkleid aus Seide aus ihrer Tasche.

Das Kleid ist ein Traum. »Tausche ich gegen quietschbunt gestreift. Wickelkleid. Großer Vorteil: Passt immer!«

Gina reißt mir das Kleid aus der Hand. »Deal!«

Ich lache: »So schnell kann's gehen! Gelegenheit macht Seidenkleid!«

Ich hab's ja sonst nicht so mit Secondhand-Ware. Vor aufgehäufter Kleidung auf Flohmarkttischen graust es mir. Aber irgendwie ist das hier anders. Einige Dinge sind zwar grottenhässlich, aber Moment mal, da ist ein petrolfarbener Pulli, der könnte mir sogar passen! Und dieses graue Sommertop schaut auch nicht schlecht aus. Gefühlt habe ich nach dreimal Zwinkern einen Stapel an Kleidung im

Arm. Fühlt sich fast so an wie beim Textilschweden früher – schnell hamstern und dann ab zur Umkleidekabine.

Dort treffe ich Gina wieder.

»Passt mir das?«

»Steht mir das?«

»Soll ich das nehmen?«

»Passt dir das vielleicht?«

»Brauch ich das wirklich?«

Liebe Männer, bitte merken: Stehen zwei Frauen miteinander in der Umkleidekabine, hört man viele Fragen.

Nach zwei Stunden reicht es – es scheinen keine neuen Teile mehr zu kommen, und der Stand mit meiner Größe ist abgegrast, mit Ausnahme von drei, vier Teilen, in denen ich mich nicht mal bei der Gartenarbeit in der Pampa erwischen lassen will.

Wieder zu Hause freue ich mir über meine Funde einen Haxen aus: Das schwarze Kleid wird sicherlich zur Standard-Sommerausstattung. Die grauen Oberteile schauen beide herrlich gemütlich aus, und der im Vorbeigehen am Schluss mitgenommene Schal hat genau das dunkle Türkisgrün, das mich regelmäßig in die komplette Hirnlosigkeit beim Shoppen getrieben hat. Wär ich eine Farbe, ich wär genau dieses Türkisgrün.

Über ein Teil freue ich mich ganz besonders. Dabei ist es nicht einmal für mich selbst bestimmt. Bei den Taschen hing nämlich gleich zu Beginn ein bunt bestickter Stoffbeutel. Allein schon der Anblick des Beutels ließ mich an Julia denken, die Hippiebraut unter meinen Freundinnen. Mitgenommen, geschenkt, große Freude gemacht – und nicht mal was bezahlt dafür. Was will ich mehr?

20. *April* Shirt für drei fuffzig

Flo und ich sind auf dem Weg zu seiner Mutter. Sie wohnt in einer Kleinstadt, eine halbe Stunde von Wien entfernt. Kleinstadt, aber alles vertreten: C&A, Esprit und wie sie alle heißen. Auf dem Weg durch die Stadt fahren wir an einem C&A-Laden vorbei. Riesengroß hängt ein Plakat in der Auslage: »T-Shirts ab € 3,50!!«.

Wie bitte?!?! Mir knallt es fast die Augen raus. Bisher habe ich das sprichwörtliche Fünfeuroshirt immer für das Billigste vom Billigen gehalten. Und jetzt: DREI FÜNFZIG?! Bitte, wie rechnet sich das für ein Unternehmen? Schon klar, man lockt Leute mit superbilligen Angeboten, rechnet bei denen auch mit null Gewinn und baut darauf, dass die Leute dann nicht nur das Shirt, sondern auch zwei, drei andere Kleidungsstücke im Laden kaufen. Aber genau genommen wird durch solche Angebote klar, dass drei Euro fünfzig für ein T-Shirt heutzutage machbar sind, von der Produktion über die Lieferung bis hin zu den Nebenkosten wie zum Beispiel Gehalt für die Verkäuferinnen und Strom in den Filialen.

Da stehen jetzt zwei Gedankengänge in meinem Hirn herum und warten, begangen zu werden. Erstens: Wenn sich drei Euro fünfzig für ein konventionell produziertes Shirt ausgehen, dann ist alles, was drüber ist, Gewinn für die Firmen – damit zahl ich denen die Werbung und das Marketing. Klar, das ist jetzt nicht der Stein der Weisen, aber definitiv ein Punkt, den man sich nicht überlegt, wenn man beispielsweise bei einer teuren, aber ebenso konventionell produzierenden Marke ein Shirt für 149 Euro kauft (wobei ich diesen Preis wirklich extrem finde – ich glaube schon, dass die Qualität besser ist als beim 3,50-Shirt, aber rechtfertigt das den dreistelligen Preis?).

Der andere Gedankengang, auf dem ich mich gerade permanent hin und her bewege wie ein Hund, der seine Schafherde zusammenhalten muss: Wie kann es sein, dass drei fünfzig genug dafür sind, den Stoff für ein Shirt zu produzieren, die Näherinnen zu bezahlen, es aufs Schiff zu packen, über den halben Planeten in eine Filiale zu liefern, die Miete, Strom, Verkäuferinnengehälter und einiges mehr kostet? Allein schon die Vorstellung, dass sich das ausgehen kann, erscheint mir unmoralisch.

Und wieso halten Menschen hier das für ein gutes Geschäft? Wieso freuen sie sich über ein Shirt für 3,50? Wieso wollen die nicht verstehen, dass sich das nie und nimmer ausgehen kann ohne massiven Sozial- und Umweltschaden? 3,50?! Da MUSS man doch drüber nachdenken!

Tja, so weit ist es mit mir gekommen: Einmal begonnen, drüber nachzudenken, versteht man bald die Leute nicht mehr, die nicht drüber nachdenken. Oioioioioioi, ich werde wunderlich – und der Liebste mit mir. Seit fünf Minuten, also seit ich das Plakat gesehen habe, hat keiner von uns beiden mehr etwas gesagt. An der letzten Ampel vor der Ankunft bei der Schwiegermama sagt er in die Stille hinein: »Hast du das gesehen? Drei fünfzig. Ein Wahnsinn.«

23. April
Code Blue (Jeans)

Nein! Nein, nein, nein!!! Ich krieg keine Luft mehr, ich hyperventiliere, ich hab gleich einen Herzstillstand, ich muss das Projekt abbrechen! Meine innig geliebte Jeans ist kaputt.

So kaputt, dass sogar meine Mama gesagt hat: »Des wird nix mehr. Die is hin. Wennst die stopfst, reißts dir am Rand gleich wieder auf, so hauchdünn ist der Stoff schon …«

Es ist schrecklich. Ein Albtraum. Diese wunderbare Jeans – eine Entdeckung in London, auf einer meiner letzten Dienstreisen für den vorigen Arbeitgeber. Der Shop hatte eine Abteilung für besonders große Menschen – für mich mit meinen ein Meter 81 hosentechnisches Schlaraffenland. Die Hose saß wie angegossen, war etwas zu lang. Ich liebe zu lange Hosen. Seit meiner Pubertät, die ich gefühlt achtzig Prozent der Zeit in Hochwasserhosen verbrachte, gibt es für mich hosentechnisch nichts Schöneres als ein an der Ferse abgetretener Saum. Sie machte tolle Beine und war unfassbar bequem. Für 20 Pfund echt ein persönlicher Goldschatz.

Was mach ich jetzt? Keine einzige meiner anderen Jeans ist auch nur annähernd so perfekt wie diese eine gewesene. Es ist doch unfair – da mach ich mir Sorgen, dass ich strumpfhosentechnisch nicht durch den nächsten Herbst und Winter komme, und dann macht sich in Sachen Beinkleidung plötzlich eine ganz andere Front auf? Die blitzblanke, strahlend weiße Oberfläche der Zuversicht hat grad einige ganz gewaltige Kratzer bekommen.

Ökologisch gesehen war die Jeans ebenfalls ein Traum, ein Albtraum nämlich.

- Dem CO_2-Ausstoß durch Produktion in Indien und Verkauf in London setzte ich durch den Transport nach Wien gleich mal noch eins drauf, bevor ich sie auch nur einmal anhatte.
- Stretchanteil hoch. Will ich über die ganze Chemie, die bei der Produktion eines solchen Stoffes eingesetzt wird, nachdenken? Hm …

- Modische Waschungen (wobei »modisch« dahingestellt ist, ihr einziger Nachteil war ebendiese Waschung – dunkle Seiten und ein heller Po. Es gibt Vorteilhafteres. Wurde mit Röcken drüber aber meist kaschiert). Sandblasting ole*.
- Der virtuelle Wasserverbrauch liegt grob geschätzt bei etwa 6000 Litern, und ich habe das dumpfe Gefühl, dass ich mit dieser Schätzung noch ordentlich tiefstaple.
- Zwanzig Pfund. Danke, liebe Näherinnen, die ihr nicht einmal ein Hundertstel davon an der Hose verdient habt.

Der Fall liegt klar: Ich weiß inzwischen immer mehr über die Abgründe in der Textilbranche. Kann sie, siehe oben, in null Komma nix aufzählen – anhand eines einzelnen Kleidungsstücks. Der Kopf weiß Bescheid, alles klar, easy und grün.

Und der Bauch? Der will am liebsten sofort nach London fliegen und Himmel und Erde in Bewegung setzen, um genau diese Hose noch mal zu bekommen. Das mit dem Lerneffekt, das muss ich noch üben. Aber ich hab ja noch ein paar Monate ...

* Als Sandblasting, also Sandstrahlen, bezeichnet man die Oberflächenbehandlung von Stoffen wie Jeans, um ihnen einen »Used«-Look zu geben. Dabei werden mit einem Kompressor Sand oder anderes Feinteiliges wie etwa Kunststoffgranulat oder Nussschalen mit Hochdruck auf den Stoff geblasen. Das hat denselben Effekt wie die Behandlung mit Schleifmitteln, allerdings mit bösen Nebenwirkungen. Die Arbeiter und Arbeiterinnen atmen den Staub ein und bekommen schwere Atemwegserkrankungen. Häufig entwickelt sich bei ihnen Silikose (Quarzstaublunge), die nicht selten tödlich endet. Viele große Unternehmen haben sich bereits öffentlich distanziert, immer wieder finden Verbraucherschützer jedoch eindeutig sandgestrahlte Produkte in den Filialen der jeweiligen Textilketten.

1. Mai
Stiefel. DIE Stiefel. Die will ich.

Dank meiner Freundin Ina haben Flo und ich nur wenige Kilometer entfernt eine perfekte Sommeroase. Also nicht wir haben sie, sondern sie hat sie: ein großer Garten mit Schatten spendenden Bäumen am Stadtrand. Es ist wirklich ein kleines Paradies, und sooft ich kann, fahre ich nach der Arbeit raus zu ihr und ihrer kleinen Bilderbuchfamilie mit Mann, Kind, Hund und Gemüsebeet.

Nach einem herrlichen Tag im Garten machen Flo und ich es uns zu Hause auf dem Sofa bequem und schauen uns die neueste Folge dieser herrlich absurden Serie an, in der ein Serienmörder der Sympathieträger ist. Die Serie hat im Vergleich zu den Filmen, die wir uns sonst ansehen, einen massiven Nachteil: Während ich ansonsten regelmäßig die letzten zwanzig Minuten von Filmen verschlafe, muss ich mir beim Abspann dieser Serie regelmäßig den drohenden Herzinfarkt wegatmen. Anstatt also langsam müde zu werden, sitze ich um halb elf Uhr abends hellwach und nervös da, während der Liebste neben mir leise vor sich hin schnarcht.

Ich beginne, ein bisschen im Internet zu surfen. Ganz zufällig klicke ich bei einem Nachrichtenportal auf eine Werbeanzeige. Ganz zufällig ist es eine Werbeanzeige für Schuhe. Aber irgendwie gefällt es mir in dem Onlineshop, in dem ich lande, nicht. Und ganz zufällig klicke ich mich weiter zu einem Onlineshop, der mir so richtig gut gefällt.

Aus diesem Shop habe ich meine absoluten Lieblingsstiefel, über zweihundert Euro waren sie mir wert. Pervers viel, gemessen an meinem Gehalt. Aber sie mussten einfach sein. Ein klassischer Fall war das: an einer Passantin gesehen und online Abende lang danach gesucht. Dann hatte ich sie –

in diesem Onlineshop mit einem großen Haken. »Delivery only to the U.S.A.« – Lieferung nur in die Vereinigten Staaten von Amerika. Verdammt. Aber wenn ich mir was einbilde, dann muss das sein – meine Sturheit ist manchmal nur durch die des Liebsten zu schlagen. Die Lösung war schnell gefunden: Markus, mein Freund in New York! Er bestellte sie kurz vor unserem Urlaub im Big Apple, ich probierte sie bei ihm an und war die glücklichste Nunu der Welt.

Vor wenigen Tagen wurde meine Liebe zu diesen Stiefeln kurzzeitig von etwas schlechtem Gewissen erdrückt: Ich habe mir zum ersten Mal das Label in den Stiefeln angeschaut – da stand »Made in Romania«. Nicht schlecht – diese Stiefel waren von Rumänien in die USA gereist, um mit mir wieder nach Europa zu kommen. Die waren also mindestens einmal rund um den Planeten, bevor sie an meinen Füßen gelandet waren.

Mein schlechtes Gewissen habe ich schnell mit dem Gedanken kompensiert, dass ich sie wirklich andauernd trage, ich habe im vergangenen Winter quasi meine ganze Garderobe auf diese Stiefel abgestimmt. (Okay, hauptsächlich. Ist ja nicht so, dass ich nicht noch viele andere Paare hätte.) Mein Gewissen wird also durch ein einfaches »Die haben sich aber sooo was von ausgezahlt!« beruhigt. Und abgesehen von den nicht wiedergutzumachenden Schiffs- und Flugmeilen denke ich wirklich so: Diese Stiefel haben sich durch mein häufiges Tragen ein kleines bisschen mehr in Richtung »sinnvoll« (eine Einbahnstraße, auf der man auf dem Weg in Richtung »nachhaltig« zwangsweise durchmuss) bewegt.

Aber wie bin ich eigentlich jetzt wieder in diesem Onlinestore gelandet? Eine gewisse Form von Masochismus ist mir wohl nicht abzusprechen.

Doch das ist noch nicht alles – es gibt meine wunderbaren Stiefel noch! Im Ausverkauf! Halber Preis! Wie gemein ist das denn gerade, bitte? Die gleichen Boots wie meine, nur in Braun, für den halben Preis, in meiner Größe vorhanden. Und dann gibt es sie nur in den USA und ich darf sowieso nicht. Aber: Ich will die trotzdem. Leichte Panik steigt in mir auf: So schnell, wie derzeit die Kollektionen wechseln, krieg ich die doch nächstes Jahr nicht mehr! Dann gibt es die einfach nicht mehr und ich schau in die Röhre. Das darf nicht sein. Irgendwie muss ich an diese Stiefel kommen! Diesmal ist es richtig ernst, kein Vergleich zu den bisherigen Schwächeanfällen. Die Situation ist kritisch: Zum ersten Mal fühle ich mich vor lauter Sehnsucht nach den Stiefeln willenlos.

Praktisch, Markus ist gerade online.

»Markuuuuuuuuus?«

»Jaaaaa, Zuckerzecke?«

Ja, Zuckerzecke. Seit Jahren sein Spitzname für mich. Den ich mir mühsam erarbeitet habe – früher war ich einfach nur die Zecke bei ihm.

»Duuuuu?«

»Was ist denn?«

»Kurzes Gedankenexperiment: Wenn es diese Stiefel, weißt, die mit dem roten Zipp, in anderen Farben noch geben würde, und sie wären im Ausverkauf …«

»Jaaa?«

»Und du sie möglicherweise unter Umständen eventuell vielleicht bestellen würdest …«

»Du darfst doch nicht, vergessen? Ich …«

»Ja klar, wart mal!« Markus und ich schaffen es sogar schriftlich, uns nicht ausreden zu lassen. »Also. Wenn du sie bestellen würdest und sie zu Weihnachten mitbringen würdest. Und sie bei deinem Bruder in Wien lassen würdest.

Und ich sie dann Mitte Jänner abholen käme und sie dir erst dann bezahlen würde ... Dann hätte ich in diesem Jahr ja trotzdem nix gekauft, oder?«

»Du spinnst.«

»Aber wenn du mich damit überraschst? Wenn du mir gar nicht sagst, ob du sie bestellst hast? Und ich dir aber hoch und heilig und mit Indianerehrenwort verspreche, dass ich sie auf alle Fälle und ganz sicher kaufe, solltest du sie vielleicht unter Umständen eventuell wirklich kaufen?«

»Du spinnst immer noch.«

Na, der ist ja ordentlich kurz angebunden heute. »Aber sie sind sooo perfekt, schau mal.« Ich schicke Markus den Link zu dem braunen Paar.

»Bist du dir sicher, dass du das machen willst? Das ist schon ein gewaltiges Biegen deiner Regeln. Ich will dann nicht verantwortlich sein, dass du das Jahr nicht durchgehalten hast.«

Der kann sich ja doch artikulieren! »Weißt, was witzig ist? Ich bin komplett überzeugt, dass ich es schaffe, und ich weiß, dass ich mir dieses Jahr nichts kaufen werde. Daran ändern die Stiefel auch nix. Aber dieses verdammte Gefühl, dass ich die für immer verpasse, wenn ich sie jetzt nicht bestelle, das nervt mich ungemein. Ich würd locker auch noch ein ganzes Jahr auf die warten, wenn ich wüsste, dass ich die dann noch bekomme!«

»Aber dann wird es neue Modelle geben, die du dann unbedingt haben willst!«

»Lieblingsmarkus, ich trage meine Boots, die du mir bestellt hast, wirklich andauernd. Ich liebe die! Und ich will, will die noch mal!«

»Lieblingsnunu, du bist echt der größte Sturschädel, den ich kenne.«

Plötzlich ist er offline. Ohne sich zu verabschieden. Na

toll. Fulminantes Schlusswort. Weiß ich selbst, dass ich stur bin. Nur müde bin ich immer noch nicht. Als ich weit nach Mitternacht doch endlich wegschlummere, träume ich von einem Serienmörder, der mir Stiefel schenkt.

7. *Mai* Die Selbstmord-Baumwolle

Gestern mal über den ersten Schritt auf dem Weg zum Baumwollshirt nachgelesen: den Anbau. Ich mag normalerweise diese Formulierungen wie »An den Fingern der Konsumenten klebt Blut« überhaupt nicht, aber irgendwie kann ich den Gedanken bei der folgenden Geschichte einfach nicht abschütteln. Es geht um den Baumwollanbau in Indien. Kurz zusammengefasst: Früher war der Anbau schwierig, arbeitsintensiv, und ein Schädling namens Kapselwurm hat sich sehr, sehr gern durch die Baumwolle durchgefressen, bevor sie geerntet werden konnte. Die Ernteerträge waren dennoch vergleichsweise hoch, aber damals wie heute reichte das nicht. Die Nachfrage war nämlich größer, der Wunsch der Baumwollbauern in Indien nach einer Erhöhung ihres Lebensstandards ebenfalls.

Dann kam Monsanto, der weltweit größte Saatgut- und Pflanzenschutzmittel-Konzern – ich erinnere mich an »Agent Orange«, das chemische Entlaubungsmittel, das im Vietnamkrieg von den USA eingesetzt wurde. Danach kamen unzählige Babys mit grausamen Missbildungen zur Welt, und noch heute leiden Hunderttausende Menschen an den Spätfolgen dieses chemischen Angriffs. Ja, genau dieses »Agent Orange« ist von denen, genauso wie »Roundup«. Roundup ist der so harmlos klingende Name für eines der schlimmsten Breitbandherbizide, das es auf dem Markt gibt. Es gilt als hormonell wirksam und ist schon alleine aufgrund seiner Verbreitung im Hausgartenbereich, aber auch in der konventionellen Landwirtschaft eine ernst zu nehmende Gefahr.

Jedenfalls fand Monsanto durch Genmanipulation der Baumwolle ein Saatgut, das resistent gegen den Kapselwurm war.

Hey, das ist doch super? Nix da. Monsanto machte in Indien fett Werbung für das viermal so teure Saatgut, das man obendrein nur einmal aussäen konnte und somit jedes Jahr neu kaufen musste. So richtig mit wunderschönen Bollywood-Schauspielern und komplett absurden Gewinnversprechungen warben sie. Und Indiens Bauern, noch nie so wirklich die Reichsten unter der Sonne, fielen der Reihe nach drauf rein. Viele verschuldeten sich, um größere Felder anzukaufen, um mehr von dem Monsanto-Saatgut anbauen zu können. Die hatten schließlich in der Werbung versprochen, dass man locker doppelt so viel ernten könnte – weil der Kapselwurm keine Chance mehr haben würde.

Doch der gute Kapselwurm ist kein Depperter: Der wurde sehr bald resistent gegen diese gentechnisch veränderte Art der Baumwolle. Soll heißen: Schulden gemacht, Monsanto das teure Saatgut abgekauft und die Ernte wieder im Eimer, weil der Wurm schneller war. Die Reaktion von Monsanto: neues Saatgut entwickeln mittels Gentechnik. Und in der Zwischenzeit sollten die Bauern doch literweise hochgiftige Pestizide verwenden, um den Kapselwurm in Schach zu halten. Diese Pestizide sollten die Bauern doch bitte auch bei Monsanto kaufen. Noch mal: Wir reden nicht von Bauern, die so viel Kohle haben, dass sie auf ihrem brandneuen Notebook mit einem angebissenen Apfel drauf im Internet schnell mal Vergleichsrecherchen anstellen können.

So. Jetzt haben wir einen Bauern mit einem Feld, für das er sich verschuldet hat. Für das Saatgut hat er sich noch mal Geld borgen müssen, und auch die Pestizide kosten nicht gerade wenig. Und das, ohne dass mehr geerntet worden wäre. Dass die US-Regierung durch pervers hohe Subventionen der US-Baumwollbauern den Weltmarktpreis seit Jahrzehnten niedrig hält, kommt noch dazu, ist aber eine andere Geschichte.

Gut, langer Rede kurzer Sinn: Kein Ausweg mehr. Was machen die Bauern? Sie trinken die Pestizide selbst. Als Toter hat man keine Schulden mehr. Und jetzt kommt's: Da geht's nicht um irgendwelche Einzelfälle, sondern um sage und schreibe bisher 250 000 tote Bauern in Indien. ZWEIHUNDERTFÜNFZIGTAUSEND! Und das ist nur die jüngste offizielle Zahl, die ich finde – die Dunkelziffer mag man sich da gar nicht mehr vorstellen.

Wie wahrscheinlich der Inhalt jedes einzelnen Kleiderschranks aller meiner Freunde besteht auch meiner zum überwiegenden Teil aus Baumwolle …

8. *Mai*
»Bessere« Baumwolle? Ernsthaft?

Das Baumwollthema lässt mich tagelang nicht los: Es muss doch eine Alternative zu den selbstmordenden Bauern geben! Ich lese, dass zwei der größten konventionell produzierenden Modeläden Europas zu den Hauptabnehmern von Biobaumwolle gehören. Zum ersten Mal in all den Wochen, in denen ich mich mit den Hintergründen der konventionellen Modeproduktion beschäftige, bin ich positiv überrascht von Textilschwede und Co. Im textilschwedischen Nachhaltigkeitsbericht lese ich, dass 15 000 Tonnen Biobaumwolle in einem Jahr verarbeitet wurden. Auf den ersten Blick erscheint das viel, aber könnte ich bitte auch die Zahl der insgesamt verarbeiteten Baumwolltonnen irgendwo geliefert bekommen? Fehlanzeige. Wenn man sich überlegt, wie viele Filialen der Textilschwede auf der ganzen Welt hat, und wie viel da in einem Jahr über den Ladentisch geht, sind diese 15 000 Tonnen wahrscheinlich lächerlich. Und schon hat die positive Überraschung einen bitteren Beigeschmack.

Doch das soll nicht die letzte miese Nachricht sein. Bei einem Nachrichtenportal lese ich: Der weltweite Biobaumwollanbau nimmt derzeit ab und nicht zu. Seltsam, wo doch der Ökotrend gerade jetzt auch die Mode erreicht hat – sogar High-Fashion-Designerinnen setzen komplett auf die grüne Welle. Aber leider, die wahre Macht am Markt haben die Textilriesen, die weltweit Discountware anbieten. Und die kaufen seit ein paar Jahren wieder weniger Bio ein.

Stattdessen setzen sie auf ein Konzept, das mir etwas von »besserer« Baumwolle erzählt. Eine Initiative, die konventionelle Baumwollproduktion besser machen will – und das auch im Namen trägt. Na ja, immerhin etwas. In der Werbeanzeige stehen lauter Steigerungen à la »besser, nachhaltiger, ökologischer«. Besser und nachhaltiger als was genau?

Neugierig klicke ich mich durch die ganzen Infos zur besseren Baumwolle – und versaue mir den gesamten Abend damit. Denn diese Baumwolle ist nicht bio. Den Bauern wird lediglich gesagt, wie sie die Pestizide ressourcensparender einsetzen. Überspitzt formuliert: Hilf den Bauern, zwei Flaschen Pestizide weniger zu kaufen. Das soll nachhaltiger sein? Es findet keine Weiterbildung für die Bauern statt, genauso wenig haben sie irgendeine lokale Beschwerdestelle. Unabhängige Kontrollen scheint es auch nicht zu geben. Ergebnisse von irgendwelchen Überprüfungsverfahren, wie ich sie mir von solchen Initiativen erwarte, werden nicht publiziert. Obendrein steht doch da wirklich, dass diese Initiative offen gegenüber gentechnisch veränderten Pflanzen ist. Die sind da auch noch stolz drauf?

Mein Mitgefühl für die Bauern in Indien wird immer größer: Man stelle sich vor, da kommt irgendein Typ auf ihre Farm, erzählt ihnen irgendwas von »Wasser und Pestizide sparen«, labert was von »Wir unterstützen euch« daher, und dann müssen sie jedes Jahr neues Saatgut kaufen, weil das gentechnisch veränderte Zeug es leider nur einmal schafft zu blühen? Es ist unglaublich: Die Bauern werden de facto verarscht, und die Endkonsumentinnen werden gleich noch mal verarscht.

Langsam, aber sicher werde ich stinksauer auf die Welt da draußen: Ich sehe sie förmlich vor mir, die Modemädchen, die sich drei Shirts für je fünf Euro kaufen und ein Teil aus »besserer« Baumwolle, und die dann glauben, sie haben was zur Rettung der Welt beigetragen. Und noch dazu sind die Produzenten fein raus – rechtlich ist das komplett in Ordnung. »Wir sagen ja nicht, wir sind nachhaltig, sondern nur, dass wir ein bissl nachhaltiger sind als andere .... Als wer genau? Is doch wurscht!«

Fassungslos klicke ich mich durch das Werbeprogramm. Wenn die großen Textilanbieter das Geld, das sie in dieses Medien- und PR-Klimbim ihrer »nachhaltigeren« Baumwolle stecken, doch einfach in ehrliche, echte Biobaumwolle investieren würden – würde der Weltmarkt dann wenigstens ein bisschen besser ausschauen?

Bisher war ich ja wirklich nicht sicher, wie mein Einkaufsverhalten nach der einjährigen Auszeit ausschauen würde. Nach diesen jüngsten Erkenntnissen weiß ich es: Die großen Discounter sehen mich auch nächstes Jahr definitiv nicht wieder.

12. Mai
Hirn? Auf Pause!

Mit einem mittelschweren Schwips mache ich mich nach einem Treffen mit Freunden auf den Heimweg. Aus Ausnüchterungsgründen zu Fuß. Aus Selbsttestgründen mal wieder auf der Einkaufsstraße. Ich bin so stolz auf mich: Toll geschnittene Hosen, fröhliche Sommerkleider, Sandalen in allen möglichen Farben starren mich da aus den Auslagen an, und nichts interessiert mich. Das viele Informieren hat endlich gefruchtet.

Völlig unbedarft und glücklich komme ich an den Auslagen des Textilschweden vorbei – und schlagartig ist es aus. Man könnte ja wirklich glauben, dass mich nix mehr von denen interessiert, modisch gesehen. Und dann das: dieses Kleid. Tiefer Ausschnitt, bodenlang, leichter, fließender Stoff.

In Blau und Türkis. Dem wahrscheinlich schönsten Türkis, das es auf dieser Welt gibt. »Kauf mich, kauf mich! Kannst du die Schrift auf mir lesen? Da steht ganz groß Nunu drauf! Kauf mich, ich weiß, dass du mich willst!« Dass diese Kleider auch immer so laut und ausdauernd auf mich einreden müssen. Gute zehn Minuten stehe ich vor der Auslage und könnte heulen vor lauter Drang, dieses Kleid in meinen Besitz zu bringen.

Das Notfallprogramm muss her. »Denk an die Fabrik, in der das zusammengenäht wurde, Nunu!«, befehle ich mir. »Denk daran, wie wenig die Arbeiterinnen verdienen! Denk an die vergifteten Flüsse, in die die Abwässer des Färbens geschüttet werden!«

Es ist absolut sinnlos. Ich kann mir noch so sehr selbst erklären, wie fürchterlich dieses Kleid hergestellt wurde – sehe ich türkis, geht mein Verstand auf Kaffeepause. Was mich rettet, ist die Tatsache, dass es halb zwei in der Früh ist und das Geschäft geschlossen hat.

Zu Hause angekommen, erinnern mich alle türkisfarbenen Dinge an das Kleid. In der Küche streiche ich seufzend über den strahlend-türkisblauen Kochbuchrücken, im Wohnzimmer kuschele ich mich in das türkisfarbene Kissen. Als ich mir im Spiegel die Zahnbüste ansehe (ja, auch die ist türkis bei mir), mit der ich mir gerade lustlos übers Gebiss fahre, platzt dem Liebsten, der gerade von einer anderen Party heimgekehrt ist, der Kragen: »Wenn das so weitergeht, heulst demnächst in Türkis.«

Falsch. Die Tränen sind transparent, wie immer.

13. *Mai* Nicht mal Mama

Das Kleid lässt mich auch heute noch nicht in Ruhe. Obwohl ich im Laufe der ersten fünf Monate immer strenger mit mir selbst geworden bin und weder Ausnahmen noch »bestellte Geschenke« gelten lassen will, muss es sein. Ich greife zum Telefon.

»Mamaaaaa? Hast du schon was für meinen Geburtstag? Ich hätt da nämlich was gefunden!«

»Da musst dich bei deinem Liebsten bedanken, der hat schon vor Wochen was für dich besorgt, da zahl ich mit. Was wäre es denn gewesen?«

»Ein Kleid.«

Ich höre sie quasi durchs Telefon mit den Augen rollen: »Weilst ja so wenige Kleider hast, oder wie?« (Übrigens: gute Schauspielerin, die Frau Mama. Ihr Geschenk an mich wird nämlich auch ein Kleid sein, doch dazu komm ich später noch.)

»Aber es ist türkiiiiiiiiiis!«

Die Frau Mama bleibt staubtrocken: »Weilst ja so wenig türkiiiiiiiiiiiiiiiiiiiiiiiiisfarbene Kleider hast!«

»Ich hab nur zwei! Eins ist gemustert, und das andere war ein bissl ein Fehlkauf, das sagst du doch auch, das steht mir nicht! Mamaaa, es ist türkis! Das musst du doch verstehen!«

»Nein.«

Das wird wohl nix mehr werden mit dem Kleid und mir. Das Leben ist hart, ungerecht und gemein. Und es ist vor allem gerade so etwas von nicht türkis.

Ein letzter Hoffnungsschimmer keimt auf. Was wäre, wenn ich mit einem sehr lauten schriftlichen Seufzen ein Foto des Kleids auf Facebook poste? Vielleicht erbarmt sich dann ja jemand und schenkt es mir?

Zugegeben, ansonsten bin ich noch weniger subtil in meinen Hinweisen. Die haben ansonsten eher die Qualität von: »Schau mal, Liebster, siehst du diese Lampe? Die ist doch grad im Angebot und Himmel noch mal, ich seh so schlecht beim Stricken auf dem Sofa und diese Stehlampe würd so gut reinpassen vom Stil her und hast du diese Stehlampe gesehen, Liebster?« Doch die Hoffnung lebt – ein Monat ist noch Zeit. Ein Monat, in dem allerdings auch mein schlechtes Gewissen immer größer werden kann. Schließlich ist das Kleid konventionell produziert, zu einem Hungerlohn, und obendrein aus Kunstfaser, die mit hohem Energieeinsatz hergestellt wird. Alles böse. Nix für den guten, fairen Kleiderschrank, den ich mir aufbauen will, sobald das Jahr vorbei ist.

20. *Mai* Erinnerungsdiebstahl

Schubidu gelaunt komme ich nach der Arbeit zu Hause an, sperre das Rad im Hof ab, gehe noch schnell zu den Postkästen und blättere auf dem Weg rauf in die Wohnung schnell die Zeitung durch. Gedankenverloren komme ich in unserem Stockwerk an und wundere mich, dass die Türe offen steht. Moment mal, Flo ist noch gar nicht zu Hause? Und Moment mal, wieso sind beide Türflügel offen? Nein! Nein, nein, nein, nein, nein!! Bei uns wurde eingebrochen!!!

Die gute Laune ist binnen Nanosekunden verschwunden und weicht einem panischen Heulkrampf, als ich durch die Wohnung renne. In fast allen Zimmern sieht es aus, als ob eine Bombe eingeschlagen wäre: Regale leer geräumt, alle verfügbaren Schubladen offen, teilweise der Inhalt auf den Boden gestreut, meine alte Schmuckschatulle liegt zerbrochen im Badezimmer.

Flo ist binnen weniger Minuten da, noch vor der Polizei. Nachdem er mich erst mal ein paar Minuten einfach nur im Arm gehalten hat, damit ich mich beruhige, machen wir gemeinsam eine erste Bestandsaufnahme. Unsere Laptops: weg. Seine Kamera mit allen Objektiven: weg. Das alte Rennrad von ihm: weg. Mein teurer Schmuck: alles weg.

»Die externen Festplatten sind auch weg«, ruft Flo aus dem Wohnzimmer. Ich stehe gerade vor meinem Kleiderschank und schaue nach, ob meine Mäntel vom bunten Spanier noch da sind. Mir jetzt, in diesem Jahr, Kleidung stehlen – dann wäre ich wirklich sauer. Wie absurd der Gedanke ist, soll mir erst am nächsten Tag klar werden.

Moment mal, was hat der Liebste gerade gesagt? Alle externen Festplatten? Mir wird mit einem Schlag heiß, als ob ich in der Sauna wäre. Das Herzklopfen, die Panik, die in den letzten Minuten etwas weniger geworden ist, ist wieder da. Wenn die Einbrecher meine Festplatte mitgenommen haben, dann habe ich kein Back-up mehr – und damit auch keine Fotos mehr. Alle Fotos der letzten 13 Jahre auf einmal weg? Das darf nicht wahr sein. Die Tränen rinnen unkontrolliert.

Als die Polizei, die so richtig auf CSI zwei Männer von der Spurensicherung mitgebracht hat, wieder weg ist, der eilig angerufene Tischler die eingetretene Türe repariert hat, und Flo und ich erschöpft im Bett liegen, lassen wir den Tag Revue passieren. »Dass die das Sparschwein im Flur mitgenommen haben, ist echt arg. Das muss ja locker fünf Kilo gewogen haben«, ist Flo immer noch entsetzt.

»Das Allerschlimmste sind aber trotzdem die Fotos. Alles andere ist ersetzbar, aber mir wurden 13 Jahre Erinnerungen gestohlen, ich könnte schon wieder losheulen«, sage ich – zu einem längeren Gespräch bin ich nicht mehr imstande. Ich merke erst jetzt, wie unglaublich müde ich bin.

21. *Mai* Aufräumarbeiten

Heute habe ich mir freigenommen, um richtig aufzuräumen und nach weiteren Dingen zu suchen, die möglicherweise gestohlen wurden. Nebenbei fülle ich die Waschmaschine und tue mir einfach nur unglaublich leid. Lustlos öffne ich gegen Mittag den Kleiderschrank, um zwei Jacken hineinzuhängen. Weil ich das Fach mit den Röcken wohl mal wieder zu voll gestopft habe, fällt mir mein grüner Cordrock entgegen. Ach, den habe ich mir damals in Kopenhagen gekauft, als ich alleine diese Vier-Städte-Tour gemacht habe. War das Kopenhagen? Oder doch noch Hamburg? Ich kann mich jedenfalls erinnern, ihn in Kopenhagen getragen zu haben – auf dem Fensterbrett im 13. Stock der Jugendherberge. Lässig war das damals.

Ich beginne, das Fach neu zu sortieren. Was hat denn das rote Kleid da verloren? Das gehört doch ein Fach höher. Überhaupt, wie lange habe ich das denn jetzt schon? Ich kann mich nur noch daran erinnern, dass ich es auf meinem großen Interrailtrip 2002 anhatte, als ich mit den beiden Bayern Toby und Susi, die ich in einer Jugendherberge kennengelernt hatte, durch Norwegen unterwegs war. Da gibt es dieses legendäre Foto, wo ich versuche, möglichst cool dreinzuschauen, während Toby hinter mir mit breitem Grinsen eine Banane in die Kamera hält. Was damals sein Hintergedanke war, möchte ich bis heute nicht wissen. Trotzdem: mein absolutes Lieblingsfoto der Reise.

Ich gerate ins Träumen – die Reise war schon verdammt lustig. Zum Beispiel als wir uns damals bei Affenhitze in dem See direkt bei der Herberge abkühlten und uns nachher eine Norwegerin sagte, dass sie seit dreißig Jahren niemanden darin hätte baden sehen. Oder in Bergen, als ich am Hafen saß und plötzlich eine SMS von meiner Mutter auf dem Handy hatte. Mama und SMS, ich konnte es kaum glauben, aber sie hatte die Nachricht wirklich selbst getippt. Das klingt jetzt vielleicht für manche seltsam, aber für mich war das ein historischer Moment. Meine Mutter, die mich einmal eine halbe Stunde quer durch Wien fahren ließ, damit ich ihr im Auto den Radiosender umstelle (zur Verdeutlichung der Situation: Das Radio hatte genau zwei Knöpfe, einer für Ein/Aus/Lautstärke, der andere für die Sendersuche. Wir hätten wohl doch das Modell mit nur einem Knopf nehmen sollen damals). Diese Frau hatte die Technik bezwungen und mir eine SMS geschickt. Es war während der drei Monate Reise übrigens der einzige Zeitpunkt, an dem ich echtes Heimweh hatte.

Während ich so weitersortiere, poppen die Erinnerungen wie ein Bilderalbum in mir auf. Der teure Rock, den ich mir an einem Samstag mit dem Liebsten gekauft habe. Wir waren damals frisch zusammen, hatten den halben Samstag im Bett verbracht. Am Nachmittag dann habe ich mir diesen Rock gekauft sowie ein ebenfalls nicht gerade günstiges Kleid vom bunten Spanier. Direkt danach sind wir zum Japaner gegangen und haben in rohem Fisch geschwelgt, statt Nachspeise gab es Cocktails in einer Nobelbar. Und danach? Haben wir uns einen kritischen Film über den globalen Kapitalismus angesehen. Noch heute muss ich ob der Ironie dieser Situation grinsen.

Der Wickelrock aus New York. Es war mein erster Besuch bei Markus und mein erster Tag in New York. Mit seiner damaligen Freundin beschlossen wir, zu einem großen Flohmarkt in Brooklyn zu fahren. Sarah kaufte sich eine Fischerhose, ich mir diesen Rock. Kürzen sollte ich ihn endlich mal, der hat echt eine blöde Länge. Sarah, Markus und ich hatten vom ersten Moment an einen Heidenspaß miteinander, unvergesslich, wie wir dann zu dritt in einem kleinen asiatischen Nagelsalon saßen und uns Zehen- und Fingernägel machen ließen. Auch Markus. Leider war er nicht mutig genug für den knallpinken Lack, den wir ihm ausgesucht hatten.

Die grüne Jacke, der schon zwei Knöpfe fehlen – meine Erinnerung an mein Austauschjahr als Studentin in Zürich.

Es war der Jahrhundertsommer, und ich verbrachte mehr Zeit mit den anderen Austauschstudenten und einem sehr witzigen Schweizer (was ist eigentlich aus dem geworden? Küssen konnte der jedenfalls …) am See als an der Uni.

Hallo, Jeansrock! Dich hatte ich an, als der Liebste und ich zusammenkamen. Das war ja fast schon kitschig – draußen war's verschneit und eiskalt, und wir saßen in einem asiatischen Lokal und ich wollte mir von Anfang an meine Hände lieber an seinen wärmen als an meinem Jasmintee. Dabei wollte ich zuerst gar nicht hin zu dem Date, und dann? Wollte ich nicht mehr weg. Immerhin, Letzteres hat funktioniert.

Sollen sie mir doch alle Fotos weggenommen haben, die blöden Einbrecher! Meine Erinnerungen können sie mir nicht nehmen, die hängen nämlich auch an meiner Kleidung. Mein Kleiderschrank ist nichts anderes als ein Erinnerungsalbum. Schön, das.

Bereits weitaus besser gelaunt beschließe ich, den Liebsten zu bekochen. Als er nach Hause kommt, beginne ich gerade, diverses gekochtes Gemüse zu einem grandios bunten Auflauf zusammenzumischen. Plötzlich steht er in der Küche und sagt: »Schau mal, ich hab doch noch eine kleine Festplatte gefunden. Die ist von dir, oder?«

Mein Herz macht einen Aussetzer. Könnte es sein, dass doch noch meine Fotos hier drauf sind? Oder Musik? Oder habe ich doch nur komplett unwichtige Sachen darauf gespeichert?

Ich greife sofort zum Telefon und rufe den Nachbarn an, bitte ihn, ganz kurz raufkommen und die Festplatte an seinen Computer anschließen zu dürfen. Schließlich habe ich derzeit keinen Laptop, an dem ich die Platte in Betrieb nehmen könnte. Haben sie alles mitgenommen, diese verdammten, miesen Einbrecher.

Oben beim Nachbarn schießen mir noch einmal die Tränen in die Augen: Ich habe doch glatt letztes Jahr eine Sicherungskopie all meiner Fotos auf dieser kleinen Festplatte gemacht. Alles da. Fotos von Kater Biff. Und auch das Foto von mir im roten Kleid und Toby mit der Banane.

2. *Juni* Bella Roma

Rom also. Meine mir in nur zwei Jahren Zusammenleben innig ans Herz gewachsene ehemalige Mitbewohnerin feiert Geburtstag. Und da sie gerade in Rom an ihrer Doktorarbeit schreibt, hat sie kurz und bündig ihren Freundeskreis ins schöne Italien eingeladen. Nachdem Rom Flo und mich bereits vor zwei Jahren sehr positiv überrascht hat, haben wir beschlossen: Los geht's. Die Kohle wird auf den Schädel gehauen, Flug und Hotel gebucht und, tschakka, ab in Richtung Aperol Sprizz. Klingt doch nach gutem Plan, oder? Dass die Mitbewohnerin übrigens ausgerechnet in Rom gelandet ist, passt wie die Faust aufs Auge – seit ihrem Auszug hat der Aperolkonsum in unserem Haushalt signifikant abgenommen.

Doch gar so heftig die Kohle am Schädel hauen wollten wir dann doch wieder nicht. Der klassische Wochenendflug – absurd teuer. Und auch von Donnerstag bis Sonntag war es geschmalzen. Flo schlug vor, einfach von Freitag bis Montag zu fliegen. Und siehe da: Plötzlich kostete der Spaß einen dreistelligen Betrag weniger.

Nach einem Transfer vom Flughafen in die Stadt, der gefühlt genauso lange dauert wie der Flug von Wien nach

Rom selbst, und einer leicht chaotischen Suche nach dem gebuchten Hotel stoßen wir also erst am Freitagabend gegen halb zehn Uhr zum Rest der bunten Truppe, die bereits seit gestern Vormittag im schönen Rom weilt. Gemeinsam wird erst einmal angestoßen – eh klar, mit Aperol Sprizz.

Während alle auf dieser wunderschönen kleinen Piazza herumstehen, zähle ich mal durch.

Ich identifiziere zwölf Frauen als Freundinnen der Mitbewohnerin – und einen Mann als Mitbewohnerinfreundinnenanhang. Der arme Liebste. Zwei Männer gegen zwölf Frauen. Doch mein Mitleid mit dem Liebsten geht binnen Sekunden in Selbstmitleid über, als ich die Mitbewohnerin frage: »Was steht denn für morgen am Programm?«

Gerade, dass sie nicht wie ein angesoffener Fußballfan losgrölt (was sie natürlich nie tun würde), kommt in ihrer typisch tiefen Stimme, noch dazu angereichert mit dem Brustton der Überzeugung: »Shopping!!«

»Ernsthaft?!« Ich verfalle innerlich zu einem kleinen Häufchen – und auch äußerlich ist mir die mangelnde Begeisterung über dieses Wort anzusehen.

Es dauert ein paar Momente, bis sie versteht. »Oh! Hoppla!«, sagt sie und fügt – ebenfalls typisch für sie – mit einem bösen Grinsen hinzu: »Na ja, du, dann wünsch ich dir einen schönen Tag morgen, gell? Wir sehen uns dann am Abend zum Essengehen!«

Wenn ich nicht genau wüsste, dass sie einer der liebsten und gutherzigsten Menschen auf diesem Erdball ist, dann hätte ich jetzt Mordgedanken. Hat denn niemand Verständnis mit mir?

Nö. Hat niemand. Auch die anderen Mädels, die ich mehr oder weniger subtil nach ihrer morgigen Planung frage, sind felsenfest davon überzeugt, dass der Tag morgen einzig und allein der Maximierung des persönlichen Kleiderschrankinhaltes zu dienen hat.

Der Liebste hat zu meiner großen Überraschung echtes Mitleid. »Hey, wir haben es doch letztes Mal nicht geschafft, ein paar Sachen anzusehen. Und ins Pantheon wollten wir doch auch noch einmal, Fotos machen!«

So sehr der Liebste, wie er es in diesem Moment ist, war er schon lang nicht mehr. Der Allerliebste einfach.

3. *Juni* Aber er darf

Der nächste Tag beginnt sowieso erst gegen Mittag – die Leidenschaft der Mitbewohnerin für Aperol Sprizz war nämlich ansteckend und hat mir einen ausgeprägten Kater beschert. Als wir uns fertig machen, sprechen wir die Planung durch. Der Liebste stottert plötzlich herum. Schüchtern? Er? So kenn ich ihn ja gar nicht. Der will was, der hat eindeutig eine Idee.

»Können wir vielleicht als Erstes kurz beim Rock-Café vorbeischauen? Ich beeile mich, versprochen, aber ich hab von denen aus Rom noch kein T-Shirt.«

Will der mich verarschen? Erst einen auf zuckersüß machen und mir von Pantheon und Engelspalast vorschwärmen und dann selbst shoppen gehen wollen?

Leider habe ich gegen das Rock-Café keine Chance. Das Rock-Café ist nämlich eine berühmte Marke, die T-Shirts verkauft, die in jeder Stadt anders aussehen. Ich finde sie eigentlich seit Mitte der Neunzigerjahre unfassbar uncool, aber den Liebsten hat die Sammelleidenschaft erfasst. Und ich weiß: Wenn ich ihm das römische Rock-Café-T-Shirt nicht zugestehe, dann hab ich den gesamten Tag einen mies gelaunten Liebsten an der Backe.

»Okay, gut. Aber danach gehen wir gleich zum Pantheon, okay? Damit das Licht nicht zu schräg wird«, fordere ich ein.

Das Pantheon, wer es nicht kennt, ist dieser sehr alte und wahnsinnig beeindruckende Sakralbau mitten in Rom. Die alten Römer haben es nämlich neben ihrer permanenten Sauferei und Völlerei zustande gebracht, die größte Kuppel der Antike zu bauen. Das Ding ist wirklich riesig. Und damit es nicht zappenduster ist unter der Kuppel, haben sie oben einfach ein Loch gelassen. Durch dieses Loch gelangt Sonnenlicht gebündelt ins Innere des Baues. Schaut erstens wahnsinnig lässig aus, und zweitens lassen sich grandiose Fotos schießen. Das geht nämlich so: Man stelle sich in das Lichtfeld, halte die Kamera auf Hüfthöhe und schaue von oben runter in die Kamera. Dadurch, dass das Licht direkt von oben kommt, hat man einen coolen »Strahlenkranz« am Foto.

Wo war ich? Ah ja, genau, Rock-Café. Wir ziehen los, finden das Geschäft auch sehr schnell, und der Liebste sucht aus. Und sucht aus. Und sucht aus. Obwohl mich kein einziges Stück in dem Laden auch nur im Entferntesten anspricht, wird es mir schnell zu viel. Ich setze mich vor dem Eingang auf eine Bank und texte meiner ehemaligen Mitbewohnerin: »Flo ist gerade im Rock-Café und shoppt. Die Welt ist so ungerecht!«

Sie ist mal wieder ganz pragmatisch: »Du musst das als Halbjahresprüfung sehen!«

Doch so leicht lässt sich das nicht akzeptieren. Ich texte zurück: »Kann ich nicht einfach mit Klausel aufsteigen?« Die Klausel im österreichischen Schulgesetz besagt, dass man auch mit einem Ungenügend im Zeugnis in die nächste Klasse aufsteigen kann.

Doch sie bleibt hart: »Nein, nein, geht maximal beim Abschlusstest!«

Abschlusstest. Wie soll ich es bis dorthin schaffen, wenn gerade alle Personen, die ich in Rom kenne, die Kreditkarten in Fetzen- und Schuhläden glühen lassen? Noch dazu in Rom! Der Stadt der Taschen und Schuhe! Und überhaupt! Na gut, gestehe ich mir ein, in Amsterdam oder Berlin oder Barcelona oder London oder Paris würde ich genauso herumraunzen wie jetzt in Rom.

Nach einer gefühlten Ewigkeit kommt der Liebste aus dem Laden und zeigt mir strahlend die Einkaufstüte mit den beiden neuen Shirts.

»Mit dem Mitgefühl hast du es auch nur phasenweise«, murmele ich genervt.

Er erwidert leicht beleidigt: »Das Rock-Café interessiert dich doch eh nicht, dachte ich.«

Der Weg bis zum Pantheon ist begleitet von genervtem Schweigen. Dieses Schweigen kennen sicher viele: Es ist diese Stille, in der man sich eigentlich gegenseitig durchgehend anbrüllt. Fünf Minuten vor Ankunft beim Pantheon habe ich innerlich fertig gebrüllt und wir haben uns wieder lieb. Der Rest des Nachmittags besteht dann wirklich aus Touristenprogramm, wir finden sogar die Trattoria wieder, in der ich schon auf der letzten Romreise täglich diese fantastischen Lachsspaghetti gegessen habe.

17. Juni
Was mach ich draus?

Zurück in Wien ist es nur unwesentlich kühler als in bella Roma. Mit anderen Worten: Es ist knackheiß. Eindeutig Temperaturen, die sich im Garten bei Ina besser verbringen lassen als in der dampfenden Innenstadt. Ich bin nicht die einzige Besucherin, auch Inas Mutter ist da.

Selbst sie weiß inzwischen, dass ich für ein Jahr auf den Kauf von Kleidung verzichte. In einem langen Gespräch erzähle ich ihr von meinen Entdeckungen, wie schlimm es in der konventionellen Modeproduktion zugeht. Dass die Zustände in den Fabriken nicht nur schlecht, sondern richtig scheiße sind, teilweise sogar lebensgefährlich. Dass der Preis für die Jeans im »used look« die Lungenerkrankung eines Arbeiters ist. Dass ein Viertel aller Pestizide, die auf der ganzen Welt produziert werden, auf der Baumwolle landet, weil die Nachfrage so enorm gestiegen ist. Wir landen bei den jungen Mädchen, die Inas Mutter unterrichtet und die sich komplett über Kleidung und deren Marken identifizieren.

Plötzlich wird sie richtig ernst: »Weißt du, was ich mich frage? Ist ja schön und gut, was du gerade machst, und es ist toll zu sehen, wie viele Leute in deinem Bekanntenkreis du da gerade mitziehst und informierst. Aber was bleibt nach diesem Jahr übrig? Wieso setzt du dich nicht dafür ein, dass noch mehr Menschen über diese Missstände aufgeklärt werden?«

Zack, komplett ins Schwarze. Diese Gedanken habe ich mir in den letzten Wochen auch schon gemacht. Es gibt so viele tolle Alternativen, Designer, die nur mit Biostoffen arbeiten, die aus alter Kleidung neue Sachen nähen, und das in so vielen verschiedenen Stilen und Preisklassen. Einen

Onlineshop für faire und ökologisch korrekte Mode aufzumachen, das wäre zum Beispiel eine feine Sache. Aber ich habe absolut keine Ahnung davon, wie ich ein solches Unternehmen aufziehen müsste. Das Wort »Buchhaltung« löst bei mir regelmäßig allergieartige Erstickungsanfälle aus. Erklärt mir die Buchhalterin im Büro Steuerdinge, verstehe ich nur Bahnhof.

Während Ina und ihre Mutter bereits darüber diskutieren, ob der Salat fürs Abendessen mit oder ohne Mais zubereitet werden sollte, und Inas Freund den Grill anwirft, bin ich gedanklich weiter bei der vorangegangenen Diskussion. Eine berufliche Zukunft im Bereich der nachhaltigen Mode, das wäre es! Sosehr ich meinen jetzigen Job mag, beruflich hat es mich eigentlich nur von Zufall zu Zufall getrieben. So gerne ich in der Vergangenheit als Journalistin gearbeitet habe, so viel Spaß machen zurzeit meine Aufgaben und die Inhalte bei der NGO. Doch erst jetzt, hier in Inas Garten, habe ich das Gefühl, endlich zu wissen, wo ich hinwill. Es ist, als ob ich meinen roten Faden gefunden hätte – welch ein Treppenwitz, wenn man bedenkt, dass es dabei um Bekleidung geht. Ich bin plötzlich sehr glücklich und innerlich beruhigt, weil ich spüre, wo mein Weg hingehen soll. Aber mir wird auch schnell klar, dass das noch ein langer Weg dorthin sein wird. Ein sehr langer, denke ich.

Falsch gedacht.

18. *Juni* Kein Zaun, der ganze Garten

Fortbildung. Zehn Kollegen mit einem Trainer in einem Raum. In den kurzen Pausen hängen einige Kollegen quasi unter der Kaffeemaschine, während die anderen anscheinend vor lauter Hitze die Wasserleitung leer trinken wollen.

Ein Kollege nimmt mich auf die Seite. »Du, Nunu, ich hab blöderweise eine Terminkollision heute Nachmittag. Ich habe vergessen, dass wir ein Meeting im Büro haben, wo ich die PR-Perspektive beurteilen soll, und hab mir einen wichtigen anderen Termin ausgemacht. Kannst du mich bitte vertreten? Ist um vier im großen Besprechungsraum. Geht um eine mögliche neue Kooperation.«

»Klar, kein Problem!«, sage ich – und vergesse komplett zu fragen, um welche Kooperation es eigentlich geht. Ist doch sowieso immer das Gleiche: Wie nützt uns diese Kooperation? Wie kann man sie PR-technisch nutzen? Was sind die Risiken? Kurz: Bringt's unserer NGO was? Easycheesy, mit links, ist doch egal, worum es genau geht, ich schaff das schon. Und kann diese verdammte Fortbildung endlich mal vorbeigehen? Wir sind schon alle Matsch im Hirn, es wird Zeit für eine ausführliche Pause.

Wieder im Büro ärgere ich mich doch, dass ich dem Kollegen zugesagt habe, ihn bei diesem Termin zu vertreten. Nicht nur, dass ich gefühlte vierhundert Mails abarbeiten muss, mein Telefon nicht aufhört zu klingeln – ich hab so unendlich viel zu tun, und dann muss ich auch noch Vertretung spielen. Toll.

Etwas schlecht gelaunt setze ich mich zu zwei Kollegen in den Besprechungsraum. Es sind drei weitere Männer im

Raum, ich erkenne einen von ihnen als Geschäftsführer einer befreundeten NGO, die sich sozialen Themen widmet.

Mein Chef beginnt. »Na gut, fangen wir an, oder? Ich kläre mal alle auf: Die Kollegen sind heute da, um uns eine Kooperation für eine Messe für nachhaltige Mode vorzuschlagen. Wir sind grundsätzlich interessiert, wollen heute Details erfahren. Lukas, leg los«, sagt er lächelnd.

Lukas beginnt, die mögliche Projektkooperation zu umschreiben. Nach wenigen Sekunden stelle ich fest, dass mir der Mund offen steht. Ich schnaufe einmal kurz durch und versuche, mich weiter zu konzentrieren. Die Männer sprechen von Messestandkosten, Markenkommunikation und Sendungsbewusstsein, ich kann nur noch an die Messe selbst denken. Und an Inas Mutter. Da winkt gerade irgendeine Form von Schicksal nicht nur mit dem Zaunpfahl, sondern gleich mit dem ganzen Garten.

Nach einigen Minuten fange ich mich wieder und lausche konzentriert. Ja, wir wollen zusammenarbeiten. Und sollte die Zusammenarbeit erfolgreich sein, soll es bei uns in der Organisation eine volle Stelle dafür geben. Kaum ist der Termin vorbei und die Kollegen wieder weg, schaue ich meine Kollegin aus der Kampagnenabteilung an: »Du weißt, dass das mein Job ist, oder?«

Sie lacht. »Ja, ich weiß, dass das dein Job ist.«

Den Rest des Tages kann mir kein Mensch ein Bein stellen. Ich würde drüber hinwegschweben.

Auch noch spätabends ist mir das Grinsen nicht aus dem Gesicht zu wischen. Was für ein Tag – es ist einfach so wunderbar, dass ich für diese Messe arbeiten darf! Neugierig schaue ich mir im Internet an, wie die Veranstaltung im vergangenen Jahr gelaufen ist. Wahnsinn, sechzig verschiedene Aussteller waren dort! Und einer hat schönere Ware als der andere! Ich kann mich kaum entscheiden, was mir am besten gefällt: diese Kleider, die aus alten Hosen genäht sind, oder die Strickröcke aus Biogarnen. Hoffentlich werden die alle auch dieses Jahr ausstellen, dann kann ich …

Moment. Verdammt.

Die Messe fällt noch in mein shoppingfreies Jahr.

Verdammt, verdammt, verdammt.

20. *Juni* Wunschliste Fehlanzeige

Das Ende des Monats kommt immer näher – und das ist gut so. In sechs Tagen hab ich nämlich Geburtstag. In Kindheitstagen fand ich dieses Datum absolut grandios »gewählt« von meinen Eltern: Geschenke genau in der Halbzeit zwischen Weihnachten und Weihnachten. Ich hatte immer eine Wunschliste, auf der die Dinge standen, die sich innerhalb eines halben Jahres angesammelt hatten.

Wunschliste? Eigentlich hätte ich ja gedacht, dass ich spätestens zum Geburtstag bereits Unmengen an neuen Sachen »brauchen« würde. Aber trotz aller Habenwollen-Anfälle habe ich keine solche Liste. Es ist – abgesehen von den Leggings von Mama – nichts so dringend und wichtig gewesen, dass ich es unbedingt zum Geburtstag bekommen will.

Ich bin ehrlich überrascht von mir selbst. Sogar das Angebot einer Kollegin für Strumpfhosengutscheine schlage ich aus. Danke, ich brauch nix. Im Gegenteil: Der Gedanke, dass ich am Ende dieses Projektjahrs ausmisten sollte, ereilt mich immer öfter. Mein Kleiderbestand ist immer noch belastend und wird mit jeder Information, die ich über die Produktionsbedingungen meiner Ausstattung vom Textilschweden und anderen konventionell produzierenden Anbietern bekomme, noch belastender.

»Echt nix?« Markus ist fassungslos, das lese ich aus diesen zwei Worten heraus.

»Nein, echt nix!«

»Nicht mal Stiefel?«

»Nein.«

»Geh bitte, natürlich hättest gern Stiefel, oder stoß ich mir seit Wochen umsonst die Füße an dem Paket unter meinem Schreibtisch an?«

»Markus! Du solltest es mir doch nicht sagen, wenn du sie bestellt hast.«

»Na hallo, hallo, wer sagt denn, dass das kein imaginäres Paket ist? Und ich mir nur theoretisch dauernd die Füße anhaue? Ich will nur sagen: Du wünschst dir Stiefel. Punkt.«

»Ja, aber nicht Ende Juni zum Geburtstag.«

»Aber du hast eine Liste!«

Es geht hin und her, bis wir uns darauf einigen, dass ich »braune Stiefel« als ersten Punkt auf eine Liste schreibe, die ich nicht weiter ausfüllen muss. Und dass ich trotzdem keine braunen Stiefel zum Geburtstag bekommen werde.

26. *Juni* Ein heißer Geburtstag

Meinen Geburtstag feiere ich so wie schon im vergangenen Jahr im Lokal von Eva, mit viel Gurkengesöff und Antipasti. Weil wir so viele sind, genießen wir den lauen Sommerabend nicht im Gastgarten, sondern sitzen drinnen – wo es trotz Klimaanlage recht warm ist. Kein Wunder bei fast vierzig Grad Durchschnittstemperatur im Moment.

Flo, Moni, Kirsten und Mama flüstern. Dass es ein Gemeinschaftsgeschenk gibt, hab ich ja schon mitbekommen, aber könnten die bitte trotzdem ein bissl unauffälliger flüstern? Ich hasse so was, dieses »Nein, ich merk überhaupt nicht, dass die da gerade über das Geschenk für mich reden, ich bin grad komplett vertieft in das Gespräch über Stricknadelstärken mit Evi«-Herumgetue.

Was Flo natürlich als Erster kapiert. Genüsslich spricht er etwas lauter als vorher mit den anderen, ob sie mir mein Geschenk erst in zwei Stunden übergeben sollten, weil ich dann wenigstens so betrunken sein würde, dass mir das Geschenk auf alle Fälle gefallen würde.

Kisten und Moni, auf die beiden ist Verlass, setzen sich glücklicherweise durch. Zu viert überreichen sie mir dann ein sehr voluminöses, weiches Paket.

»Das ist doch nicht … Das wird doch nicht … Nein, jetzt … Ist das …?«, stottere ich, während ich das Geschenkpapier öffne. »Ja, seid's ihr denn wahnsinnig geworden? Seid's ihr komplett irre?«

Ich glaube, es gibt charmantere Reaktionen auf ein Geschenk, aber ich bin einfach nur fassungslos: Mama, Moni, Kirsten und der Liebste haben mir einen Sockenpulli geschenkt. Richtig, genau so einen Sockenpulli, mit dem ich mich nach Ende des konsumfreien Jahres belohnen wollte.

»Die Dinger kosten ja eine Lawine! Und das ist noch dazu ein dicker, warmer! Super!!«

»Anprobieren, anprobieren, anprobieren«, skandiert die Menge (bestehend aus geschätzt 15 Personen, aber hey, Menge ist Menge).

Gesagt, getan, geschwitzt. Also erstens ist das ein Sockenpulli, der mir bis zu den Knien geht, und zweitens: Mit dem überlebe ich eindeutig auch bei minus zwanzig Grad. Während mir bereits nach etwa einer halben Minute die Schweißperlen auf der Stirn stehen, überreicht Flo mir ein zweites Geschenk.

Wie passend: Es ist ein Ventilator. »Einfach so« wäre ich etwas überrascht gewesen, vom Liebsten ausgerechnet einen Ventilator zu bekommen. Jetzt in dem Sockenpullikleid bin ich einfach nur dankbar über den Luftzug.

Nach einer weiteren Minute gebe ich auf, ich muss das Sockenpullikleid ausziehen. Was ich anbehalte, ist mein Strahlen, von einem Ohr bis zum anderen. Ein paar Gurkengesöffe später fällt es mir plötzlich auf: »Aber womit belohne ich mich dann im Jänner?«

»Ich tippe mal auf Stiefel«, meint der Liebste.

»Ja, ganz sicher Stiefel«, sagt Moni.

29. Juni Überforderung

Und wieder einmal schlägt die Wahrheit meiner Verdrängung einen rechten Haken ins Gesicht. Gestern Abend habe ich gelesen, dass Menschen auf Lederfarmen mitten im brasilianischen Regenwald sklavenartig gehalten werden, von einer tiergerechten Behandlung der Rinder sowieso zu schweigen. Dass man aufgrund der vielen Abwässer der Färbereien in China anhand der Farbe der Flüsse manchmal die Trendfarben der kommenden Saison voraussagen kann, und dass trotz aller hehrer Versprechen in den Textilfabriken in Bangladesch immer wieder Kinder bei der Arbeit gefunden werden.

Vor allem die Geschichte mit den Lederfarmen ist neu für

mich. Klar, es ist keine Überraschung, dass es auf Lederfarmen so zugeht. Mit Ausnahme der bewundernswert konsequenten veganen Community haben wahrscheinlich wirklich alle Leute Lederschuhe. Und viele davon nicht wenige. Ich kann mich für den Gedanken erwärmen, dort, wo es geht, darauf zu verzichten – obwohl ich Lederschuhe und -jacken mag, zugegeben. Wenn ich Winterstiefel aus Kunstleder finde, in denen ich nicht abwechselnd friere oder schwitze.

Ich trage auch jetzt schon oft Alternativen zu Lederschuhen. Dazu gehören bei mir sechs Paar Leinensneakers, von superverlatscht über bissl zu klein bis hin zu selbst designt. Doch auch von den Produktionsstätten dieser Marke lese ich nichts Gutes, da steht was von Aufständen unter den Arbeitern und Arbeiterinnen aufgrund mieser Arbeitsbedingungen. Außerdem glaube ich, dass sich bei dieser massiven Plastik/Gummi-Produktion die Umwelt auch nicht wirklich freut. Oder diese optische Seuche an Plastikschuhen, in denen selbst die schlanksten Fesseln aussehen, als hätten sie Traktorräder angeschnallt, und die trotzdem bereits massenfach billig kopiert werden – die meisten der Billigkopien haben sehr hohe Schadstoffrückstände im Material. Noch dazu trägt man diese Schuhe meistens barfuß. Schnell mal ein paar Giftstoffe durch die Haut aufnehmen, für nur vier Euro das Paar! Lecker!

Es gibt Alternativen. Es gibt vegane Schuhe, die gar nicht mal so sehr nach öko ausschauen wie gedacht. Aber ich bin langsam überfordert.

Ein lähmendes Gefühl macht sich in mir breit. Was kann ich eigentlich noch anziehen, essen, trinken und kaufen? Selbst wenn ich mich noch so sehr bemühe, es wird immer etwas geben, was ich in sozialer oder ökologischer Hinsicht falsch mache. Einmal angefangen, in diese Richtung zu recherchieren, stößt man auf so viele Abgründe und Verhaltensweisen, die man an sich und seinem Konsumverhalten ändern sollte, dass es sich schnell nach Sisyphusarbeit anfühlt. Aber ist dann die Lösung, auf gar keinen dieser Aspekte mehr zu achten, drauf zu pfeifen und einfach zu kaufen, was ich will? Schade ich damit nicht mir selbst am meisten? Schließlich wird oft auf die gesundheitliche Gefährdung durch bei der Produktion eingesetzte Chemikalien verwiesen.

Oder soll ich aufs Land ziehen, in einem Hochbeet meine eigenen Karotten und Zucchini anbauen, fünf Hendln wegen der sonntäglichen Eierspeise herumlaufen haben, meine Schuhe selbst herstellen, all meine Kleidung aus selbst gewobenem Stoff selbst nähen, unbedingt noch ein paar Schafe haben – wegen des Käses und wegen der Wolle? Wo ist der Mittelweg, den ich gehen kann, ohne – Vorsicht, ums Eck gedacht – mir dabei bewusst sein zu müssen, dass ich gerade verdränge?

Ich versuche, Beispiele für die beiden Extreme in meinem Freundeskreis zu finden, und komme binnen weniger Sekunden auf Vorzeige-alles-richtig-Macher und auf Auf-alles-Pfeifer. Es gibt sie alle, und zwischen ihnen gibt es unendlich viele, die den einen oder anderen Lebensstil in »abgeschwächter« Form gewählt haben und auf verschiedene Arten und Weisen Kompromisse eingehen. Mir fällt die Tierschutzorganisation ein, bei der ich früher mal gearbeitet habe: Wehe, du tust einem Tier was zuleide, und im Optimalfall ernähre dich vegan. Deine heiß geliebte Eierspeise mit Schafkäse ist Sünde. Und um den Tierschutz weltweit durchzusetzen, fliegen die Angestellten der Organisation mehrmals im Monat in andere Städte. Ohne daran zu denken, dass man mit dem CO_2-Ausstoß durchs Fliegen langfristig vielen Tieren den Lebensraum durch Erderwärmung ruiniert (merke: du kannst in deinem Alltag bis ins kleinste Detail ökologisch alles richtig machen – in dem Moment, in dem du dich in ein Flugzeug setzt, kannst du all deine Öko-unternehmungen vergessen. Dann hast du bilanztechnisch verloren, und zwar auf Jahre). Das ist doch verrückt! Das sind gute, engagierte, an Nachhaltigkeit und Tierschutz interessierte Menschen – aber sie achten nicht darauf, was sie durch die Fliegerei kaputt machen. Irgendwas macht man immer falsch!

Fabrikbrände in Bangladesch, Frauen, die für ihre dreißig Euro im Monat die halbe Familie mehr schlecht als recht ernähren und in Slums wohnen, Firmen, die nicht bereit sind, die Sicherheitsstandards, die sie so öffentlichkeitswirksam von den für sie produzierenden Fabriken einfordern, vor Ort zu überprüfen. Belastung der Umwelt durch den Einsatz von wirklich, wirklich giftigen Chemikalien. Teilchen von Fleece, die bereits in kleinen Meeresorganismen gefunden werden, weil keine Kläranlage der Welt diese minikleinen Teile aus dem Wasser holen kann.

Thema um Thema, Schicksal um Schicksal wird mir immer schlechter. Ich bin überfordert, ich glaube, ich kann gar nichts mehr richtig machen – zu groß erscheint mir in diesem Moment die Macht der Konzerne, und zu klein meine Rolle als Nunu, die Bald-wieder-Konsumentin.

1. Juli
Fleece im Fisch

Die Sache mit den minikleinen Fleeceteilen ärgert mich. Ich liebe Fleece. Bei Fleece bin ich so was von parteiisch. Im Winter wohne ich quasi in meinen unglaublich gemütlichen, weichen und vor allem warmen Fleecejacken, kuschle mich in meinen Fleeceschal, und auch mein schon recht alter, aber immer noch himmlisch bequemer Fleecepyjama soll nicht ungenannt bleiben.

Ich dachte immer, Fleece ist ein Supermaterial, weil aus alten, benutzten und natürlich gereinigten PET-Flaschen hergestellt. Quasi Recyclingkleidung in ihrer besten Form. Dachte ich. Doch jetzt kann ich nur noch daran denken, dass Bestandteile von Fleece so klein sind, dass sie von Mikroorganismen gefressen werden können und so wieder im natürlichen Ernährungskreislauf landen: Im Plankton ist Fleece, kleiner Fisch frisst Plankton, großer Fisch frisst kleinen Fisch, und im Sommerurlaub liegt der große Fisch dann gegrillt auf meinem Teller, inklusive Plastikflaschenbestandteile. Lecker.

Doch nicht nur das: Ich finde heraus, dass PET-Flaschen im Verdacht stehen, Acetaldehyd abzugeben. Möglicherweise krebserregend. Ob dieses Acetaldehyd im Fleece auch noch nachweisbar ist, finde ich nicht heraus. Allerdings ist das auch keine große Erleichterung, denn bei der Fleeceproduktion wird dafür Antimontrioxid eingesetzt. Ebenfalls als »möglicherweise krebserregend« eingestuft. Keine neuen Fleecesachen nach meiner Shoppingdiät mehr, beschließe ich.

Abgesehen von Fleece ist das mit mir und den Kunstfasern so eine Sache: Ich mag es nicht, dieses Polyester, das mich schon beim Anschauen zum Schwitzen bringt. Aber es könnte vielleicht doch besser für die Umwelt sein, denke ich mir – zumindest sind dafür keine riesigen Flächen Land und Tausende Liter Wasser sowie Pestizide notwendig.

Falsch gedacht, es ist nicht unbedingt besser. Bei der Produktion von Polyester wird doppelt so viel Energie gebraucht wie bei der Baumwollproduktion, bei der Herstellung von Polyacryl ist es sogar dreimal so viel. Doch ich finde eine Ausnahme: Es gibt ein Verfahren, bei dem man mit sehr geringem Energieaufwand aus Zellulose tolle Stoffe herstellen kann. Ein Shirt aus Holz? Warum nicht?

Okay, Fleece ist Geschichte, aber diese Faser, genannt Lyocell, werde ich ausprobieren.

2. *Juli*
Ich borg sie dir!

Wir fahren Oma und Opa auf dem Land besuchen. Nachdem Opa knackige 97 und Oma ebenso knusprige 93 Jahre alt ist, kündigen wir uns vorher nicht an – sie würden sich beinhart in die Küche stellen und uns ein Dreigangmenü kochen.

Der Grund des Besuchs: Oma hat eine Nähmaschine, die sie schon eine Weile nicht mehr benutzt, und ich möchte doch wieder Versuche starten, mir selbst Kleidung zu nähen. Bereits vom Flur aus sehe ich Oma am Tisch sitzen. »Hallo!«, rufe ich ihr zu.

Sie schaut auf und hat zwei Fragezeichen in ihren Augen. »Grüß Gott?«, kommt es aus ihrem Mund, und kurze Zeit später: »Ach Nunu! Du bist es!«

Ihre Augen sind nicht mehr die besten, sie erkennt mich wirklich erst, als ich nur noch zwei Meter von ihr entfernt bin. Und natürlich steht sie sofort auf und geht in die Küche. Und natürlich hat sie gerade »zufällig« Essen fertig. Und natürlich hat meine Mutter wieder mal nicht stillhalten können und Oma erzählt, dass wir sie besuchen kommen.

Beim Essen – Flo kaut tapfer die Beilagen, sein Hinweis, dass er Vegetarier ist, wird von Oma wie so oft mit einem »Ist doch nur Hühnchen« quittiert – frage ich die Frage aller Fragen. »Omaaa? Du hast doch eine alte Nähmaschine, oder?«

»Alt? Nein, die hab ich mir erst vor vier oder fünf Jahren gekauft, wieso?«

»Benutzt du die noch? Weil ich mir keine neue kaufen will, außerdem sollen die, die ich mir leisten könnte, ganz schlechte Qualität haben.«

»Aber natürlich kann ich dir die geben«, sagt Oma und sprintet los in Richtung Praxisraum (Opa war Arzt, seit seiner Pensionierung im Jahr meiner Geburt ist von der Praxis genau der Name geblieben, sie fungiert als Weinlager, Bibliothek und Wäschezimmer in einem). Sie sprintet wirklich. 93 und keine Bremse eingebaut – die Frau ist ein Wunder.

Der Liebste sprintet nach und trägt für sie die Nähmaschine ins Wohnzimmer. Wir packen sie gemeinsam aus, und ich muss kurz grinsen. Die Maschine ist 1995 gekauft worden, aber aus Perspektive meiner Oma sind »vier oder fünf Jahre« halt ein dehnbarer Begriff. Und dann sagt Oma etwas, für das ich sie noch mehr liebe, als ich es sowieso schon tue: »Du kannst sie haben, aber nur geborgt. Momentan sehe ich nicht so gut, da nähe ich nicht so viel, aber vielleicht will ich ja doch mal wieder nähen.«

Erkennt mich erst auf zwei Meter Abstand und ist übersät von blauen Flecken, weil sie eine Teppichkante, einen Türstock oder eine Eisplatte »übersieht«, aber wer weiß, vielleicht geht es ihren Augen ja bald wieder besser und sie will doch wieder nähen. Auch Flo kann sich das Grinsen nicht verbeißen. Ich möchte mit 93 auch noch so selbstverständlich mitten im Leben stehen wie sie.

Ich freue mich anscheinend so deutlich über die Nähmaschine, dass sie mir gleich auch noch Stoff andrehen will: »Da schau, hellrosa Samt, damit kannst du dir Vorhänge nähen!«

Hellrosa. Samt. Zwei Worte wie ein Kollateralschaden. Aber Oma wird wohl nie aufgeben. Dass wir in unserer Wohnung keine Vorhänge haben, ist für sie seit Jahren unverständlich. Als ich ihr damals stolz meine neue, frisch eingerichtete Wohnung gezeigt habe, meinte sie auf der Heimfahrt nur: »Deine Wohnung wird mal echt schön sein, wenn sie fertig eingerichtet ist!« Auf mein entgeistertes »Die *ist* fertig!« konterte sie mit einem ebenso entgeisterten »Ohne Vorhänge?!?«. Seither versucht sie regelmäßig, mir das hellrosa Samtungeheuer anzudrehen.

Glücklicherweise hilft der Liebste: »Die Farbe kommt mir nicht in die Wohnung, sei mir nicht bös. Und willst du deiner Enkelin wirklich diesen teuren Stoff geben, wenn wir beide noch nicht einmal wissen, ob das bei ihr noch was wird mit geraden Nähten?«

Manchmal ist seine Unterstützung etwas schal im Nachgeschmack. Aber immerhin, wir fahren mit Nähmaschine und ohne hellrosa Stoff wieder ab.

7. Juli
Do it yourself – der Durchbruch

Es ist mal wieder Sonntag, und Flo und ich planen nach einer langen, arbeitsintensiven Woche (wieso sagt man eigentlich, dass die Woche lang war? Wo doch alle Wochen gleich lang sind?), unsere Hintern mit dem Sofa verwachsen zu lassen. Das Wetter? Im Kalender steht Sommer, aber es regnet den ganzen Tag. Ich surfe im Netz herum, denn meine Leidenschaft für diese ganzen Selbermacherblogs wird immer größer. Ich suche nach Anleitungen, wie ich mir einen Rock schneidern könnte – und lande auf der Website einer hübschen jungen Dame, die vor etwa zwei Jahren beschlossen hat, sich Kleidung vom Flohmarkt oder von der Heilsarmee um einen Dollar pro Stück zu kaufen und diese umzunähen. Ich bin fasziniert: Aus den hässlichsten Modesünden der Achtzigerjahre entstehen durch einige Schnitte und Nähte plötzlich wahnsinnig stylishe, moderne Teile. Gut, ein Vorteil mag sein, dass die Dame mit der Website erstens extrem hübsch und zweitens extrem schlank ist. An ihr sehen teilweise sogar die »Vorher«-Fotos aus wie frisch aus einem Modemagazin. Dennoch bin ich inspiriert und klicke mich durch knapp 500 umgenähte Kleidungsstücke.

Sogar der Liebste zeigt sich beeindruckt, und das will etwas heißen.

Stunden später – inzwischen läuft der »Tatort« im Fernsehen – habe ich immer noch den Laptop auf dem Schoß. Ich habe nämlich noch weitere Seiten entdeckt, deren Betreiberinnen nach dem gleichen Prinzip Altes in Neues umschneidern. Und obwohl ich bisher immer eine gewaltige Abneigung gegen Flohmarktkleidung hatte (warum, kann ich nicht wirklich erklären, irgendwie war mir der Gedanke, dass meine Kleidung mal wem gehört hat, ich aber nicht weiß, wem, immer unangenehm), würde ich am liebsten gleich aufstehen und in das große Secondhand-Kleidungslager im Nachbarbezirk fahren. Auch wenn ich's vielleicht nicht schaffe, mir selbst Kleidung zu nähen, vielleicht funktioniert es ja, wenn ich bereits fertige Stücke habe, die ich nur noch umnähen muss?

»Keine Kleidung kaufen hat es geheißen, Nunu!«, ist der Liebste streng.

»Aber …«

»Ja?«

Aber das ist doch nur zum Nähen, will ich sagen. Das ist doch wie Stoff, und Stoffkaufen ist erlaubt, will ich sagen. Doch ich bremse mich rechtzeitig. Ich weiß, was das für eine idiotische Ausrede ist. Es ist Kleidung, und ich würde Kleidung kaufen, um Kleidung für mich draus zu machen.

Verdammt.

Doch die Websites haben einen weiteren Nebeneffekt außer dem Wunsch, meiner plötzlich entdeckten Liebe zu Secondhand-Shopping nachzugehen: Ich bekomme unbändige Lust aufs Nähen. Die Nähmaschine Omas, die mich seit ein paar Tagen mehr oder weniger vorwurfsvoll anstarrt, soll endlich in Betrieb genommen werden. Ich beschließe, aus den Stoffen, die ich mittlerweile seit Monaten zu Hause habe (so ganz ist mir das mit dem Nicht ersatzshoppen dann doch nicht immer gelungen), einen Rock zu nähen. Und zwar einen Ballonrock, genauso, wie ich sie so gern habe, bauschig und bequem.

Noch bevor der »Tatort« zu Ende ist, habe ich einen Stoff ausgesucht, ihn auf den Wohnzimmerboden gelegt und meinen Lieblingsrock darübergelegt. Sehr großzügig (Nahtzugabe und so, ich habe mir ja doch was gemerkt) zeichne ich den Rock ab – binnen einer Minute und ohne großes Abstecken oder überhaupt Nachdenken. Dann schneide ich zwei dieser Rockbahnen aus, halbiere sie und nähe sie zusammen. Einfach so. Aus dem hinterletzten Eck in meinem neu angelegten Stoffregal hole ich den elastischen Jersey, den mir eine Freundin kürzlich geschenkt hat, schneide die entsprechende Breite runter, lege ihn mir gespannt um die Hüfte, stecke ihn ab und stecke ihn dann – ebenfalls gespannt – an dem Rock an. Zweimal rundherum mit der Nähmaschine drüber, fertig. Gespannt probiere ich das – übrigens türkisfarbene – Teil vor dem Schlafzimmerspiegel an: Es passt!

Kein Schneider dieser Welt darf diesen Rock jemals genauer begutachten. Genauer gesagt: Kein Schneider dieser Welt darf diesen Rock jemals selbst aus der Ferne begutachten. Untenrum ist er etwas schief, die Stoffbahnen sind wirklich nur *irgendwie* zusammengenäht, und der Jerseyrand ist nur geschnitten, sonst nix. Dennoch verliebe ich mich sofort in den Rock. Das ist wirklich MEIN erstes Nähwerk. Ohne Anleitung.

Ich habe nicht nur einen neuen Rock, sondern auch eine Erkenntnis: Was mich von der Näherei als Hobby bisher abgehalten hat, war die Genauigkeit – man muss so unendlich gründlich sein. Gründlichkeit, genauso wie Konsequenz, ist etwas, was mir nicht unbedingt in die Wiege gelegt wurde. Der Gedanke an die vielen einzelnen Schritte, die man da bis zum fertigen Teil abarbeiten muss, nervte mich so sehr, dass ich gar keinen Spaß haben konnte. Für mich müssen die Dinge schnell gehen, einfach sein und sich vor allem ohne viel Fitzelei umsetzen lassen.

Mein Rock war in weniger als einer Stunde fertig. So stelle ich mir das vor! Mich beschleicht allerdings die Vermutung, dass Nähen auch dann Spaß machen könnte, wenn man auf Details achtet, nachmisst, gleich beim ersten Mal richtig zuschneidet und überhaupt etwas gründlicher ist …

16. Juli Halbzeit

Unglaublich, sechs Monate ohne Shopping sind geschafft. Kein einziges Kleidungsstück, kein Paar Schuhe, keine Strumpfhosen, keine Leggings, keine Taschen und auch – das war zu meiner eigenen Überraschung wahrscheinlich die schwierigste Übung – keine neuen Stiefel. Doch in diesen sechs Monaten ist weitaus mehr passiert als das: Ich stelle fest, dass mein Leben sich wirklich massiv verändert hat.

Nicht nur, dass von diesem dumpfen Gefühl der Trauer, das mich monatelang zuvor gelähmt hatte, nichts mehr da ist, nein, es geht mir sogar wirklich gut. Während ich mir in meinem Lieblingslokal im Gastgarten die Sonne aufs Hirn scheinen lasse und mit einem vor mir stehenden Gurkengesöff auf Moni warte, überlege ich, warum das so ist. Mein Fazit ist sehr schnell gefunden: Ich habe eine Aufgabe. Keine, die mir die Miete und das Essen bezahlt, aber auch keine, die unangenehme Pflichtübung ist – es ist mehr oder weniger eine Kür.

Ich habe allein durch die Beschäftigung mit dem Thema nicht nur viel über mich selbst gelernt, sondern auch das Vergnügen gehabt, viele neue interessante Menschen kennenzulernen, die sich schon viel länger als ich mit fairer Mode beschäftigen. Und eins ist klar: Ich will nach dem Jahr auf keinen Fall zurück zum Alten. Nicht nur nicht mehr bei Textilschwede und Co kaufen, sondern auch ganz allgemein nicht mehr meine Tage mit stundenlangem Surfen auf Shoppingwebsites verdaddeln. Ich will das, was ich derzeit lerne, umsetzen und kritische Konsumentin werden. Ich habe mit all den Themen rund um faire und ökologisch verträgliche Produktion von Mode einfach mein Ding gefunden – so sehr, dass ich selbst oft überrascht bin, mit welchem Elan und Interesse ich mich durch trocken geschriebene Studien arbeite und wie groß inzwischen mein Wunsch ist, selbst nach Bangladesch oder Indien zu den Fabriken zu reisen.

Moni kommt angelaufen und begrüßt mich atemlos. Es dauert ein paar Minuten, bis sie runterkommt und bis auch bei ihr Entspannung einsetzt.

»Übrigens, heute ist genau Halbzeit«, sage ich, während wir uns Eiskaffee bestellen.

»Halbzeit wovon?«

»Na, vom Nix-Kaufen!«

»Echt?! Ist schon so viel Zeit vergangen? Nicht schlecht, ich gratuliere.«

Ich spreche die Dinge aus, die ich mir gerade überlegt habe, dieses glückliche Gefühl, das mich derzeit trägt.

Moni lacht: »Das ist ganz einfach, Nunu: Du hast es ja schon mal selbst gesagt, du hast deinen roten Faden gefunden! Ich glaube, nichts macht glücklicher als eine Aufgabe, die einen hundertprozentig erfüllt.«

»Nix kaufen ist aber doch keine Aufgabe, oder? Mir kommt das immer noch so seltsam vor, dass mich etwas, was ich *nicht* mache, so glücklich macht.«

»Jetzt red dir doch deine eigene Stimmung nicht schlecht! Du hast doch gerade gesagt, wie glücklich du bist, und du hast es so verdient, endlich wieder glücklich zu sein! Aber mal was anderes. Was machst du eigentlich mit dem ganzen gesparten Geld?«, fragt Moni unvermittelt.

»So viel habe ich gar nicht gespart, glaube ich. Weißt eh,

am Anfang hab ich mir wie eine Wahnsinnige Bücher gekauft, und wenn ich es mir so überlege: Das meiste, was ich gekauft habe, war ja im Grunde billiges Zeug. Da mal ein Rock um zehn Euro oder dort ein Kleid um einen Zwanziger, aber superselten die richtig teuren Stücke«, erwidere ich.

»Und deine Cora-Ausflüge? Von den Geschäftsreisen aus Amsterdam oder Brüssel bist immer reihenweise mit neuem Zeug nach Hause gekommen. Das war doch nicht so billig, oder?«

»Stimmt schon, aber so oft war das ja nicht. Ich merk schon, dass ich etwas spare, aber es sind jetzt keine absurd hohen Beträge. Aber eine Idee, wie ich das gesparte Geld einsetze, hätte ich schon.« Den letzten Satz spreche ich etwas zögerlich in meinen Eiskaffee hinein.

»Was denn?«

»Ich überlege schon seit ein paar Monaten, ob ich eine Weiterbildung machen soll. Die Oma sagt auch: Kind, investiere in Reisen, in Gesundheit und in Bildung. Nix anderes bringt dich weiter nach vorne im Leben. Da hat sie recht, find ich.«

»Na dann Prost, auf die Gesundheit, du Glücksschweinderl«, lacht Moni.

Wie schön das Leben doch sein kann. Es ist früher Abend, nicht mehr ganz so heiß wie den ganzen Tag über, die letzten Sonnenstrahlen des Tages landen glücklicherweise noch genau auf unserer Haut und ausnahmsweise ist sogar der Kellner im Stammlokal freundlich drauf.

Doch nicht nur die Tatsache, dass ich ordentlich Kohle gespart habe, macht mich glücklich – ich fühle mich einfach viel freier als noch vor einem halben Jahr. Ich mache diesen Trendwahnsinn einfach nicht mehr mit. Ich erlaube es mir schlicht nicht. Anfangs dachte ich noch, dass das das Härteste werden würde: sehen, was es alles zu kaufen gibt, sehen, welche Trends ich gerade verpasse. Stattdessen ist es zu einem der besten Teile der Shoppingdiät geworden. Ich habe vorher nie richtig wahrgenommen, wie stressig es eigentlich ist, permanent auf der Suche nach etwas Neuem zu sein. Außerdem scheint mein erster Verdacht sich zu bestätigen: Ich habe mich meistens einfach nur betäubt mit meinen Einkaufsausflügen – weil irgendetwas anderes in meinem Leben nicht gepasst hat. Jetzt habe ich das Gefühl, einfach klarer durch die Gegend zu spazieren. Die Befriedigung, die ich mir durch meine Neuanschaffungen verschafft habe, hole ich mir jetzt anders. Ich genieße mein Leben und freue mich viel mehr an anderen Dingen. Ein Nachmittag auf der Dachterrasse einer Freundin, ein gutes Essen, schönes Wetter bei einem Ausflug mit dem Liebsten – all das ist irgendwie mehr wert als früher. Hört sich schwülstig an, ist aber so. Nunu on a High.

Das Allerschönste: Morgen geht's in den Urlaub. Eine Woche Meer, eine Woche Berge. Mit dem Liebsten. Und ich habe sogar schon gepackt. War eine Sache von fünfzehn Minuten. Ich wusste genau, was ich mitnehmen will, habe realistisch geplant, und in der Reisetasche, die ich noch vor einem halben Jahr kaum zubekam, würden locker noch mal Outfits für zwei, drei Tage passen.

Das Leben ist schön.

17. Juli
Halbzeiturlaub

Das Leben ist doch nicht ganz so schön. Zumindest nicht, als wir das Auto beladen: Es schüttet aus Eimern. Obwohl das Auto nur wenige Meter von der Haustür geparkt ist, sind wir beide binnen Minuten klatschnass. Was im Grunde nicht ganz so tragisch wäre, hätten wir nicht sieben Stunden Autofahrt vor uns und wäre das Schlechtwetter nicht für ganz Österreich gemeldet. Das kann ja heiter werden.

Genau fünf Kilometer, bevor wir ans Meer kommen, hört es auf zu regnen, und die Sonne kommt heraus. Der Ausblick von Rijeka rüber auf unser Urlaubsziel, die Insel Cres, ist atemberaubend. Also, eigentlich ist der Anblick gar nicht so schön, aber der Gedanke, dass da drüben, nur noch eine Fährenfahrt entfernt, Strand, Meer und Sonne auf uns warten, ist einfach nur grandios.

Gute zwei Stunden später landen wir dann in unserem Hotel. Was dann einsetzt, nenne ich das klassische Urlaubskoma: Von jetzt auf gleich mit dem Aufsperren des Hotelzimmers vergisst man, wie spät es ist, welcher Wochentag ist und wie anstrengend die Fahrt war. Man ist einfach nur da. Und genießt, sofort.

20. Juli
Moralapostel im Urlaub

Er könnte kaum schöner sein, dieser Urlaub. Die herrlichen Felsküsten in Kroatien sorgen dafür, dass das Meer so klar ist, dass man direkt vom Strand weg schnorcheln gehen kann. Und die beiden wichtigsten Entscheidungen, die jeden Tag gefällt werden müssen, lauten: An welchen Strand legen wir uns heute? Wo essen wir heute Abend?

Meistens liege ich im Schatten und lese, während der Liebste sich im Apnoetauchen im Flachen, Schmetterlingsfotografieren oder Steinewerfen übt. Unsere Hirne rennen auf Sparflamme. Die Gefahr, shoppen zu gehen, ist minimal – es sei denn, ich würde plötzlich eine Vorliebe für quadratisch geschnittene Blusen mit großem Blumenmuster entwickeln, die die urlaubenden Rentnerinnen anscheinend im Zehnerpack kaufen.

Auch beim Essen stellen wir uns keinen gröberen intellektuellen Herausforderungen. Im Grunde testen wir jeden Abend ein neues Lokal am Hauptplatz und starren gedankenverloren die Passanten an, die entweder ebenfalls gerade auf der Suche nach einem passenden Restaurant für den Abend sind oder sich bereits wieder Richtung Hotel oder Campingplatz bewegen.

Mitten in diese angenehme Hirnleere trifft mich plötzlich ein Gedanke, als ich einem Urlauberpaar in ihren Fünfzigern nachschaue: Das ist alles konventionell produziert, was die da anhaben. Alles Massenware, für die die Umwelt leidet und Menschen schlecht bezahlt und behandelt werden.

Eine hübsche Blondine geht vorbei – der Liebste ignoriert sie löblicherweise, ich starre dafür umso mehr. Weiße Hotpants, ein in Neonfarben gemustertes Shirt. Zusammen kostet das wahrscheinlich 25 Euro. Die Frau hat eine traumhafte Figur und kann es sich wirklich leisten, in diesen knappen Hosen herumzulaufen. Noch vor ein paar Monaten wäre ich schlicht neidisch gewesen – vielleicht nicht auf ihren Farbgeschmack, die Neonfarben tun in den Augen regelrecht weh –, aber auf ihre Figur, ihre Ausstrahlung und die Leichtigkeit, die so hübsche Frauen umgibt. Doch jetzt denke ich nur: »Denkt die überhaupt darüber nach, wo ihre Sachen herkommen?«

Als ich einen ähnlichen Kommentar bei der nächsten Passantin laut ausspreche, stutzt der Liebste mich umgehend zurecht. »Sag a mal, geht's noch? Spielst du dich jetzt plötzlich als Moralapostel auf? Du kannst doch nicht erwarten, dass alle sofort den Textilschweden boykottieren, nur weil du drauf gekommen bist, wie scheiße es in der Kleidungsproduktion läuft? Schau doch mal an dir runter, was trägst denn du gerade?«

»Ja, aber ich darf ja nichts Neues kaufen, ich muss ja mein altes Zeug anziehen!«

»Super Ausrede. Aber was machst du nächstes Jahr? Weiterhin in dem Zeug vom Textilschweden herumlaufen? Wahrscheinlich schon, oder magst du Mitte Jänner all deine Kleidung wegwerfen?«, fragt er und meint es sogar weniger genervt, als es klingt.

Aber es sitzt trotzdem. Wie will ich eigentlich konkret weitermachen nach dem Jahr? Dass ich sehr viel kritischer sein will beim Einkaufen, das habe ich ja bereits vor ein paar Wochen beschlossen. Aber wie kritisch genau? Welche Regeln soll ich mir geben? Und was ist, wenn ich einfach nur schnell ein blaues Shirt brauche, weil meines kaputt ist? Früher wäre ich einfach schnell in eines der billigen Geschäfte gegangen, hätte bei den Basics nach einem blauen Shirt gesucht, und wenn es unter 10 Euro gekostet hätte, hätte ich zugeschlagen und es wahrscheinlich noch im Laden angezogen.

Aber Urlaub ist Urlaub – und um mit dem Liebsten nicht eine unnötige Diskussion zu beginnen, beschließe ich, das Thema fürs Erste weit weg zu schieben. Ich will nicht nachdenken.

Nach einer Woche Kroatien, fünf verschiedenen Stränden, sechs wunderschönen Sonnenuntergängen auf dem Balkon, sieben Fischgerichten, drei gelesenen Büchern, zwei zutraulich gewordenen Straßenkatzen, einem abgesoffenen Ohrring und einem Gewittertag treten wir die Reise zu unserem nächsten Urlaubsziel an. In den steirischen Bergen, in der Ferienwohnung der Großeltern, soll das Seele-baumeln-Lassen weitergehen.

2. *August*
Point of no return

Zurück aus dem Urlaub, schlendere ich siegessicher über die Einkaufsstraße – siegessicher, weil es mir immer noch nicht abgeht, dieses Shopping. Ich werfe auch einen Blick in die Schaufenster des Textilschweden und komme drauf, dass ich in den vergangenen acht Monaten genau ein einziges Mal dadrin war – um einen Biobaumwollbabybody zu kaufen, der für den Zwerg einer Freundin bestimmt war.

Beim kurzen Blick hinein in die Filiale, in der überall Monitore herumhängen, die schnell geschnittene Werbevideos zeigen, wird mir mal wieder klar: Der Textilschwede, der sieht mich so bald nicht mehr von innen. Auch nach diesem Jahr. Dieses Sterile, diese Massenabfertigung, diese unglaublich vielen Produkte, dieses Bigger-Better-More-Bling-Bling, nein, danke. Bis auf die Straße hinaus kann ich diese seltsame Sterilität des Ladens riechen. Massenware ist mir wirklich unsympathisch geworden.

4. August
Die tabubrechende Hose

»So schön!«, schwärmt Moni.

Was so schön ist? Unsere Urlaubsfotos. Seit Neuestem ist es ja megacool, mit dem Handy zu fotografieren – und zwar mit Apps, die das Foto aussehen lassen, als sei es irgendwann Mitte der Achtzigerjahre aufgenommen worden und in den vergangenen dreißig Jahren ordentlich verblichen, vergilbt oder sonstig gealtert, je nach Einstellung der App. Ich finde das total praktisch: Während Flo den Rucksack mit der digitalen Spiegelreflexkamera und drei weiteren Objektiven im Urlaub täglich mitschleppt, zücke ich einfach nur mein Handy.

Doch der Liebste hat nicht nur die teure Kamera, sondern auch hin und wieder mein Handy benutzt. Auf einem der Fotos bin ich zu sehen, wie ich gerade meine Füße in einen kalten Bergsee tauche. »Da schaust du echt wahnsinnig hübsch aus«, meint Moni.

Das Schöne: Ich sehe das genauso. Aber jetzt wird es Zeit für ein Geständnis, beschließe ich. Auf dem Bild trage ich nämlich eine Jeans, die ich heiß und innig liebe – und die mir gleichzeitig sehr peinlich ist. Diese Hose hat nämlich ein Geheimnis. Diese Hose ist eigentlich für Schwangere gedacht und hat über dem Bund noch gut dreißig Zentimeter herrlich weichen, gemütlichen Baumwollstretchstoff. »Diese Jeans da auf dem Bild, das ist meine Geheimhose«, grinse ich Moni an.

»Wieso geheim? Die steht dir total gut, die solltest du nicht geheim halten«, meint sie.

»Das ist eine Schwangerschaftshose.«

Wenn ich das so ausspreche, ist es mir noch unangenehmer. Aber es ist wie ein »guilty pleasure«, ich liebe diese Hose einfach. Niemals kalte Nieren beim Radfahren. Keine Schwimmreifen, wenn man nachspeisentechnisch wiederholt über die Stränge geschlagen hat. Ein tief sitzender Bund, der bei optimaler Verdeckung des Baumwollteils aussieht wie die Übersuperhüfthose, etwas, was bei mir sonst immer im Maurerdekolleté endet.

Lange war sie mir sehr, sehr peinlich, die Hose. Doch Moni macht das mit einem Schlag zunichte: »Erstens sieht das kein Mensch, und zweitens passt sie dir fantastisch, wozu sollte dir das peinlich sein?«, fragt sie und lacht ihr einmaliges »Was die Leute sich immer für Probleme machen«-Lachen.

Das macht Mut.

7. August
Die tabubrechende Hose, Teil 2

Mädchenabend. Soll heißen: Bei einer, zwei, fünf Flaschen Prosecco haben vier Mädels wahnsinnig viel Spaß. Nach einer ausführlichen Unterhaltung darüber, ob der neue Arbeitskollege der einen eine Sünde wert wäre, und wie schlau es wohl wäre, in der eigenen Firma eine Affäre anzufangen (Zur Info: Es ist nie schlau. Never), gestehe ich meine Schwangerschaftshosenleidenschaft noch einmal. Die Reaktionen (von Müttern und Nichtmüttern unter meinen Freundinnen): »So eine hab ich auch!«, »Die sind so bequem!«, »Die hab ich nach der Schwangerschaft weitergetragen!«, »Wie genial, wieso bin ich noch nicht drauf gekommen, mir so eine zu kaufen!« und »Ich hab drei davon und kein Kind, noch Fragen?«.

Anscheinend sind Schwangerschaftshosen unter Nichtschwangeren ein heiß geliebtes Tabu.

Über das Hosenthema kommt die Runde ins Tratschen, es kommt zum klassischen Frauenthema Nummer zwei – die eigenen Körperformen und -füllungen. (Muss ich Thema Nummer eins wirklich erwähnen? Einfach mal nachdenken: Worum wird es wohl meistens gehen?)

Julia wird philosophisch: »Kann man sich Schlanksein eigentlich kaufen?«

Fragezeichen in den Augen der anderen. Auch ich brauche alkoholbedingt ein bisschen, um diesen Kommentar zu verstehen. Doch dann fällt es mir wie Schuppen von den Augen: Nein, man kann sich das nicht kaufen. Aber auch: Na klar wollte ich mir Schlanksein kaufen! Immer wieder! Bei mir konnte man das bisher in zwei Phasen einteilen. Entweder ich hatte das Gefühl, ich muss meine paar Kilo zu viel mit Shoppen von genau der Optik kompensieren, die gerade angesagt war. Oder ich fühlte mich so über, drüber, zu viel, dass ich aus Angst vor nicht passenden Hosen erst gar nicht losging zum Shoppen. Letzteres war definitiv die günstigere Version.

Denn rückblickend betrachtet war die erste Version ein Garant oberster Güte für Fehlkäufe, sei es der Kategorie »Steht mir nicht, ist aber grad in« oder einfach nur der Kategorie »Olé, olé, ich pass rein in Größe 38!!! Ein Wunder ist geschehen! Das Teil ist zwar grottenhässlich, aber es passt!!!«.

Ich denke, nein, ich bin mir sicher: Da will man sich doch eigentlich keine neue Kleidung kaufen. Da will man sich viel mehr ein anderes, leichteres Lebensgefühl kaufen. Was nie, aber wirklich nie gelingt. Denn ob mit oder ohne neue Fetzen: Die Kilos auf der Waage und die Kurven im Spiegel bleiben dieselben. Aber kurzfristig macht solches Shopping, wenn erfolgreich, natürlich glücklich. Weil es im Moment so schön ablenkt vom Unwohlsein im eigenen Körper …

»Erde an Nunu? Jemand zu Hause?«

»Was?«

»Ich hab dich grad zweimal gefragt, ob du noch ein Glas Prosecco willst!«

»Oh. Ja, bitte! Auf die Kurven!«, lache ich.

Auf dem – etwas wackeligen – Heimweg bin ich glücklich: Nach meiner Erkenntnis über den Zusammenhang zwischen Außenseitertum und Kaufrausch habe ich einen zweiten Knopf in meinem Hirn gelöst. Die eigenen (eingebildeten?) Figurprobleme durch Shopping zu kompensieren – ich nehme mir vor, das im nächsten Jahr nicht mehr zu tun. Hoffentlich kompensiere ich dann das Nichtkompensieren nicht durch Schokoladenpudding …

9. August
Die Verhütungshose

Apropos Hose. Angespornt von meinem kürzlich selbst genähten Rock, anleitungs- und regelfrei, beschließe ich, aus dem Stoff, den ich bei meinem Stoffkaufrausch Anfang des Jahres abgestaubt habe, eine Hose zu nähen. Und zwar eine weite, gemütliche, bequeme Hose fürs Auf-dem-Sofa-Fläzen. Ich habe vorgestern im Buchgeschäft meines Herzens nämlich ein wunderbares Buch entdeckt, das mich schon wieder ganz wuschig darauf macht, endlich wieder hinter der Nähmaschine zu sitzen. In dem Buch wird einem erklärt, wie man babyfurzleicht Kleidung nähen kann, komplett ohne Schnittmuster. Und gerade die Hose schaut so einfach aus. Einfach eine bestehende Hose auf den Stoff legen, drum herumschneiden und dann die vier Teile richtig rum zusammennähen.

Das wäre doch gelacht! Das schaff ich, denke ich und fange munter an zu schneiden. Die Zusammensteckerei von den einzelnen Teilen ist auch nicht allzu schwer. Als es dann ans Nähen geht, wird die Sache schon etwas komplizierter, aber irgendwie schaffe ich es, mein Hirn zu Höchstleistungen in dreidimensionalem Denken anzutreiben, und nähe die Teile doch glatt wirklich richtig zusammen.

Fast richtig.

Als ich die fertige Hose vor mich halte, sehe ich, dass beim linken Fuß der vordere Teil des Beins locker fünfzehn Zentimeter kürzer ist als der hintere Teil – und beim rechten Fuß ist es genau umgekehrt. Bitte, wie habe ich das hingekriegt?

Ich nähe einen Gummi ein und schlüpfe in das fertige Stück. Vor dem Spiegel lerne ich wieder etwas Neues über meine sich gerade entwickelnden Nähkünste: Das mit den geraden langen Nähten muss sich dringend noch weiterentwickeln. Während die rechte Seite der Hose aussieht wie eine aufgeblasene Reiterhose aus einem der letzten Jahrhunderte, ist die linke Seite am Knie um gute fünf Zentimeter breiter als am Oberschenkel.

Alles in allem und ohne jegliche Beschönigung: Diese Hose ist eine Katastrophe. Aber: Sie ist MEINE Katastrophe. Ich bin also gerade stolz auf eine Katastrophe, für die ich selbst verantwortlich bin. Auch mal was Neues!

Ich gehe rüber zum Liebsten, der gerade fernsehschläft, und führe sie vor, als ob sie perfekt wäre. »Tataaa! Schau mal, ich habe eine Hose genäht, ist die nicht genial für zu Hause?«

Dieses Bluffen meinerseits hat nur einen Grund: Ich liebe es zu sehen, wie der Liebste das Ding an meinen Beinen abgrundtief hässlich findet, es sich aber nicht anmerken lassen will, weil ich es ja so toll finde und er ja als mein Liebster mich unterstützt und sowieso und überhaupt. All das spielt sich binnen weniger Sekunden in seinem Gesicht ab. Dann sagt er: »Stimmt. Raus auf die Straße traust du dich nicht mit der.«

»Das war ja auch nie der Plan, die war immer für zu Hause gedacht, so wie deine Pyjamahose!«

»Heißt das, dass du die jetzt am Abend immer anziehst?« Ich sehe eine gewisse Angst in seinem Gesicht.

»Ja! So gemütlich – schau mal!«, sage ich und ziehe die Hose an den Oberschenkeln auseinander, was das Clownhafte, das ich gerade ausstrahle, noch weiter verstärkt.

»Nunu, ich liebe dich. Aber in der Hose mag ich dich nicht mal anschauen. Was ist dir da denn bitte passiert?«

»Ich geb's ja zu, perfekt ist anders.«

»Perfekt ist komplett anders! Perfekt ist am anderen Ende der Skala!«

Ich überlege, ob ich langsam nicht doch beleidigt sein soll. Aber na gut, dann versuche ich eben, das Ruder herumzureißen und Verführung in Blick und Tonfall einzubauen: »Ich kann sie ja auch wieder ausziehen ...«

Der Liebste lacht: »Nur wenn du die vorher anhast, dann vergeht mir die Lust leider erst mal nachhaltig. Für mindestens ein, zwei Wochen.«

Perfekt, ich habe eine Verhütungshose genäht! Das muss mir mal jemand nachmachen (oder: besser nicht, bitte).

10. August
Nunu kauft Nunu

Der Geburtstag von Flo naht – und ich gebe zu: Das nutze ich aus. Neben anderen Geschenken möchte ich ihm Kleidung kaufen. Erstens ist er ein gewaltiger Shoppingmuffel, was Kleidung angeht, zweitens ist es meinen eigenen Regeln zufolge erlaubt, für andere Kleidung zu kaufen, und drittens macht praktischerweise heute die erste vegane Kleiderboutique Wiens auf. Faust aufs Auge, Arsch auf Eimer, man kann es nennen, wie man will: Ich muss dorthin.

Ja, ich weiß, es könnte sich hier um eine Ersatzhandlung handeln, quasi Methadon für den Ex-Shopping-Junkie Nunu. Ich setze mir einen Schuss – in einem Laden voller tierleidfreier Bioprodukte. Aber mal ganz ehrlich, mir ist es ja immer um die persönliche Befriedigung gegangen – für einen anderen einkaufen ist sowieso nur halb so gut. Dies und Ähnliches denke ich in Dauerschleife, als ich zu dem Shop radle.

Ich betrete den Laden, schaue mich um – links Frauenmode, rechts Männermode, in der Mitte Kosmetik. Durchatmen. Und nach rechts gehen. Rechts, Nunu. RECHTS!

Sinnlos. Anscheinend leide ich unter einer seltenen Nervenkrankheit, bei der mein Hirn zwar brav Befehle in die Gliedmaßen schickt, diese aber das genaue Gegenteil tun. Ich gehe nach links und betaste scheu Shirts, Kleider, Hosen. Verbotene Versuchungen.

Und dann passiert es: Da liegen sie. Es sind Höschen, und es steht mein Name drauf. Das ist jetzt nicht im übertragenen Sinn gemeint – kennt man ja, dieses Argument von wegen »Musste ich kaufen, stand mein Name drauf« –, nein, da steht wirklich mein Name drauf. Unterhöschen, in deren Gummizug »Nunu« eingestickt ist. Ich fasse es nicht.

Was macht man, wenn man so ein Teil im shoppingfreien Jahr findet? Antwort: sich unglaublich ärgern. Dann die Größen durchschauen und feststellen, dass die Höschen alle zu klein sind. Die Verkäuferin fragen, ob es die auch in größer als XS und S gibt. Hören, dass es sie nicht gibt, weil die Firma gerade pleitegegangen ist. Und irgendwie erleichtert sein, dass es nicht die Gelegenheit gibt, in Versuchung zu geraten, weil es das passende Teil eh nicht mehr gibt. Trotzdem schlendere ich immer wieder bei dem Regal vorbei, in der Hoffnung, dass urplötzlich doch noch ein Teil in einer größeren Größe da liegt. Fehlanzeige.

Nachdem der erste Schock verdaut ist, erinnere ich mich, wieso ich eigentlich in den Laden gekommen bin: Ich will schauen, ob ich etwas für des Liebsten Geburtstag finde.

Bei der Männermode sehe ich die Hose noch einmal – in der Männerversion. In seiner Größe. Wäre diese Szene ein Comic, würde über meinem Kopf jetzt eine Glühbirne aufleuchten: Gibt es eine bessere Art und Weise, den Liebsten zu »branden«? Sogar auf seiner Unterhose ist dann markiert, dass das meiner ist. Herrlich. Und ein Kleidungsstück zu kaufen, also mit dem Teil an die Kasse, Bankomatkarte raus, Kleidungsstück im Papiersack entgegennehmen – da werden Erinnerungen wach. Schöne Erinnerungen.

19. *August* Daunenjacken bei 40 Grad und Bikinis im Schnee

Beim Einkaufen für Flo fiel mir jedoch wieder einmal etwas anderes auf, etwas, das mich sowieso jedes Jahr den Kopf schütteln lässt: Es ist August. Es ist knackheiß, sämtliche Stadtbewohner schleppen sich von einem Schattenplatz zum nächsten (oder sind verkühlt wegen der verfluchten Klimaanlagen überall). Und in den Auslagen der Geschäfte hängen lange Hosen, Übergangsmäntel und Strickwesten in Herbstfarben – ich kapier's nicht. Bitte, wer kauft sich bei dreißig Grad im Schatten Kaschmircardigans oder Fleeceschals? Und wer Mitte August ein einfaches dünnes Jerseykleidchen braucht: Fehlanzeige. Gibt es nicht mehr.

Ein paar Tage nach der fulminanten Geburtstagsfeier des Liebsten sind wir bei Bekannten zum Grillen eingeladen. Mit dabei einige mir unbekannte Gestalten – unter ihnen Andrea. Sie ist eine dieser Frauen, die anscheinend stets ein Lachen im Gesicht haben, selbst wenn sie gerade nicht lachen. Ich komme schnell mit ihr ins Gespräch. Nach gut zwei Stunden Lachen, Scherzen und Smalltalken frage ich, was sie eigentlich beruflich macht.

»Ich bin im Einkauf einer großen Textilkette tätig.«

Jackpot! Geistig reibe ich mir gerade die Hände und überlege, ob ich nicht schon prophylaktisch Mitleid zeigen sollte. »Hey, darf ich dich dazu ein bisschen ausfragen? Mich interessiert das brennend, wie das da so läuft!«

»Schieß los!«

Es gibt kein Halten mehr. »Also, ganz simpel: Wieso zur Hölle gibt's bei dieser Affenhitze Strickjacken zu kaufen und keine Bikinis?«

Andrea lacht. »Das musst du dir so vorstellen: Man plant ja weit im Voraus im Einkauf. Und in manchen Monaten des Jahres verkauft sich erfahrungsgemäß kaum etwas, das sind meistens Februar und August. Da plant man dann einen Ausverkauf ein und hofft, dass man das Lager leer kriegt. Und damit man sich umsatztechnisch über den Monat rüberrettet, steuert man schon so früh neue reguläre Ware ein – und hofft, dass die Kunden Lust auf Neues für die kommende Saison haben.«

Ich befrage Andrea weiter: »Was mich auch schon seit Langem interessiert: Wie rechnet sich ein Ausverkauf für die Firmen? Wenn der Textilschwede einen Rock für einen Euro rausschleudert, dann ist das ja wohl garantiert unterm Einkaufspreis, oder?«

»Ja, das ist es – aber das Zeug zu lagern ist teuer. Und trendiger wird es auch nicht unbedingt, wenn man es ein, zwei Saisons wegsperrt, weil es sich nicht verkauft hat.«

»Die Lagerung kostet so viel?«

»Ja klar, weil das Blöde ist ja: Bei der Budgetplanung muss ich alte Warenbestände mitberechnen, die kann man ja nicht einfach anzünden. Wenn mir heuer also zu viel übrig bleibt, kann ich nächstes Jahr weniger einkaufen.«

»Kann man denn Gewinn machen mit dem Ausverkauf?«

»Tja, das ist die Frage. Es kommt auf das Angebot an. Die Kunden wollen inzwischen nicht mehr nur die Restposten in XS oder XL und nix dazwischen im Ausverkauf sehen. Das Konzept für den Ausverkauf musst du also schon am Beginn der Saison haben. Die Vorlaufzeiten sind ja recht lange in Sachen Produktion – ich muss also ein halbes Jahr vorher die Lockangebote für den Ausverkauf einkaufen. Mit denen locke ich die Kunden an und hoffe, dass sie auch einige von den wirklichen Restposten, die komplett durcheinander in den Läden hängen, mitnehmen.«

»Das bedeutet also, dass du ein unglaubliches Gespür für Trends haben musst, oder? Jetzt schon wissen, welche Farbe nächstes Jahr in ist und ob die ganzen Trendforschungen wirklich recht haben – ich stell mir das kompliziert vor.«

»Ist es auch. Und es ist ziemlich riskant! Aber durch die Gewichtung kann man es planen: Ich muss einschätzen können, ob nächstes Jahr himmelblau und zuckerlrosa in sind – und welche dieser beiden Farben sich besser verkauft. Eigentlich ist es ja logisch: Wenn ich zum Beispiel die Farbe Himmelblau stärker eingeschätzt und mehr Röcke in der Farbe gekauft habe als welche in Zuckerlrosa und dann die himmelblauen sich tatsächlich so verkauft haben wie vorher eingeschätzt, habe ich hoffentlich mit den himmelblauen ausreichend viel Geld verdient, dass ich es mir leisten kann, die restlichen zuckerlrosa Röcke billigst abzustoßen. Blöd gelaufen, wenn doch Zuckerlrosa die bessere Farbe war. Dann hab ich ein himmelblaues Problem. Hoffentlich hab ich dann noch ein bisschen Einkaufsbudget übrig, weil sich ganz kurzfristig Wiesengrün als heiße Trendfarbe herausstellt und ich möglichst fix wiesengrüne Röcke bestellen kann, und vielleicht verkaufe ich davon genug, dass ich den Zuckerlrosa-Verlust wettmachen kann.«

Vor lauter himmelblau und zuckerlrosa bin ich ganz durcheinander. Ich versuche, das Gehörte logisch zu erfassen – und denke dabei sicherheitshalber laut nach: »Aber das ist doch eigentlich die totale Abwärtsspirale, oder? Irgendwas wird immer übrig bleiben, und sich bei Zuckerlrosa und Himmelblau zu verschätzen, kann verdammt schmerzhafte Wunden im Budget hinterlassen, die sind dann sicher nicht so einfach auszugleichen, oder?«

Zum ersten Mal an diesem Abend verschwinden die Lachfältchen rund um Andreas Augen. »Einerseits verkaufe ich im Ausverkauf durch all diese Tricks natürlich wesentlich mehr Teile. Ich muss einfach hoffen, dass die in Summe genug Ertrag liefern, dass sich trotz der Vergünstigungen ein Plus in der Abrechnung ergibt. Aber viel wichtiger ist es, in den Monaten, in denen ich zum vollen Preis verkaufe, möglichst viel Gewinn zu machen. Das wird allerdings auch immer schwieriger, weil diese Monate immer mehr von diversen Angeboten der Konkurrenz zerschossen werden. Und die Kunden sind ja nicht blöd, die wissen ja, dass sie nur ein paar Wochen warten müssen, und schon ist der zuckerlrosa Rock billiger.«

»Ich möchte nicht mit dir tauschen«, sage ich und proste ihr mit Mineralwasser zu – das grandiose Geburtstagsfest des Liebsten hat mich mal wieder beschließen lassen, niemals wieder Alkohol zu trinken.

Da ist es wieder, Andreas Lachen: »Aber wieso denn, ich liebe diesen Job!«

Die Frau weiß nicht, wie lange unser Gespräch noch in mir nachwirken wird.

23. August
Tauschparty, die zweite

Das Handy bimmelt, Daniela ist dran.

»Nunu, ich zieh um! Und ich hab so viel anzuziehen, das wird jetzt alles weggetauscht!«

»Du weißt aber schon, dass das Konzept des Tauschens darin besteht, dass man für ein weggegebenes Teil ein neues bekommt?«

»Papperlapapp, das sind doch Nebensächlichkeiten«, lacht sie. »Also, Sonntagnachmittag bei mir, bring Zeug mit, das mir gefallen könnte!«

Kein Problem. Einige Teile habe ich im Laufe der letzten Wochen ja tatsächlich zur Seite gelegt, weil ich sie nicht mehr anziehe. Ein paar fulminante Fehlkäufe sind auch dabei. Was genau hat mich bloß geritten, als ich mir einen silberfarbenen Satinrock zugelegt habe? Wenn ich mich richtig erinnere, hatte ich den bisher genau ... kein Mal an.

26. August
Kleider mit Geschichte

Bei Daniela trudeln nach und nach die Besucherinnen ein, insgesamt sind wir acht Frauen – und etwas mehr als acht Flaschen Prosecco. Der Nachmittag verspricht also gut zu werden.

Jede der Ankommenden führt unter großem Ah und Oh ihre mitgebrachten Sachen vor und legt sie auf das Wohnzimmersofa – wenn überhaupt. Die Standardsituation ist eher: »Und dieses Teil habe ich vor fünf Jahren auf Fuerteventura auf dem Wochenmarkt gekauft. Habe es genau einmal angehabt, noch im Urlaub. Seither verstaubt es.« Ulli hält ein Top hoch, rückenfrei und gehäkelt. Ja, das riecht förmlich nach Urlaubsanwandlungen à la »Zu Hause verspießere ich im Kostümchen, aber im Urlaub bin ich eine freie Seele«.

»Ich nehm's!«

Aha, Simone ist anscheinend urlaubsreif.

Für mich wird es spannend, als Elisabeth dran ist. Elisabeth hat die tollsten Sachen, ich habe bereits beim Kommen in ihre große Tasche gelinst. Ein leicht glänzendes Shirt vom Textilschweden, extrem coole Taschen in Grün, Pink, Orange und diversen weiteren Farben, Markenjacken und cool abgetragene Jeans. In Letztere käme ich zwar wohl auch nach einer mehrmonatigen Nulldiät nicht rein, aber die Oberteile passen, die Taschen sowieso.

Der Plan, mit weniger Kleidung nach Hause zu kommen, als ich mitgebracht habe, geht so was von nicht auf: »Elisabeth, darf ich?« ist wohl meine meistgestellte Frage an diesem Abend.

Private Tauschpartys sind einfach toll: Nicht nur, dass es lustige Mädelsrunden im privaten Kreis sind, nein, man bekommt auch zu jedem Kleidungsstück die Geschichte dazu geliefert. Die pinkfarbene Tasche hat Elisabeth vor vielen Jahren von einer unbekannten Designerin auf einem Wiener Wochenmarkt gekauft, Sabine hat sich ein Kleid ohne Anprobieren gekauft (mit dementsprechendem Erfolg, ich bekomme es sogar noch mit Preiszettel dran), und das Armband von Daniela war ein Mitbringsel ihrer Mutter aus der Türkei. Jetzt gehören die Sachen mir, und ich kann jedes Mal, wenn ich sie trage, an die jeweiligen Vorbesitzerinnen denken. Mit dem schönen Gefühl: Für sie waren es Kleiderschrankleichen, für mich sind sie Kleiderschrankschätze mit besonderem Wert. Schon allein das Wissen, welches Vorleben das Teil bei welcher Freundin geführt hat, macht es für mich wertvoller als jedes neue Stück vom Textilschweden.

30. August
Also doch!

Ich bin genervt. Am liebsten würde ich es jedem (männlichen) Passanten von der Seite ins Gesicht brüllen: Für dieses Projekt habe ich mir die Regeln selbst gemacht – und bisher auch eingehalten. Keine neue Kleidung, keine neuen Schuhe, keine neuen Taschen, keine neuen Accessoires. Material zur Selbstproduktion ist erlaubt. Tauschen ist auch erlaubt.

Ich weiß nicht, wie oft ich in den vergangenen Wochen folgendes Gespräch führen musste:

Er (ganz egal wer, es war nicht nur einer): »Du hast wirklich nix gekauft? Nicht mal irgendein T-Shirt?«

Ich: »Nein.«

Er: »Und auch keine Schuhe? Geh bitte, Frauen schaffen das doch nie!«

Ich: »Nein, auch keine Schuhe. Ist schwierig, zugegeben.«

Er: »Was ist denn das für ein Armband? Das schaut echt neu aus!«

Ich: »Das ist auch neu, das hab ich aber selbst gemacht!«

Er: »Ah, selbst machen ist also erlaubt? Na, dann kaufst ja auch Wolle und Stoffe und so.«

Ich: »Ja, aber das ist auch erlaubt, das ist meine Regel. Kein fertig produziertes neues Zeug. Ich wollt mir anschauen, wie lang es dauert, solche Dinge selbst zu nähen oder stricken.«

Er: »Aber geh bitte, irgendwas hast du dir sicher gekauft. Nagellack!«

Ich: »Ja, habe ich. Ist aber erlaubt.«

Er: »Ahaaaaa!!! Du hast also doch was gekauft!«

An dem Punkt gebe ich meistens auf. Aber ich versteh schon: Sehr viel Interesse an meinem Vorhaben besteht auch in dem voyeuristischen Wunsch, mich scheitern zu sehen. Aber diesen Gefallen tu ich keinem, am allerwenigsten mir selbst. Wenn der Liebste es ohne Gummibärchen aushält, dann halte ich es ohne neue Kleidung aus. Wäre doch gelacht.

7. September
Schnappatmung

Markus ist in Wien! Und er hat die Stiefel mitgebracht! Ich sitze gerade mitten in einem semispannenden Meeting, als ich eine Nachricht aufs Handy bekomme. Es ist ein Foto, das Markus mir schickt. Zuerst erkenne ich nicht, was er mir mit dem Foto sagen will – bis ich es groß klicke. Es ist eine Schuhschachtel mit dem Logo der Stiefel, die ich mir aus New York gewünscht habe. Und sie liegt auf dem Sofa seines Bruders in Wien. Beinahe kommt ein Quietschen aus mir raus, ich kann mich gerade noch bremsen.

Kaum ist das Meeting vorbei, kommt Kollegin Lisa auf mich zu: »Was war denn das, bitte?«

»Was denn?«

»Du hast dein Handy gecheckt, rote Wangen und leuchtende Augen bekommen, und ich hatte das Gefühl, du bist kurz vor der Schnappatmung. Da interessiert mich jetzt schon, was in der SMS gestanden hat«, lacht Lisa.

Ich grinse: »Geheimnis!«

Oder hätte ich ihr erklären sollen, dass ich mich gefreut habe, weil mein bester Freund mir Stiefel in New York bestellt hat, die ich mir gewünscht habe, und er den Kauf nun mit diesem Foto final bestätigt hat? Dass diese Stiefel zwar von ihm jetzt schon gekauft sind, von mir jedoch erst nach dem 16. Jänner abgekauft werden? Dass ich damit zwar meine Regeln nicht breche, aber – und das sehe ich auch ein – gewaltig biege? Dass die Stiefel weder öko noch fair sind, obwohl ich mir das für den nächsten Kauf vorgenommen habe? Dass ich mich nur leider gerade bei Schuhen bisher noch nicht mit den »guten« Alternativen habe anfreunden können, rein optisch gesehen? Dass ich mir genau diese Stiefel aber wirklich sehr wünsche und sie hegen und pflegen und lieb haben und ganz lange tragen werde? Dass mir mein shoppingfreies Jahr bisher wie ein ziemlich kurzer Ritt vorgekommen ist, mir aber plötzlich die Zeit bis zum 16. Januar ewig lang erscheint?

Nö. Geheimnis. Ist einfacher.

Lisa versteht glücklicherweise schnell, dass sie den wahren Grund von mir nicht erfahren wird. Dafür kann sie sich nicht verbeißen, mir doch noch einen Spruch nachzurufen, als ich bereits auf dem Weg Richtung Mittagessen bin: »Übrigens rennst du ja immer noch nicht in Lumpen herum! Gratuliere!«

10. September
Die Nunu-Konstante

Der Liebste hat einen neuen Begriff erfunden: die Nunu-Konstante. Die hat mit meinen Mount McWäschebergen zu tun. Gestern Abend habe ich mal wieder meine Kleidung von den Sofas, Sesseln, Badezimmerkästen und Schlafzimmerböden gesammelt und zu einem Mount McWäscheberg auf der Schlafzimmerkommode aufgestapelt. Der Stapel ist hoch, sehr hoch. Man könnte glauben, dass mein Kleiderschrank halb leer ist, weil so viel danebenliegt. Aber erschreckende Fehlanzeige. Egal, ob Berge an Kleidung in der ganzen Wohnung verteilt sind oder alles verstaut ist – mein Kleiderschrank ist immer voll.

Und genau das hat der Liebste heute als die Nunu-Konstante bezeichnet. »Die Nunu-Konstante ist jedoch nicht statisch, sondern kann im Bedarfsfall durch die Reduktion von Kleidung in ihrer Berechnungsgrundlage signifikant verändert werden«, schwafelt er mir vor.

Jaaa. Ich weiß. Ausmisten. Der Gedanke daran ist zwar immer noch etwas beängstigend, aber dieses Gefühl im Bauch wird immer deutlicher: Da ist zu viel Zeug im Schrank, das ich seit Ewigkeiten nicht angezogen habe. In irgendeiner Form werde ich mich dem wohl bald mal stellen müssen. Aber ganz so weit bin ich immer noch nicht.

15. September
Stricken – es ist eindeutig Liebe

Jetzt aber. In den Geschäften hängt schon überall die (Spät-) Herbstmode (und die unvermeidlichen Daunenjacken), während es draußen immer noch verdammt heiß ist. Nur die Abende werden langsam, aber sicher kühler. Da war doch was, was ich im Herbst erledigen wollte? Richtig: Wolle kaufen, stricken.

In einem großen Bahnhofszeitschriftenladen blättere ich mich durch das riesige Angebot von Strickmagazinen – von megacool bis grottenhässlich und spießig ist alles vertreten. Und auch bei Strickzeitschriften zeigt es sich mal wieder: Die spießigsten aller Magazine tragen Frauenvornamen.

Ich fange bei den coolsten Magazinen an und scanne sie schnell nach schönen Winterpullis durch, aber es ist nix dabei, was ich mir zutraue und was mir dann auch noch gefällt. Schon leicht frustriert lande ich bei »Sabrina«, einer Zeitschrift mit unmöglicher Trachtenjacke auf dem Titel. Was würde das jetzt über meinen Stil aussagen, wenn ich in diesem Magazin den Pullover finde, den ich stricken will? Ich habe den Satz noch nicht einmal fertig gedacht, als ich auf Seite 17 hängen bleibe: Das ist er. Das ist mein Pullover. Vorne kurz, hinten länger, mit großem breiten Kragen.

Eine Strickanleitung aus'm Spießermagazin. Egal, da steh ich drüber. Beim Bezahlen schummle ich das Strickmagazin trotzdem zwischen ein politisches Wochenmagazin und eine Tageszeitung. Das mit dem Über-den-Dingen-Stehen muss ich noch üben …

Mit dem Magazin in der Tasche geht's ab in dieses Strickgeschäft, über das ich schon so viel gehört habe. Ist zwar ein ordentliches Bröckerl weit weg, aber so eine halbstündige Radtour hat mir auch noch nie geschadet.

Als ich ankomme, setzt sofortiges Glücksgefühl ein: all diese schönen bunten Farben! Alles fein säuberlich einsortiert zwischen Stricknadeln, Strickbüchern, Strickbeispielen. Es juckt mich sofort in den Händen. Gebt mir Nadeln, gebt mir Wolle, ich will loslegen!

Instinktiv bewege ich mich in Richtung der dicksten Wolle, die ich finden kann. Mein Pulli soll schön dick und mollig warm sein. Grau – obwohl mich all die Farben in den Regalen schon gewaltig anmachen. Riesengroß. So groß, dass ich ihn mit Leggings tragen kann. Aber genau dieses Riesengroß macht mir Sorgen: Nicht sehr billig, diese Wollknäuel – und wenn ich dann … Wart mal, wie viele brauche ich eigentlich für einen Pullover? Ich bin schließlich übers Zwei-Knäuel-für-eine-Mütze-Level noch nicht rausgekommen.

Im Kopf überschlage ich die Menge. Uuiuiui. Das wird jetzt schon definitiv der teuerste Pullover in meinem Kleiderschrank. Wenn es überhaupt ein Pullover wird – die Strickspracne in dem Magazin lässt mich noch gewaltig dran zweifeln.

»Entschuldigung, bitte keine Knäuel aus dem Regal nehmen! Bitte sagen Sie mir, welches Sie wollen, und ich hol es Ihnen aus dem Lager!«

Hui, sind die streng hier – peinlich berührt stopfe ich

schnell die zwei Knäuel Wolle wieder ins Regal. So ganz verstehe ich es nicht, Wolle muss man doch befühlen, die kann man sich doch nicht nur nach Farbe aussuchen. Als die Verkäuferin merkt, dass ich wirklich ganz spezifisch auf der Suche nach grauer Wolle bin, wird sie plötzlich viel freundlicher.

»Ja, äh, also, ich würde gerne einen Pullover stricken und hab das noch nie gemacht … aber die Wolle da ist genau das, was ich suche.«

»Haben Sie eine Anleitung?«

Ich fische das Magazin heraus und zeige ihr den Pullover meiner Träume. »So soll er werden, nur länger«, sage ich mit leuchtenden Augen. Allein schon das Bild motiviert mich wieder.

»Den müssen'S aber mit einer anderen Wolle stricken.«

»Aber die auf dem Bild gefällt mir nicht.«

»Ja, aber dann müssen'S umrechnen! Das ist sehr kompliziert für Anfängerinnen.«

Könnte dieses Hin und Her aus Vorfreude und Demotivation mal bitte wieder aufhören? Ist ja schlimmer als auf der Achterbahn hier!

»Also mit der Wolle brauchen'S mindestens 13 Knäuel. Aber machen'S unbedingt a Maschenprobe, damit'S ordentlich umrechnen können, gell?«

Eine was? Ach so, ein kleines Viereck stricken und dann messen, wie viele Maschen ich für zehn mal zehn Zentimeter brauche. Ach, wozu denn, steht doch eh auf den Zetteln bei der Wolle. Pah. Brauch ich nicht.

Hoch motiviert packe ich sicherheitshalber 15 Knäuel ein, kaufe die passenden Rundstricknadeln dazu, und weil ich einfach nicht daran vorbeikomme, auch noch zwei Knäuel einer unglaublich schönen roten Wolle. Erst zu Hause stelle ich fest, dass diese zwei roten Knäuel wahrscheinlich das

Äquivalent zu dem schnell noch mitgenommenen Fünf-Euro-Jerseyrock beim Textilschweden sind. Den hab ich auch immer kurz vor der Kasse schnell noch dazugenommen. Sehr peinlich.

Zu Hause gibt es dann kein Halten mehr. In der Anleitung stehen 60 Maschen. Aber das ist sicher Größe Zwergenmodell. Was soll's, ich schlag einfach mal 75 an, wird schon passen. Im Hinterkopf streift mich kurz noch mal der Gedanke an die Maschenprobe, ich ignoriere ihn aber umgehend. Ich will anfangen, meinen Pullover zu stricken, jetzt! Wobei, wenn ich mir das jetzt mal genau anschaue: Eigentlich will ich auch ein anderes Muster für den Pullover haben, nicht so unruhig. Ich strick einfach mal glatt rechts. Ist eh am einfachsten.

Herrlich. Draußen wird es gerade kühl und grau, Flo ist noch unterwegs, und ich sitze auf dem Sofa, stricke und schaue gleichzeitig im Fernsehen Sitcoms. Daran könnte ich mich wirklich gewöhnen.

Als Flo nach Hause kommt, ist es schon lange dunkel – und das Rückenteil halb fertig.

»Was machst du denn da bitte, ein Zelt?«, fragt er ungläubig.

So genau habe ich mir das Strickteil noch gar nicht angeschaut. Testweise lege ich es über einen Pullover von mir, der mir genau passt – das halb fertige Rückenteil ist locker zwanzig Zentimeter breiter. Das wird wirklich gemütlich. Aber soll ich jetzt wirklich drei Stunden Stricken wieder auftrennen?

»Ich näh das dann halt enger zusammen«, beschließe ich.

Was dann passiert, ist der Anfang vom Ende. Ich merke, dass ich nicht mehr aufhören kann. Dementsprechend endet der Abend auf dem Sofa, der Liebste musste leider alleine kochen. Und überhaupt, essen und so: Stricken könnte zu einer genialen Diät werden – man hat einfach keine Hand frei für Gabel und Messer.

Gegen Mitternacht reibe ich mir das etwas ziehende Handgelenk und gehe ins Bett.

16. September
Eine Sportverletzung

Am nächsten Morgen steht mir der Liebste grinsend im Bad gegenüber: »Du hast heute Nacht vom Stricken geträumt, oder?«

»Weiß nicht genau, wieso?«

»Weil du wieder mal geredet hast – und diesmal hab ich sogar was verstehen können: Du hast immer wieder die Worte Maschen und Pullover gesagt, war echt süß«, lacht er.

Ich bin süchtig. Eindeutig.

Ein weiteres Zeichen dafür: Es ist Sonntag, draußen schüttet es aus Kübeln, und ich freue mich drüber – ich kann stricken!

Doch die Freude hält nur kurz an, nach etwa zwei Stunden und einem halb fertigen Ärmel kann ich nicht mehr, mein Handgelenk tut bei jeder Bewegung höllisch weh. »Ich glaube, ich habe mich kaputtgestrickt«, heische ich beim Liebsten um Mitleid und verhandle mit ihm aus, dass es sich eindeutig um eine Sportverletzung handelt. Klingt einfach cooler als »Beim Stricken den Arm überlastet«.

Mein Hausarzt wird mir später erklären, was das genau heißt: Sehnenscheidenentzündung. »Ich verschreibe Ihnen entzündungshemmende Schmerzmittel, damit sollte es bald nicht mehr so wehtun«, sagt er.

Perfekt, so mag ich das.

»Aber Sie haben jetzt erst mal für ein paar Wochen Strickverbot.«

So mag ich das aber gar nicht. Ein paar Wochen?! Ernsthaft?

27. *September*
Im Vorhof zur Hölle

Ich befinde mich im Vorhof zur Hölle. Genauer gesagt: Ich befinde mich auf der Messe, die meine NGO seit Kurzem mitorganisiert. Auf der Messe für nachhaltige Mode. Alles, was es da zu kaufen gibt, entspricht meinen Plänen, wie ich in Zukunft shoppen will. Alles ist aus Biomaterialien und aus fairer Produktion. Himmel noch mal, sogar die Designerin mit den Mänteln aus Gefängnisdecken ist da. Und ich darf einfach nicht. Das Leben ist so ungerecht! Andererseits: Die Messe gibt es jedes Jahr. Und alles, was ich da sehe, wird es nächstes Jahr auch geben. Na, da kann ich ja schon mal anfangen zu sparen …

Auf der Messe wird nicht nur eine breite Auswahl an ökofairer Kleidung angeboten, sondern auch ein anständiges Rahmenprogramm. Unter anderem sitzt dort auf der Bühne eine Gewerkschaftspräsidentin aus Bangladesch. Und was sie sagt, haut mich endgültig aus den Latschen.

Sie erzählt zunächst davon, dass sie vor wenigen Jahren noch mit umgerechnet vier Euro im Monat nach Hause gegangen sei. Dass die Grundgehälter zwar inzwischen stark angestiegen seien. Trotzdem reiche das vorne und hinten nicht zum Leben. Außerdem erzählt sie von den Zuständen in den Fabriken. Dass die Eingangstüren nach Schichtbeginn oft versperrt würden – damit keine, die zu spät dran ist, reinkommt und auch keine während der Schicht rauskann. Dass die gesetzlich vorgeschriebenen Fluchtwege fast immer so verstellt seien, dass es keine Möglichkeit gäbe, sich vor einem ausbrechenden Feuer zu retten.

Alles, was sie erzählt, bestätigt meinen Entschluss, keine Kleidung »Made in Bangladesch« mehr zu kaufen, nur noch mehr. Doch dann, dann kommt's. Sie sagt: »Ein Boykott bringt nichts! Im Gegenteil, liebe Leute, bitte, kauft weiterhin unsere Waren. Denn ohne Sie hätten wir in Bangladesch es noch schlechter. Wir hätten gar keine Jobs.«

Jetzt bin ich verwirrt. Wie kann sie nur weiter dazu auffordern, diese Billigkleidung zu kaufen, wenn sie keine zwei Minuten vorher davon erzählt hat, wie menschenunwürdig und fast schon sklavenartig die Zustände in den Textilfabriken ihrer Heimat sind?

Klar, es ist logisch, Arbeit ist für die Frauen in den Billiglohnländern immer noch besser als keine Arbeit. Aber solche Arbeit?

Umgeben von lauter toller Mode, die ich nicht einkaufen darf, bin ich wieder einmal gnadenlos überfordert. Soll ich meinen Plan, nächstes Jahr weiterhin nicht zu Textilschwede und Co zu gehen, nun doch über den Haufen werfen? Ich kann das nicht, ich habe einfach zu oft in den vergangenen Wochen gesehen und gelesen, wie es bei der Produktion dieser Massenmode zugeht. Der Wunsch dieser Gewerkschafterin, dass wir hier in Europa die Ware »Made in Bangladesch« nicht boykottieren sollten, ist verdammt gefährlich, stelle ich fest. Denn dieser Wunsch hat noch einen zweiten Teil: »Helft uns dabei, im Kampf für die NäherInnen bessere Sicherheitszustände und faire Löhne zu erreichen.«

Dieses »Nichtboykottieren« war nach der letzten Katastrophe, bei der über 1200 Arbeiter und Arbeiterinnen starben, in aller Munde. Aber von dem zweiten Teil des Wunschs hat bald niemand mehr geredet. Was wahrscheinlich den Effekt hatte, dass viele Leute erst mal schockiert waren, dann von der Bitte der Gewerkschaften lasen und genauso weiterkauften wie vorher. Weil ihnen ja gesagt wurde, dass sie nicht boykottieren sollen. Aber dass sie sich auch engagieren sollen, in welcher Form auch immer, das hören viele nicht.

Und wieder fasse ich einen Beschluss für die Zeit nach der Shoppingdiät: Ich werde nicht nur nicht mehr bei konventionellen Textilherstellern einkaufen, sondern ich werde mich konkret engagieren. Mich bei der Kampagne für Saubere Kleidung einsetzen, ihre Petitionen unterschreiben und im Freundeskreis nicht müde werden, von den Zuständen in den Billiglohnländern zu berichten – ganz egal, wie unbeliebt ich mich damit mache. Irgendwann muss es jede und jeder mal gehört haben. Auch von mir.

2. *Oktober* Quelle horreur!

Ich mache ernst mit meinem Engagement und lese dabei unglaubliche Dinge – und habe immer noch das Gefühl, ich plansche nur am Beckenrand, da passieren wahrscheinlich noch viel schlimmere Sachen. Immer wieder stolpere ich über den Begriff »Living Wages«. Wörtlich übersetzt heißt es »Existenzlohn«. Gemeint ist das Gehalt, das Menschen in dem Land, in dem sie arbeiten und leben, ein lebenswertes Leben oberhalb der Armutsgrenze ermöglicht.

Die weltweit agierende Kampagne für Saubere Kleidung listet auf ihrer Website die Top-Ten-Ausreden auf, warum

Unternehmen angeblich keine Living Wages zahlen können. Ich muss fast lachen – so viel Blödsinn auf einmal ist mir selten begegnet:

- »Bitte, wir wissen nicht, wie man Living Wages berechnen soll.« Die können nicht nicht, die wollen nur nicht! Aus Sicht der Arbeiter und Arbeiterinnen wohl eines der absurdesten Argumente.
- »Unsere Kunden wollen nicht mehr für ein Kleidungsstück zahlen.« Es landet sowieso nur ein Prozent des Verkaufspreises bei den Näherinnen selbst. Würde man also den Lohn verdoppeln, würde das durchschnittliche Shirt zwischen 25 und 50 Cent mehr kosten. Ja, nein, so viel mehr wollen die Kunden und Kundinnen nicht bezahlen, ganz sicher nicht. Himmel noch mal!
- »Die Regierungen sollen was tun, nicht wir. Wir überbringen nur mit Pomp und Trara den jeweiligen Regierungschefs unsere Bitten.« Damit sie nichts selbst machen müssen, Einserschmäh. Die Regierungen haben zufälligerweise auch das Ziel, ihr Land als Wirtschaftsstandort zu festigen, und das widerspricht halt leider – so absurd sich das in meinen naiven Ohren anhört – den Living Wages. Perfekt gedeichselt: Die Firmen fordern von den Regierungen neue Gesetze ein, wissen aber gleichzeitig, dass da nix passieren wird, können also Imagepflege betreiben ohne Kostenaufwand.
- »Billiglohnländer verlieren ihre Wettbewerbsfähigkeit, wenn die Löhne steigen.« Nicht, meine lieben Unternehmen, wenn ihr nach Steigerung der Löhne dort weiterproduziert, statt wie die Lemminge ins nächste Billiglohnland abzuwandern. In Thailand sind dem größten lokalen Textilproduzenten sogar 7,50 Euro pro Tag zu viel. Praktischerweise muss er ein Land weiter, in Kambodscha, ge-

setzlich nur etwas mehr als einen Euro pro Tag bezahlen. Mies. Einfach nur mies.

- »Ohne uns hätten die ja gar keinen Job.« Na, wahnsinnig logisch ist das: Hey, die haben einen Job, was regen die sich so auf? Was nützt den Menschen in Billiglohnländern ein Job, der sie auslaugt bis zum Umkippen und von dem sie nicht leben können? Sollen sie doch Kuchen essen?
- »Die Lebenskosten dort sind ja viel niedriger, da müssen wir weniger zahlen.« Naivität, perfekt angewandt. Große Unternehmen verabsäumen es, sich die wirtschaftliche Situation des Landes, in dem sie produzieren wollen, anzuschauen – um nach ihren eigenen Regeln wirtschaften zu können. Die Lebenskosten liegen ÜBER den Löhnen, sonst gäbe es ja dieses ganze Geschrei rund um die Living Wages nicht. So schwer kann das doch nicht sein?!
- »Unser Verhaltenskodex besagt eh, dass wir einen fairen Lohn zahlen müssen.« Mein Abiturzeugnis besagt auch, dass ich einen Einser in Mathe hatte damals. Trotzdem verbinde ich Wurzelziehen bis heute mit etwas Schmerzhaftem. Und ich hör ihn regelrecht, den Papa, er würde jetzt sagen: »Dein Führerschein besagt auch, dass du Autofahren kannst.«
- »Bitte, die Shareholder sind dagegen.« Ja, ja, die bösen Shareholder. Arm sind sie, die CEOs, nix entscheiden können sie in der Firma, an der sie Anteile halten.

Und mein Lieblingsargument:

- »Wenn wir jetzt höhere Löhne zahlen, dann kommen die ganzen Lehrerinnen und Krankenschwestern zu uns arbeiten und das Gesundheits- und Bildungssystem bricht zusammen.« Quelle horreur!!!

13. Oktober
Trotzgummibärchen

»Sag mal, du hast wirklich kein anderes Thema mehr, oder?«

Was ist denn jetzt los, bitte? Ich habe dem Liebsten doch nur mal wieder von einem neuen Zwischenfall, diesmal in Pakistan, erzählt.

»Seit du deine Shoppingdiät machst, hör ich nur noch Pestizide, arme Näherinnen und was weiß ich. Versteh mich nicht falsch, das ist wichtig, sich mit so etwas auseinanderzusetzen, aber ich würde gerne mit meiner Freundin auch über schöne Themen reden.«

Ich bin auf der Stelle sturzbeleidigt. Was fällt ihm ein, da stelle ich nach und nach fest, wie scheiße die Welt ist – und er will es nicht hören? Wie geht's dem denn, bitte?

»Es bin ja nicht nur ich, Freunde von uns haben mich auch schon drauf angesprochen. Die haben schon ein schlechtes Gewissen, wenn sie dir in Kleidung vom Textilschweden gegenüberstehen«, meint Flo.

»Das stimmt doch alles gar nicht!«, brause ich auf. »Wieso sollten die ein schlechtes Gewissen haben? Ich sag doch immer, dass ich nicht missionieren will, ich möchte nur von meinem eigenen Weg erzählen, weil's mich einfach so beschäftigt!«

»Ja, das weißt du, und das weiß ich, liebste Nunu. Aber ich kann mir noch so oft einreden, dass ich weiß, du willst nicht alle bekehren – es fühlt sich trotzdem manchmal so an, wenn du anfängst, von der unfairen Bezahlung der Näherinnen zu erzählen.«

»Aber wenn es doch so ist! Ich hab das letztens wirklich arg gefunden, als wir das Essen beim Italiener bezahlt haben. Da haben zwei Pizzen und das bisschen Rotwein so viel gekostet, wie eine Näherin im Monat bekommt. Im Monat!« Ich werde immer wütender. Ich! Missionieren! Ich doch nicht! Soll doch jeder, wie er will!

»Und genau das hast du beim Bezahlen auch gesagt. Anja und Stefan ist förmlich das Gesicht eingeschlafen. Die wollten einfach nur einen netten Abend mit Freunden und durften mit 'nem schlechten Gewissen nach Hause.«

»Sorry, echt jetzt, da hab ich kein Verständnis dafür. Alles, was ich erzähle, ist Tatsache. Diese Dinge passieren, und wir können alle unseren Teil dazu beitragen, das zu ändern! Und ist doch gar nicht wahr, dass ich kein anderes Thema mehr habe! Gestern habe ich dir eine geschlagene Stunde zugehört, wie du von den verschiedenen Modelltypen von Ford Mustangs aus den Sechzigern und Siebzigern geredet hast.«

Flo grinst: »Ah ja, aber du missionierst nicht.«

»Du kannst mich mal!«

Wütend knalle ich die Wohnzimmertür hinter mir zu und stelle in der gleichen Sekunde fest: Das reicht nicht. Ich muss raus hier, durchatmen.

Dass es regnet, lässt meine Wut sehr schnell abklingen. Aber halt noch nicht so ganz. Dass der Liebste die Frechheit besitzt, mir so etwas ins Gesicht zu sagen. Irgendwie könnte er ja unter Umständen und eventuell recht haben. Wenn mich etwas beschäftigt, dann muss ich ganz viel drüber reden. Und wenn ich ganz viel drüber rede, dann könnte es sein, dass ich die feinen Zwischentöne in Gesprächen nicht mehr mitbekomme.

Aber trotzdem. Trotzdem!

Wie gut, dass der Supermarkt noch offen hat …

»Das ist wirklich gemein, Nunu, das ist wirklich, wirklich gemein. Ich hab ja nur versucht, mal ganz vorsichtig was anzusprechen. Ist das deine Form der Rache, dass du dir jetzt einfach ein Tütchen Gummibärchen reinpfeifst?«

Ja, genau das ist es. Ich bin beleidigt. Und ich weiß, dass er im Recht ist, aber finde es trotzdem unfair. Meine Themen sind wichtig und spannend. Viel wichtiger als diese blöden Gummibärchen.

Mir ist schlecht. Die Rache der Rache sozusagen.

17. Oktober
Luxusproblem?

Seit Wochen warte ich drauf, dass mir irgendjemand erklärt, was für ein verwöhntes Etwas mit einem absurden Luxusproblem ich bin. Gut, verwöhntes Etwas hat er nicht gesagt, absurd auch nicht, aber vom Luxusproblem hat er gesprochen, der Herr Kollege. Und recht hat er.

Nicht nur im Vergleich mit denen, die irgendwo in Bangladesch meine Kleidung nähen, lebe ich im Luxus – sondern auch im Vergleich mit sehr vielen Europäerinnen. Ich schwimme nicht im Geld, aber ich kann so was von zufrieden sein. Schon rein materiell geht es mir gut: Ich habe eine schöne Wohnung, die im Winter warm ist, ich teile mir mit dem Liebsten ein kleines, äußerst braves Auto, ich zähle Laptop, Smartphone, Fahrrad, ein großes Bücherregal und sonstige Wertigkeiten zu meinem Besitz. Alles nicht im High-End-Bereich, aber alles da und – soweit materielle Dinge das eben können – glücklich machend. Flo und ich haben das Glück, uns in familiären Gästezimmern und Ferienwohnungen in drei verschiedenen Bundesländern ausbreiten zu können. Ich habe einen Job, der mich zwar nicht weit springen lässt, aber mir Spaß macht und die Fixkosten deckt.

Doch was für mich noch viel luxuriöser ist: Ich habe eine tolle, sehr liebevolle Familie, die eisern zusammenhalten kann. Einen Freund, den ich sehr liebe und der mir gewachsen ist. Einen tollen Freundeskreis, den ich für nichts in der Welt hergeben würde. Eine Gina zum Beispiel, mit der ich seit Jahren durch dick und dünn gehe. Eine Moni, die der beste »Nebeneffekt« meines letzten Jobs war. Und noch so viele andere.

Schade, dass so viele, denen es so wie mir geht, so selten wirklich reflektieren und zufrieden sind. Ich hab's auch erst auf die harte Tour lernen müssen, damals, als mein Leben zwischenzeitlich immer wieder Entgleisungen hinlegte.

Der Kollege stellt also seine Frage und weiß, dass er damit in mir eine Gedankenlawine auslöst: »Glaubst du, dass das immer so sein wird, dass es dir immer so gut gehen wird? So absurd das jetzt klingt, ich finde, es ist ein reines Luxusproblem, dass du dir nichts kaufst. Du leistest es dir nämlich, nichts zu kaufen.«

»Ich kann's nur hoffen, dass das so weitergehen wird. Und ja, meine Shoppingdiät hat ihre Wurzeln definitiv in einem Luxusproblem. Du hast absolut recht, ich kaufe nicht nicht, weil ich es mir nicht leisten kann, sondern ich kaufe nichts, eben gerade weil ich es mir leisten kann. Und ich steh gerade fürchterlich auf dieses Wortspiel«, antworte ich.

»Du verwöhntes Luxusmauserl«, lacht der Kollege und macht sich mit einem Feuerzeug das Feierabendbier auf. Ich mag ihn.

Manche, nein, viele können sich einfach nur die Sachen von den billigsten Textildiscountern leisten. Sie haben preislich keine Alternativen. Und es gibt Leute, die können sich überhaupt keine Klamotten leisten und sind von Spenden abhängig. Da geht es dann nicht mehr um Style, sondern um Wärme und darum, irgendetwas am Körper zu haben. Oft ist dann das, was man am Körper hat, der einzige Besitz. Ich bin jeden Tag, wenn ich den Obdachlosen, der im Zwischenstock bei der U-Bahn-Station »wohnt«, sehe, glücklich, dass ich sein Schicksal nicht teilen muss. Dafür teile ich manchmal ein paar Euro mit ihm.

Und auch wenn es sich jetzt wie eine billige Ausrede anhört: Ich kann doch nur aus meiner eigenen Welt und aus meiner persönlichen Perspektive handeln. Und meine Perspektive ist nun mal die des reichen Westens. Das Blöde ist halt, dass unser westliches »Luxusproblem« leider ganz gewaltig dazu beiträgt, dass Menschen in anderen Ländern ganz reale und ganz und gar nicht luxuriöse Probleme haben. So gedacht, fühlt es sich mehr nach Schuldeingeständnis als nach Ausrede an, das mit dem Luxusproblem.

19. Oktober
Des einen Jacke, des anderen Haus?

Wie relativ mein persönlicher Luxus ist, stelle ich ein paar Tage später fest, als ich in einem Wartezimmer gelangweilt ein Hochglanzmagazin durchblättere. Die erste Fotostrecke: Lederjacken. Die Preise, die die Teile haben, bin ich von dem Magazin schon gewöhnt: Die Dinger kosten meistens ein bis fünf Monatsgehälter von mir. Doch irgendwie macht es doch immer wieder Spaß, mich an den Preisen zu gruseln. Immer wieder fragt man sich: Bitte, wer hat so viel Geld?

Neid empfinde ich nicht, selbst bei einem Monatseinkommen im fünfstelligen Bereich wäre mir eine Jacke niemals mehrere Tausend Euro wert. Dementsprechend belustigt schaue ich immer wieder auf den Infotext neben den großformatigen Modefotos. Und dann kommt's. Ich glaub, ich sehe nicht recht. Steht da gerade wirklich 50000,– Euro als Preis für eine Jacke? FÜNFZIGTAUSEND?!?! Dieser Preis schlägt wirklich alles bisher Dagewesene.

Mitten im Wartezimmer entgleiten mir meine Gesichtszüge – Kinnlade bei Fuß, meinte mein Vater zu dem Anblick immer. Für diesen Preis haben meine Eltern vor ein paar Jahren ein Haus gekauft! Ein ganzes Haus, mit Türen, Fenstern, einem Dach obendrauf und einem großen Garten drum herum. Für den gleichen Preis kann man sich also eine einzige Jacke kaufen, aus Krokodil.

Ich überlege, was man sich für 50.000,– Euro alles kaufen kann.

- Ein dickes Auto – oder fünf kleine, auch neu.
- Zwei bis wahrscheinlich sogar zwölf Monate absolut ultimativer Luxusurlaub.
- Achtzig Tablet-Computer.
- Unglaublich viel Wolle, so viel, dass ich bis an mein Lebensende nur noch stricken müsste.
- 33333,333 Packungen Gummibärchen. Wenn das der Liebste wüsste …

20. Oktober
Wie Radfahren ohne Stützräder

Endlich. Mein Pullover ist fertig gestrickt. Ein Wochenende Vollgas-Stricken, drei Wochen lahmgelegt dank Sehnenscheidenentzündung, regelmäßiges Auftrennen, eine Woche wieder Stricken, aber nicht mehr Vollgas. Vierter Gang, würde ich sagen. Kaum ist der letzte Ärmel fertig gestrickt, mache ich mich ans Zusammennähen – und stelle fest: Zusammennähen macht lange nicht so viel Spaß wie das Stricken.

Außerdem wird mir mit jeder Naht mulmiger – was ich da vernähe, ist teurer als jeder andere Pullover von mir. Wenn das jetzt nicht passt, was ich da gerade zusammensetze, dann habe ich die Kohle in den Sand gesetzt. Und eines ist mir klar: Wenn ich diesen Pullover jetzt auftrennen müsste, dann würde ich ihn nicht mehr neu stricken. So viel Motivation hab ich einfach nicht. Dann mach ich wieder Schals. Die kann ich.

Als alles vernäht ist, bin ich nervös wie selten. So nervös, dass ich den Pullover anziehe und mich erst mal vor keinen Spiegel traue. Und auch als ich endlich vor dem Spiegel stehe, halte ich mir erst mal die Hände vor die Augen.

»Nunu?«

Hach, das sind immer die perfekten Beziehungsmomente. Da gibt man sich Mühe, anziehend zu sein, eine humorvolle, nette, unkomplizierte Freundin – und dann erwischt einen der Freund, wie man gerade in Verhütungshose und Strickpullover vor dem Spiegel steht und sich die Augen zuhält. Egal, das zieh ich jetzt durch. »Wie schaut er aus?«, frage ich.

»Der Spiegel? Also, der ist groß, hat einen goldenen Rahmen und ist ziemlich staubig.«

»Ha, ha, ha. Ich weiß, wie der Spiegel ausschaut, aber wie schaut der Pullover aus?«

»Welcher Pullover?«

»Na der, den ich grad anhabe vielleicht?« Männer.

»Grau und weit. Ah, fertig gestrickt?«

»Schaut's sehr schlimm aus?«

»Schau doch einfach selbst!«

Ich schaue. Mit einem Auge. Sicherheitshalber das, auf

dem ich nicht gut sehe. Aber: schaut gut aus. Da lässt sich das zweite Auge auch aufmachen. Und dann kommt er, der Moment, mit dem ich nie und nimmer gerechnet hätte: Der Pullover passt und gefällt mir. Eine Welle an Glücksgefühl überrollt mich. Den habe ich selbst gemacht. Ich! Mit meinen eigenen Händen! Und Sehnenscheiden! Der Pullover ist so toll, dass ich mir sogar vorstellen kann, ihn außerhalb meiner eigenen vier Wände zu tragen. Ich bin unendlich stolz, ein bisschen so wie damals, als ich als Kind endlich ohne Stützräder Rad fahren konnte.

Und was stricke ich als Nächstes? Morgen führe ich meinen Pullover aus ins Wollgeschäft, beschließe ich. Ich muss weiterstricken, dringend.

Na, hoffentlich wird das Wollekaufen nicht die neue Sucht.

21. Oktober
Glück und Pech, nahe beieinander

Tag der Wahrheit – mein Wollpullover wird ans Tageslicht geführt, kombiniert mit einem recht eng anliegenden Kleid, den liebsten Lieblingsstiefeln und den ersten dicken Strumpfhosen des Winters.

Die Vorfreude auf das Outfit ist schnell vorbei. »Nein!!! NEIN, NEIN, NEIN!!!«

»Guten Morgen auch, mein Sonnenschein!«

Sarkasmus am Morgen. Was andere zur Weißglut bringen kann, bringt mich zum Lachen. Hin und wieder tut es mir wirklich gut, dass der Liebste mich in meinen Panikanfällen nicht allzu ernst nimmt.

Der Grund für die aktuelle Verzweiflung: Anfang des Jahres war ich mir sicher – hui, das mit den Strumpfhosen wird eng. Bei der Menge an Röcken, die ich normalerweise im Winter trage, und dem Verbrauch an Strumpfhosen, die ich dazu an den Tag lege, kann sich das ohne Shopping nicht ausgehen. So weit mal der Grundgedanke. Und was passiert dann? Genau: Mir geht die allererste Strumpfhose, die ich diesen Herbst tragen will, gleich mal beim Anziehen kaputt. Bitte, wie mache ich das? Es ist nicht einmal eine Feinstrumpfhose. (Übrigens sind Feinstrumpfhosen so etwas wie meine natürlichen Feinde. Bei anderen gehen sie kaputt, weil die Trägerinnen irgendwo hängen bleiben, bei mir beschließen sie schon beim bloßen Anblick, sich aufzulösen.) Nein, es ist eine dicke, warme, graue, kuschelige, gemütliche, blickdichte Strumpfhose. In der jetzt ein riesengroßes Loch über dem rechten großen Zeh prangt.

Ich würd so gern eine neue kaufen. Aber das geht ja nicht.

25. Oktober
Nicht nur ein Sündenbock

Ich habe eine massive Verkühlung und hänge komplett in den Seilen. Zwischen meinem Hirn und der Außenwelt ist eine Wand aus Schleim. Beim halbherzigen Zeitunglesen stolpere ich über eine neue Geschichte über den bekanntesten aller Superbilliganbieter. Über den mache ich mir seit dem letzten Fabrikbrand sowieso so meine Gedanken. Denn egal, wo es brennt, Produkte dieses Anbieters wurden in letzter Zeit jedes Mal gefunden.

Die Firma ist scheiße, kein Thema. Und verkauft billigen Scheiß. Sie sind auch in Deutschland und Österreich ein mieser Arbeitgeber (gewesen?) – ich kann mich da an Diskussionen über Mitarbeiterüberprüfung und Betriebsratsverbot erinnern.

Nur mit einer Sache tue ich mich in letzter Zeit etwas schwer: dass so exklusiv dieser eine Anbieter angeschossen wird. Gut, die werden ihren schlechten Ruf nicht irgendwoher haben. Das Billigimage, mit dem sie arbeiten, ist angreifbarer als beispielsweise das vom Textilschweden, der aktiv einen auf nachhaltig macht (und dabei so manche Aktion liefert, die in meinen Augen wirklich nichts mit Nachhaltigkeit zu tun hat, sondern mal wieder nur der Gewinnmaximierung dient). Ich kenne genügend Leute, die mit einer Textilschwedentüte in der Hand tönen, sie würden nie und nimmer zu der anderen Kette gehen – was ja kein schwerer Verzicht ist, die Optik der beiden Anbieter ist verschieden, und die Zielgruppe des Textilschweden ist einfach die »coolere«.

Aber das »Die produzieren in Bangladesch, in ihren Fabriken brennt's«-Image, das klebt so richtig nachhaltig nur an denen. Und ich denk mir dann jedes Mal: Hallo, die Näherinnen dort nähen – diversen Reportagen und Berichten zufolge – mal das eine, mal das andere. Vormittags eben für diese Firma, nachmittags für den Textilschweden, irgendwann dazwischen schnell mal für den Deutschen mit zwei Buchstaben. Da herrscht kein Unterschied, nur bessere Unternehmenskommunikation. Und nie vergessen werde ich die Aussage einer Freundin, die meinte, einer alleinerziehenden Supermarktregalschichterin, die sich sowieso nur noch mit Strohhalm über Wasser halten kann, werde sie niemals vorwerfen, dass sie die Kleidung für ihre Kinder bei dieser Firma kauft. Ich muss ihr da wirklich recht geben!

Ich will die Firma wirklich nicht in Schutz nehmen, nur befürchte ich, dass das Negativimage von denen sich positiv auf das Image anderer Textilanbieter auswirkt. Nur weil *die* die Bösen sind, sind die anderen noch lange nicht die Guten.

Überhaupt, es sind ja nicht nur die Discounter – auch andere konventionell produzierende Modemarken sind oft um keinen Deut besser. Das ist auch so ein häufiges Missverständnis: Kostet ein T-Shirt 45,– Euro und keine fünf, heißt das noch lange nicht, dass es sozial verträglicher produziert wurde. Solange auf den Produkten nicht dezidiert etwas von »fair« steht, werden sie genauso produziert wie die billige Discountermode. Nur, dass die Firmen einfach eine viel höhere Gewinnspanne haben. Blöd sind sie nämlich nicht, die erfolgreichen Textilunternehmer.

1. November
Und danach?

In knapp zweieinhalb Monaten ist meine Shoppingdiät zu Ende. Und: Ich bin nicht ungeduldig.

Ich – nicht – ungeduldig. Dass diese drei Worte einmal in einem zusammenhängenden Satz aus meinem Mund kommen würden, war früher in etwa so wahrscheinlich wie eine einjährige Shoppingauszeit. Nun ja, die Zeiten ändern sich. Ich bin überrascht von mir selbst: Nicht nur, dass ich anscheinend doch schüchtern aufgezeigt habe, als die Fähigkeit zur Konsequenz verteilt wurde, nein, jetzt bin ich auch noch geduldig geworden! Es geschehen noch Zeichen und Wunder.

Nachdem mir schon bald klar geworden ist, dass ich in Zukunft wenn möglich nur bio und fair einkaufen will oder durch Besuch von Secondhand-Läden und Tauschpartys den

Lebenszyklus eines Kleidungsstückes verlängern möchte, fangen in mir gerade die Gedankenspiele an, wie das wirklich funktionieren wird. Auf alle Fälle freue ich mich schon darauf, die neuen Konsum-Methoden auszuprobieren.

Auf diese Online-Tauschbörsen bin ich zum Beispiel wirklich gespannt. Noch viel mehr freue ich mich aber darauf, bei den diversen ökofairen Boutiquen, die ich entdeckt habe, einkaufen zu gehen – und mir vielleicht das eine oder andere Teil von Designern, die aus Altem Neues machen, zu leisten. Aber nur, wenn ich entweder etwas wirklich brauche oder etwas wirklich, und damit meine ich mit fast schon körperlicher Sehnsucht, haben will.

Blöd ist allerdings: Ich habe keinen blassen Schimmer, wie ich es schaffen soll, mir nur noch ökologisch und sozial fair produzierte Schuhe zu kaufen. Erstens habe ich quasi quadratische Füße, die sowieso nur in jeden fünften Schuh hineinpassen, und zweitens mag ich diese Ökoschlappenoptik einfach nicht.

Warum muss man es öko und fair produzierten Schuhen eigentlich immer auf einen Kilometer Abstand im Nebel anmerken, dass sie öko und fair sind? Warum können die nicht stinknormal aussehen? Auch in der Zeit, in der ich konkret nach gut aussehenden Alternativen gesucht habe, war ich so gut wie erfolglos. Ich habe halt einfach einen Knall, einen unglaublichen Stiefelknall, hab ich das schon mal erwähnt?

»Gina, schau mal, sind die nicht schön?«

Ich schicke ihr einen Link – wieder einmal von, richtig geraten, braunen Stiefeln. Nix öko. Aber zum Glück nur fast so schön wie die, die auf mich warten. Trotzdem – in mir sehnt sich etwas stark nach braunen Stiefeln …

»Liebe, das ist jetzt das fünfte Mal innerhalb weniger

Monate, dass du mir von braunen Stiefeln vorschwärmst. Ich würde vorschlagen, dass du auf deine Liste für danach ›braune Stiefel‹ ganz weit nach oben stellst.«

Der Text kommt mir irgendwie bekannt vor, haben Markus und Gina sich etwa abgesprochen? Ich chatte zurück: »Zeitweise hatte ich schon ein paar Shoppingpläne, aber inzwischen – niente. Außer Stiefel …«

»Echt nicht? An deiner Stelle würd ich mich so wahnsinnig aufs Shoppen freuen, dass ich wahrscheinlich schon auf der zweiten Seite wäre mit der Liste«, schreibt Gina. Dabei geht die doch gar nicht so gerne shoppen wie ich!

»Ich überlege seit Tagen, was ich auf eine Liste für danach eigentlich schreiben würde. Klar, hellbraune Stiefel stehen ganz oben, das habe ich schon mit Markus geklärt, danke auch«, erkläre ich. »Aber sonst steht da nix.«

»Gar nix?«

»Gar nix. Ich hab mir gedacht, dass nach dem Jahr meine Baumwollunterwäsche komplett hinüber ist, aber die hat überlebt. Und – halt dich fest – ich hab immer noch genug Strumpfhosen!«

»Was ist mit deinen ganzen Cora-Raunzereien? Wann schlägst du dort zu?«

»Können vor Lachen. Und wie komm ich hin? Die gibt's ja nur in Amsterdam und Brüssel und irgendwo da oben.«

»Hinfahren?«

»Jo eeeh.«

»Deal: Wir fliegen nach Amsterdam, wenn dein Jahr vorbei ist.«

»Bin dabei!«

Zugegeben, der Gedanke, dass ich in einigen Monaten wieder in einer Cora-Filiale stehen werde, lässt in meinem Bauch ein paar Schmetterlinge aufflattern. Aber ungeduldig bin ich deswegen immer noch nicht: Ich freu mich auf den

Tag, kann ihn aber noch erwarten. Schon wieder so ein Satz, den ich von mir selber niemals erwartet hätte.

Mich stresst der Gedanke ans Shoppen fast. Wenn ich überlege, was ich früher so alles auf meinen Wunschlisten hatte – Kleider, Röcke, Schuhe, Taschen, alles Mögliche. Gut, wenn man Zeit hat, sich zu überlegen, was man wirklich will.

Das Unglaubliche ist also passiert. Ich habe kein Aufholbedürfnis, im Gegenteil, ich fühle mich befreit. Ich werde nicht mehr alle paar Wochen wie eine Getriebene beim Textilschweden durch die Regale stöbern, ob neue Teile geliefert worden sind, sondern komplett entspannt mir dann etwas Neues gönnen, wenn ich es wirklich, wirklich haben will.

3. *November*
Beziehungsende

Nach und nach werden mir meine ehemaligen Lieblingsmarken immer unsympathischer. So auch der bunte Spanier. Ich hab mit ihm Schluss gemacht. Endgültig.

Wer kennt es nicht, wer ist nicht schon mal drauf reingefallen: Dinge woanders kaufen, weil sie von woanders kommen, und sich dann zu Hause damit ganz besonders fühlen. Weil sie eben nicht von zu Hause sind und weil die Wahrscheinlichkeit, dass andere diese Teile auch haben, geringer ist. Kombiniert mit Markenbewusstsein ist's gleich noch mal ein Level schärfer. Wow, die hat was von XY? Das gibt's in Österreich ja gar nicht im Handel, wo hat die das her, das muss ja schweineteuer bei der Bestellung gewesen sein!

Mir ging's mal mit dem bunten Spanier so. Als man die Sachen in Österreich noch nicht kaufen konnte, beneidete ich jede, die vom Urlaub in Spanien zurückkehrte. Die Teile waren so schön bunt und gleichzeitig doch irgendwie sophisticated (mir fällt ehrlich grad kein deutsches Wort ein, das sophisticated exakt übersetzen würde). Halb Spanien rannte damit herum – und hier in Wien waren die bunten Sachen exklusiv und passten irgendwie zum Auftreten von Universitätsprofessorinnen für diverse Geisteswissenschaften von Orientalistik bis zur Numismatik. Ein bisschen wie mit den Muratti-Zigaretten. Als es die in Österreich noch nicht gab (und ich noch rauchte), war Muratti in Italien das Kraut für den Arbeiter auf der Baustelle und in Österreich das Kraut für erwähntes höhergestelltes Universitätspersonal. Und ich war extrem glücklich, dass mein Bruderherz praktischerweise gerade auf Auslandssemester in Bologna war.

Aber zurück zum bunten Spanier. Abgesehen von der Tatsache, dass da anscheinend nichts in Sachen Ökologie und Fairness passiert, wird mir der bunte Spanier auch optisch immer unsympathischer – einfach, weil er jetzt überall verfügbar ist. Ginge ich zu Fuß zur Arbeit (mit kleinem Umweg, zugegeben), hätte ich einen kleinen und einen riesigen Store zur Auswahl. Und weitere Filialen sprießen derzeit wie die Schwammerl aus dem Boden.

Irgendwie unsexy, oder? Klassischer Fall von »Man will immer das haben, was man nicht so leicht haben kann«.

Kurzfassung: Ich liebe meine Mäntel und werde sie tragen, bis sie mir vom Leib fallen, aber etwas Neues vom bunten Spanier wird mich nächstes Jahr nicht mehr interessieren. Die Marke wirkt auf mich inzwischen wie das eine Mädel an der Bar, das es eindeutig nicht aufs Alleine-schlafen-Gehen abgesehen hat: zu schrill und viel zu leicht zu haben …

4. November
Stricken, Sucht und Stolz

Stricken. Es ist herrlich. Es ist meditativ. Eine bekannte deutsche Moderatorin hat mal den Ausdruck »sich runterstricken« als Metapher für »sich beruhigen« verwendet – und dem kann ich inzwischen aus tiefster Seele zustimmen. Sitze ich im Büro, freue ich mich bereits auf die halbe Stunde Stricken, die ich inzwischen fast schon traditionell nach dem Nach-Hause-Kommen einlege. Eine halbe Stunde, die manchmal bis Mitternacht dauert, aber das ist eine andere Geschichte.

Stricken macht mich glücklich. So, jetzt ist es raus. Ich habe mir wahrscheinlich das spießigste Hobby schlechthin aufgerissen, aber leider, leider, da gibt es nichts daran zu rütteln: Es macht mich einfach nur glücklich.

Ich habe inzwischen sogar Wollgeschäfte meines Herzens. Zwei, genau genommen. Eines, um in Farben und verschiedenen Wollqualitäten zu schwelgen, ein anderes, wenn es schnell gehen muss – Stichwort »Liegt auf dem Heimweg« und »Zum Inventar gehört ein wahnsinnig verschmuster Hund«. Wenn ich es mir genauer überlege: Das zweite Wollgeschäft ist wohl nicht direkt das meines Herzens, sondern das meines Zeitmanagements, aber der Wollgeschäftshund hat es in null Komma nix direkt in mein Herz geschafft. Was nicht schwer war. Der Hund hat inzwischen eine eigene Kundschaft, die nur seinetwegen ins Geschäft kommt und zur Freude seiner Besitzerin aus Verlegenheit auch schon mal Wolle für drei Pullover mitnimmt.

Und wenn ich mir die Kundschaft in diesen beiden Geschäften ansehe oder mich im Internet umsehe – so uncool scheint sie ja gar nicht zu sein, die Strickerei. Seit Fotos von

Models im Netz kursieren, die in den Pausen zwischen den Modeschauen stricken, ist Stricken plötzlich trendy. Soll mich auch nicht stören, bin ich wenigstens cool und trendy mit meinem spießigen Hobby.

Doch nicht nur die Neuentdeckung der Handarbeit hat mich dieses Jahr gepackt. Etwas Weiteres ist in diesem Jahr definitiv passiert: So supergenial ich den Vorgang des Strickens auch finde, ich hätte mir im Vorfeld nie, wirklich niemals, gedacht, dass ich mich mal trauen würde, die Sachen, die ich selbst fabriziert habe, auch außerhalb meiner vier Wände zu tragen. Ursprünglich war da nur die Idee, zum Beispiel einen Pullover selbst zu stricken, um festzustellen, wie lange eine solche Produktion eigentlich dauert, wie kompliziert das ist und wie oft ich dabei fluche. Nie und nimmer hätte ich damit gerechnet, dass ich das Zeug dann auch wirklich ohne Schamesröte tragen würde. Das Attribut »tragbar« war zu Beginn zwar eine erwünschte Option, aber keine relevante Kategorie. Und jetzt krieg ich mich gar nicht mehr ein vor Stolz, wenn ich meinen Pulli ausführe. Die Blicke, wenn ich erkläre, dieser Pullover sei nicht gekauft, sondern selbst gemacht, sind unbezahlbar. Gestern war's besonders toll: Ich spazierte raus in meinem selbst genähten Rock, einem selbst gestrickten Schal und einer selbst gestrickten Mütze.

Hätte ich vor einigen Jahrzehnten mit von Mama/Oma oder sonst wem produzierten Sachen das Haus verlassen müssen, hätte ich mich in Grund und Boden geniert. Obwohl die Sachen sicherlich nicht die hässlichsten waren: egal. Es ist einfach etwas anderes, wenn man Dinge trägt, die man selbst gemacht hat. Für sich selbst. Individueller geht nicht.

Spannend. Ich finde immer mehr Möglichkeiten, auch

nächstes Jahr in Einkaufsräusche zu verfallen. Und was taugt mir am meisten? »Hab ich selbst gemacht.«

Wahnsinnsgefühl.

7. November
Gift auf den Klamotten

Dieses Wahnsinnsgefühl kann einen jedoch schnell wieder verlassen. Vor allem, wenn man Berichte von Greenpeace liest. Wobei, das Ohrenschlackern, das mich dabei ereilt, kann man eigentlich auch als »Wahnsinnsgefühl« bezeichnen.

Greenpeace hat Textilien auf Giftrückstände getestet. Sie haben in 29 Ländern 141 Kleidungsstücke gekauft. Getestet wurde auf Nonylphenolethoxylate (schlimm) und Phthalate (sehr schlimm). Die in der getesteten Kleidung gefundenen Phthalate (Weichmacher) gelten laut europäischer Chemikalienverordnung als »sehr gefährlich« – und wenn bereits eine Behörde das sagt, dann hat's das in sich. Die sind sonst nicht so mutig und offen in ihren Bewertungen.

So weit, so grauslich, denke ich, während ich in der Mittagspause den Report lese und meine asiatische Suppe aus der Mitnehmplastikschüssel esse (dass dieses Plastik auch giftig ist, und zwar besonders, wenn's mit Heißem in Berührung kommt, verdränge ich tapfer und beschließe zum dritten Mal in einer Woche, mir morgen ganz sicher ein Mittagssandwich in Papier von zu Hause mitzunehmen). Doch es geht noch grauslicher weiter: Eines der getesteten Shirts bestand zu 37,6 Prozent aus Phthalaten. Mehr als ein Drittel des Gesamtgewichts des Shirts also pure Chemie. Ich verschlucke mich fast an den Reisnudeln in der Suppe.

Als der Hustenanfall vorbei ist, sehe ich erst, wo das giftigste Teil gekauft wurde: in Österreich. Also quasi bei mir zu Hause. Schluck.

Nach Feierabend lese ich den Report dann fertig. Es ist unfassbar: In weit mehr als der Hälfte der Kleidungsstücke wurden Nonylphenolethoxylate (NPE) gefunden. Keine einzige der Marken, von denen Teile getestet wurden, war frei von diesen Grauslichkeiten.

Die Infos abseits der Chemiekeule sind auch Keulen: Deutsche Verbraucher haben heute im Schnitt vier Mal so viel Kleidung im Schrank wie 1980. Und unter dieser Menge an Kleidung im Schrank befinden sich durchschnittlich zwanzig Teile, die nie getragen werden.

»Bei mir ist das nicht so, ich genieße die Vielfalt in meinem Kleiderschrank«, ist mein erster Impuls. Der zweite: »Bullshit. Ich hab elend viele Sachen, die ich seit Ewigkeiten nicht mehr angezogen habe.« Ehrlich zu sich selbst sein, ist halt doch eine Tugend.

Weltweit werden pro Jahr derzeit circa achtzig Milliarden Kleidungsstücke produziert. Das macht im Schnitt elf Stück für jeden Menschen. Jeden! Ein beträchtlicher Teil der Menschheit hat nicht einmal Zugang zu sauberem Wasser, na, die werden ganz sicher nicht durchschnittlich einmal pro Monat ein neues Shirt kaufen. Die Antwort darauf lese ich ein paar Seiten weiter. Allein in Deutschland wurden 2011 fast sechs Milliarden Kleidungsstücke verkauft. Das sind nicht elf, sondern fast 75 pro Person. Fünfundsiebzig! Pro Person! Das hab ich ja nicht mal zu meinen Bestzeiten geschafft! Und auch in Deutschland wird es einige Menschen geben, die sich beträchtlich weniger kaufen (können) – das bedeutet, dass bei anderen die Shoppingbeute in Richtung dreistellige Stückzahl gehen muss. Bitte, wann tragen die das Zeug? Wenn das wahr ist, dann muss es ja wirklich Leute geben, die de facto nie waschen müssten, das ganze Jahr nicht. Die kaufen einfach etwas Neues, wenn etwas ein- bis zweimal getragen wurde.

Gut, da sind sicherlich auch diverse Stücke mit eingerechnet, die zur Berufskleidung gehören. Aber auch Polizeiuniformen, Kochschürzen oder Arztkittel werden nicht ökologisch und fair produziert.

Es ist irgendwie eine Art voyeuristisches Vergnügen, mir zu überlegen, wie unfassbar viel manche Menschen shoppen gehen und wie sie sich dabei dann fühlen – aber der Anblick meines Mount McWäscheberg macht mir selbst dann doch auch schnell ein schlechtes Gewissen. Auch aus ökologischer Sicht habe ich im Jänner wohl die Notbremse gezogen.

10. November
Ich will das alles nicht mehr wissen

Gift auf der Kleidung, Gift auf den Baumwollpflanzen, gefährdete Näherinnen – es wird immer schwerer zu verdrängen. Ich fürchte, ich befinde mich gerade in einem ganz üblen Film, der sich »Schlechtes Gewissen« nennt. Ich gehe über die Mariahilferstraße, schaue in die Auslagen und sehe nicht die ausgestellte Kleidung. Ich sehe Slums in Pakistan, Pestizid-Ausbringungen auf riesigen Feldern, versperrte Notausgänge in überfüllten Fabriken. Himmel noch mal! Das geht mir jetzt aber zu weit! Gut und schön, dass ich das Gerechtigkeitsgen in mir entdecke und auslebe und mich für eine fairere Kleidungsproduktion einsetzen will – aber ich kann doch nicht selbst dauernd unglücklich sein, nur weil andere reiche Menschen anderen armen Menschen das Leben schwer machen!

Natürlich macht mich das unglücklich – genauso wie die

Tatsache, dass so viele Leute (mich eingeschlossen) immer wieder auf die Verführungen der Werbung reinfallen, die uns erklären, dass wir unbedingt jetzt und sofort und dringend und überhaupt einen speiblila Rock brauchen, weil der gagerlgrüne vom letzten Herbst in exakt dem gleichen Schnitt ja so was von out ist. Aber wieso schaffe ich nicht, das Ganze auch mal positiv zu sehen? Ich kann doch einfach auch Spaß haben, mich freuen auf Tauschpartys, auf Dinge, die ich nächstes Jahr kaufen werde, und auf die Suche nach neuen Labels, die auf Nachhaltigkeit achten.

Aber ich kenne dieses Gefühl, wenn man glaubt, jetzt weiß man zu viel – point of no return. Manchmal geht es mir beim Zeitunglesen so: überall Kriege, Tote, Krankheiten, Überfälle, Katastrophen, Kriminalität. Wenn man sich wirklich darauf einlässt und überlegt: Moment mal, diese fünf Toten in Indien, die den Pestizidkanister mit dem Wasserkanister vertauscht haben, das waren fünf menschliche Individuen – mit Träumen, Plänen und Eigenarten. Wenn man dann diesen Gedanken bei allen Toten, von denen man liest, hegt, dann kann man sich wohl gleich in die geschlossene Abteilung der Psychiatrie begeben. Also verdrängen wir. Denken uns »Fünf Tote? In Indien? So weit weg. Als ob in China ein Reissack …«

Manchmal würde ich von den vielen Toten und dem vielen Unglück in der Textilproduktion am liebsten gar nichts wissen. Einfach nur genießen, sich belohnen und sich freuen über die große Auswahl an billiger Kleidung. Aber nein, ist nicht mehr.

12. *November* Sieben Mal

Durchschnittlich tragen wir ein Shirt etwa sieben Mal, bevor wir es ausmisten und meist wegschmeißen. Sieben Mal. Das lese ich in einem schlauen Buch über Kleidungsproduktion. Schon wieder so eine Tatsache, bei der mir die Kinnlade Richtung Boden klappt.

Nachvollziehen kann ich es. Schließlich muss man ja den ständig wechselnden Trends nachrennen, und außerdem hat die Massenware von Textilschwede und Co oft so schlechte Qualität, dass es sich schlicht nicht auszahlt, die Teile zu flicken. Mit meinen Leggings kann ich ein Lied davon singen: Kaum war ein Loch zugenäht, ging ein neues entweder direkt an der Nahtstelle oder gleich mal ganz woanders auf. Sinnlos also, die Zeit dafür aufzuwenden, es zu reparieren. Meine Mutter, der ich die schwierigeren Reparaturen gerne mal angehängt habe, verweigert seit Jahren jegliche Reparaturannahme. »Das Klumpert nähe ich nicht, das macht mich narrisch«, ist meistens ihre Antwort. Ein Neukauf geht wahrscheinlich dreimal schneller – ab ins Internet, drei Klicks, kaufen, und nach ein paar Tagen liegt das neue Teil dann in der Post. Praktisch, oder?

Was mir noch vor einem Jahr nicht eingefallen wäre, nämlich dieser logische Gedanke: »Ist kaputt, wird repariert!«, stellt mich nun vor ganz neue Probleme. Denn ganz abgesehen von der miesen Qualität der Produkte: Ich wüsste gar nicht, wie ich beispielsweise einen kaputten Reißverschluss austausche oder einen Socken stopfe. Die Oma und die Mama, die konnten das, aber die machen das auch schon so lange nicht mehr, dass sie es wahrscheinlich auch nicht mehr können.

Da ist eine ganze Kultur verloren gegangen. In dem Buch wird das mit der Emanzipation erklärt: Was früher selbstverständlich von Frau zu Frau weitergegeben wurde, galt vor einigen Jahren als altbacken und zu sehr in Frauenrollenklischees gefangen. Und anstatt den jungen Mädels einfach beides beizubringen, »typisch« Männliches und »typisch« Weibliches, wurde es einfach gar nicht mehr weitergegeben.

Aber durch die Überforderung in Sachen Konsum und durch das Gefühl des Zuviels, das bei immer mehr Leuten einsetzt (wobei, ein Zuwenig könnte es auch sein, ein Zuwenig an Geld nämlich), erinnern sich die Leute, Männer und Frauen, wieder an Wiederverwertung, Reparatur, Qualität.

Ich muss dazu feststellen: Ich habe weder einen feministischen noch einen antifeministischen Zugang zum Nähen oder Stricken. Beim Nähen hab ich eher so einen »Geh, das muss doch funktionieren«-Zugang. Und ich mag's eigentlich gar nicht, wenn jeder Furz, der im Alltag gelassen wird, geschlechtertechnisch eingestuft wird. Ich habe das Glück, Emanzipation und Halbe-Halbe mit all seinen Vor- und Nachteilen leben zu können, und habe es daher nicht im Fokus (und bin allen Frauen dankbar, die dafür gekämpft haben und kämpfen!!). Aber: An der These ist was dran, oder? Früher traditionell, heute trendy – und alles, was dazwischen an Vorurteilen gegen das Traditionelle da war, ist nun verschwunden, weil es als trendy gilt. Finde ich gut!

17. November
Der Mantel

Schon vor Wochen habe ich ihn gesehen – den Mantel, den ich nähen will. Entdeckt habe ich ihn in meiner Lieblingscastingshow (also eigentlich der einzigen Castingshow, deren Schauen mir nicht peinlich ist): einer US-Show, in der Designer gegeneinander antreten. In einer Folge nähte ein Teilnehmer einen beeindruckend einfachen Mantel. Einfach nur ein Rechteck mit Ärmeln. Wenn schon so ein Teil nähen, dann den hier. Auch den Stoff habe ich mir schon vor einiger Zeit gekauft – brauner Wollwalk. Doch so ganz traue ich mich nicht dran, zum ersten Mal alleine mit einem Schnittmuster.

Doch glücklicherweise gibt es Ena. Ena, meine Nähheldin. Ich kenne sie über Flo, und sie war mir vom ersten Treffen an unglaublich sympathisch. Eigentlich könnte sie ja das genaue Gegenteil sein: Ena ist gerade mal ein paar Zerquetschte jenseits der dreißig, hat drei Kinder, schmeißt einen riesigen Haushalt und wirkt dabei, als ob alles in völliger Leichtigkeit und mit links geschehe. Solche Leute, die so ein Dummdidumm-Ich-regel-alles-ohne-großen-Aufwand-und-schaue-dabei-auch-noch-blendend-aus-Ding ausstrahlen, machen mich in der Regel neidisch.

Aber Ena ist anders. Ena muss man einfach gernhaben. Und wie gesagt: Ena näht leidenschaftlich gern. Und dankenswerterweise erklärt sie sich sofort bereit, mir bei meinem Mantel zu helfen. Bewaffnet mit Nähmaschine, Stoff und Anleitung fahre ich zu ihr – trotz guter öffentlicher Anbindung mit dem Auto. Hat jemand schon mal eine alte Nähmaschine geschleppt? Deshalb.

Die Ankunft bei ihr ist wie immer fulminant: Die Fünfjährige tanzt mir was vor, während der Zweijährige beschließt, meine Handtasche aufs Genaueste zu untersuchen. Ich hoffe und bete, dass sich keine Schokoriegelverpackungen oder verschnäuzte Taschentücher darin befinden.

Seite an Seite sitzen Ena und ich etwas später vor unseren Nähmaschinen und produzieren – mehr oder weniger. Ich muss es wohl nicht extra festhalten, aber in diesem Zusammenhang gilt Ena das Mehr und mir das Weniger. Der Mantel war trotzdem eine gute Idee: Er besteht nämlich aus exakt vier Nähten – die ich in Zeitlupe absolviere.

Zwischen Naht 2 und Naht 3 kommen Ena und ich wieder einmal ins Tratschen. »Sag, hat sich für dich eigentlich was geändert oder freust du dich schon wieder aufs Einkaufen?«, fragt Ena.

»Ohne Mist jetzt, es hat sich alles verändert. Ich freu mich zwar auf den Moment, wenn ich zum ersten Mal wieder etwas kaufe, aber ich habe noch keine Ahnung, was das sein wird.«

Ena lacht: »Na, ich wette mal auf Stiefel.«

Auch sie kennt mich also gut. Ich fürchte, den Ruf werde ich so bald nicht mehr los. »Das ist sogar ziemlich wahrscheinlich«, lache ich. »Es könnte sogar sein, dass das Stiefel sein werden, die ich mir schon lange wünsche!«

»Das find ich schön! Mir fällt grad mit den Kindern in letzter Zeit immer wieder auf, dass man gar keine Vorfreude mehr erlebt. Das ist doch traurig, dass man sich inzwischen so schnell die Wünsche erfüllt, dass man gar nicht mehr davon träumen kann.«

Dieser Satz von Ena wird mich noch lange beschäftigen. Nagel auf den Kopf, würde ich sagen, so passend hätte ich es selbst nicht ausdrücken können.

Apropos passend: Der Mantel sitzt. Da ist es schon wieder, dieses Tom-Hanks-Gefühl (ein Ausdruck, der es inzwischen in meinen fixen Sprachgebrauch geschafft hat): Hab *ich* gemacht. *Ich!*

18. November
Ich bin ansteckend!

Der Liebste und ich verspießern, dass es eine helle Freude ist. Wir schauen einen etwas unspannenden Film und essen dabei ungesunde Dinge, die man kocht, indem man zum Telefonhörer greift. Inzwischen sitzen wir sogar wieder harmonisch nebeneinander, mein Groll nach seinem Urteil über meinen Mantel – »Damit könntest du im ›Herrn der Ringe‹ mitspielen« – ist nach einem halben Tag Beleidigtsein samt schweren Diva-Attitüden wieder verflogen. Immer das Gleiche mit uns: Er meint es nie böse. Und ich bin nie wirklich beleidigt. Aber es gehört halt dazu. Wenn *er* den Mantel gemacht hätte, wäre er auch stolz.

Was ich ihm auch sage. Seine Reaktion sorgt bei mir mal wieder für Staunen. Dieser Mann kann mich auch nach vier Jahren noch überraschen. »Gut, dass du das sagst, ich wollte auch mal etwas nähen heute!«, sagt er.

Wie bitte? Habe ich mich gerade verhört? Ich habe ihn – abgesehen vom ersten Mal, als die neue Technik im Haus seinen Testosteronhaushalt durcheinanderwirbelte – nie auch nur in der Nähe meiner Nähmaschine gesehen. Und natürlich hat er in meiner Gegenwart niemals eine Nähnadel in der Hand gehalten.

Während ich noch fassungslos auf den Liebsten starre, greift dieser auf den Boden neben den Sofa und holt einen kleinen Sack hervor: Lederpatches.

Ahaaa! Er will sich Lederpatches auf die Ärmel seines

Pullovers nähen. Wahnsinn, das sind ja Anfälle von Trendbewusstsein! »Wer bist du und was hast du mit meinem Freund gemacht?«, frage ich.

»Hast du eine Nähnadel für mich?«

Immer noch wie in Trance stehe ich auf und hole ihm die Nadel sowie Faden und Schere. »Du nähst«, sage ich tonlos.

»Ja, wieso?« Ich sehe es eindeutig in seinen Augenwinkeln, er muss sich das Grinsen gerade ganz gewaltig verkneifen, während er den Faden abmisst, zuschneidet und durchs Nadelöhr fädelt. Doch dann verlässt ihn die siegessichere Selbstsicherheit ein wenig. »Ähm, Nunu? Wie fange ich so etwas an?«

Selten habe ich ihn lieber gehabt als in diesem Moment. Und nachdem ich es ihm erklärt habe, nehme ich mein Strickzeug zur Hand und genieße das fröhliche Spießertum bei »Tatort« und telefonisch gekochtem Essen.

22. November
Weg damit!

War ja klar! So wie jedes Jahr habe ich den Moment versäumt, an dem es zu kalt wurde zum Radfahren. Nach den ersten kalten Tagen habe ich Schnupfen und Halsweh. Verschnupft ist aber auch meine Laune – der aktuelle Mount McWäscheberg kratzt mal wieder an der Rekordhöhe.

Dann geschieht es. Anstatt mir so wie in den vergangenen zehn Monaten einzureden, dass ich all meine Sachen brauche, macht sich in mir ein Gedanke breit: Das muss weg. Das muss alles weg. Ich möchte ausmisten, ich möchte all die Kleidung, die ich sowieso nicht mehr anziehe, die mir zu eng geworden ist, die einfach nur noch unmodern ist, aus meiner Wohnung verbannen.

Doch ich kenne mich gut genug, um zu wissen: Liebe Nunu, wenn du nicht jetzt sofort aufstehst, große Müllsäcke organisierst, ins Schlafzimmer gehst und anfängst, dann bleibt es beim Gedanken. Jetzt oder nie.

Was dann geschieht, ist mir im Nachhinein immer noch ein Rätsel. Wie ein Berserker gehe ich meine Schubladen durch, krame die Kisten hervor, in denen Kleidung liegt, die ich gut und gern seit zehn Jahren nicht mehr getragen habe, und stopfe alles, was nicht auf den ersten Blick irgendwie besitzenswert erscheint, in die Müllsäcke.

Das Ergebnis haut mich um: Nach fünfzehn Minuten sind drei riesige Säcke voll. Ich kann sie kaum heben. Und das Absurde ist: Meine Kleiderschränke sind immer noch voll.

Dennoch, es fühlt sich wahnsinnig gut an. Ich starre die Säcke sprachlos an – mit den vielen Fetzen, von denen ich mich gerade getrennt habe, könnten wahrscheinlich drei Frauen ihren Kleiderschrank vollfüllen, rein quantitativ gesehen. Und ich fühle mich wesentlich leichter.

Flo ist stolz auf mich, als ich ihm die drei großen Müllsäcke zeige. Aber er versteht nicht, wie emotional das Ganze für mich ist. Mann ey, ich hänge halt an meiner Kleidung!

25. *November* Skiunterwäsche

Ein paar Tage später traue ich mich auch an die gewissen Ecken und Enden, die ich beim letzten Mal ausgelassen habe, und stelle fest, was das Ausmisten sonst noch so mit sich bringt: ein schlechtes Gewissen. Es gibt nämlich Teile in meinem Kleiderschrank, da sehe ich meine Mutter förmlich neben mir stehen und höre sie sagen: »Was, das willst du weggeben? Das ist aber echt noch in Ordnung!« oder »Den Rock hat dir die Schneiderin genäht, damals, als du 13 warst!« oder »Geschenkt hab ich dir die Skiunterwäsche, und nie hast sie angehabt!«.

Skiunterwäsche, ernsthaft?! In meiner gesamten Familie bis hin zur entferntesten Tante bin ich bekannt als die, die sich als Kind wie ein kleiner Berserker gegen das Skifahren gesträubt hat. Die in Skikurse gesteckt wurde und dort vier Stunden durchweinte. Die Panikanfälle bekam, sobald man sie in Skischuhe steckte. Und meine Lust aufs Skifahren ist auch in den vergangenen 25 Jahren nicht gewachsen. Mein einziger Kontakt mit Skiern findet auf dem Sofa statt, wenn ich bei der Abfahrt traditionell zu den Norwegern halte und mein Vater den Österreichern die Daumen drückt und wir beim Starthaus schon wetten, ob und wo es den Läufer zerlegen wird. Ich bin wahrscheinlich die einzige Österreicherin, die nicht Ski fahren kann. Und trotzdem grundelt die Skiunterwäsche seit einer zweistelligen Anzahl an Jahren in meiner Kommode herum. Und bei keiner einzigen jährlichen Ausmistaktion in den vergangenen Jahren habe ich es übers Herz gebracht, mich von ihr zu trennen, immer war die mütterliche Stimme im Kopf zu vorwurfsvoll.

Diese Stimme war halt auch sehr praktisch, ausmisten

fällt mir schwer, die Mama war da die perfekte Ausrede. Aber jetzt kommt sie weg, die Skiunterwäsche. Schluss, aus, Ende. Nur der Rock, der mir mit 13 geschneidert wurde, der wird wohl noch mal in einer »Kann ich noch nicht so ganz weggeben«-Kiste landen, der kriegt noch eine Runde.

2. *Dezember* Tauschen? Nö.

Eine Woche später stehen die drei riesigen Müllsäcke immer noch zu Hause herum. Seit Tagen überlege ich, was ich damit machen soll. Ursprünglich wollte ich sie noch einmal auf Kleidung durchsortieren, die ich eventuell umnähen könnte. Ich. Umnähen. Meine Leidenschaft fürs Nähen ist zwar theoretisch immer noch hoch, aber an der praktischen Umsetzung hapert es gewaltig. Vielleicht sollte ich Oma fragen, ob sie schon wieder besser sieht – die Nähmaschine steht derzeit auch bei mir nur herum. Und doch: Einige Teile fische ich tatsächlich wieder heraus und lege sie auf einen »Kann ich ja vielleicht mal was anderes draus nähen«-Stapel.

Nächste Idee: Ich mache eine Tauschparty. Ich habe so gewaltig viel Zeug, da findet doch sicher jede meiner Freundinnen was. Nur hat die Sache einen Haken: Für jedes getauschte Teil würde ich eines zurückbekommen. Schaurig – dann wären meine Schränke vielleicht wieder genauso voll mit Sachen. Die wären zwar ökologisch mit einem guten Gewissen belegt, trotzdem: Es wären wieder mehr Klamotten. Nein, nein, nein. Ganz sicher nicht.

»Gina? Wann kannst vorbeikommen? Ich habe eine Überraschung für dich, aber dafür musst zu mir kommen.«

»Was denn? Was? Sag schon!«

»Buchstabiere mal Überraschung!«, lache ich, und sie sagt mir einen Besuch noch für den gleichen Abend zu.

Doch einfach in Müllsäcken herumkramen lassen, das ist unter meiner Würde. Nö, das mache ich besser. Von den Nachbarn organisiere ich mir zwei mobile Kleiderstangen, in der Reinigung hole ich mir Kleiderbügel für zehn Cent das Stück, und die Stunde vor Ginas Ankunft verbringe ich mit Sortieren und Aufhängen. Eine Stunde, die mir beweist, wie unglaublich falsch ich im Beruf einer Klamottenverkäuferin wäre. Boah, nervt das.

Die Überraschung gelingt, Gina staunt nicht schlecht, als sie die Menge sieht, die ich ausgemistet habe.

»Bitte such aus, so viel, wie dir passt. Nimm alles mit, was dir gefällt – und wenn du es zu Putzfetzen umnähen willst«, sage ich. Ihre Reaktion ist entzückend: Sie schaut drein wie ein Autobus.

Was folgt, sind zwei Stunden purer Spaß. Ein Kleid gefällt ihr besonders – kariert (cool) mit gerüschtem Unterteil (sehr uncool). Das Uncoole wurde damals beim Kauf jedoch durch den Preis wieder cool gemacht: sieben Euro im Ausverkauf. Sieben Euro für ein hübsches Muster, ein hübsches Oberteil, aber einen hässlichen Rock, in dem ich mich nie wohlgefühlt habe.

Flo, soeben nach Hause gekommen, schaut uns zu. Als ich ihm den Hintergrund des karierten Rüschenkleids erkläre, schlägt er vor: »Aber das kannst dir doch einfach abschneiden und ein Hemd draus machen, oder?«

»Aus! Pscht! Schluss! Geh Platz!«, sprudelt es aus Gina hervor. Grinsend verschwindet Flo in Richtung Sofa.

»Das funktioniert ja wirklich! Bitte, wie hast du das

gerade gemacht, das ist ja unglaublich praktisch«, lache ich.

Gina entscheidet sich für Kleider, die etwa einen halben der riesigen Kleidersäcke füllen – und ich entscheide mich, noch ein paar andere Freundinnen auf diese Art und Weise zu beschenken. Das Leuchten in ihren Augen wird unbezahlbar sein.

»Aber ich muss dir doch etwas zurückgeben dafür«, sagt Gina plötzlich. »Ich muss das doch irgendwie ausgleichen, da sind so tolle Sachen dabei!«

Ich hole tief Luft, und das, was ich ihr dann sage, meine ich todernst: »Wenn du es wagst, auch nur ein einziges Teil von dir als Bezahlung über diese Schwelle zu tragen, muss ich dir leider die Freundschaft kündigen.«

7. Dezember
Endlich Erleichterung

Wenige Tage nachdem Gina mit einem Haufen meiner Ausmistberge abgezogen ist – und mir seither jeden Tag Fotos schickt, auf denen sie stolz eines meiner Teile trägt –, veranstalten Flo und ich eine Party. Was ursprünglich als Tauschparty geplant war, wird zur Schenkparty. Im Schlafzimmer stapeln sich Freundinnen und meine Kleidung, im Wohnzimmer testen die dazugehörigen Männer die optimalen Gin-Tonic-Mischungen und ihre eigene musikalische Schmerzgrenze anhand der von mir heiß geliebten Achtziger-Jahre-Plattensammlung von Flo.

Nach wenigen Stunden sind die Kleiderständer bereits weniger als halb voll. Wirklich herrlich, den Freundinnen dabei zuzusehen, wie sie sich durch meine Sachen probieren und immer wieder fragen, ob sie das denn wirklich haben können und überhaupt und echt. »Und du willst da wirklich nichts dafür?« ist wohl die Frage, die ich an diesem Abend am meisten höre. Ich nehme allen das Versprechen ab, dass sie die Sachen auch wirklich tragen – im Schrank herumliegen und verstauben können sie bei mir nämlich auch. Ein unbezahlbares Gefühl macht sich in mir breit: Erleichterung. Ich fühle mich tatsächlich körperlich erleichtert und befreit von dieser Last, die jahrelang meinen Kleiderschrank beschwert hat.

Das älteste Teil, das noch eine Abnehmerin findet, ist ein lilafarbenes Shirt, das ich als Kind geliebt habe. Ja, als Kind, ich war etwa acht oder neun, als ich es bekam. Auf der Feier sucht es sich die Tochter einer Freundin aus. Sie ist gerade elf. Und ich fühle mich unglaublich alt. Wieso genau hatte ich dieses Shirt über zwanzig Jahre lang im Schrank? In der Zwischenzeit bin ich locker fünfmal umgezogen. Und meine oftmals alles beherrschende Sentimentalität hat es mich anscheinend immer wieder einpacken lassen.

Ich wäre jedoch nicht ich, würde die übrig gebliebene Kleidung nach dem Fest nicht doch noch einige Tage auf den mobilen Kleiderständern mitten im Wohnzimmer hängen. So lange, dass der Liebste dezent beginnt, sich über meinen inexistenten Ordnungssinn zu mokieren. Und ich ihm bei seinem Mokieren nicht zuhöre.

Alles wie immer also!

8. *Dezember* Die Designerin in meinem schrägen Design

Verdammt, so kurz vor Schluss laufe ich doch glatt Gefahr einzufädeln. Anita, die Designerin des Pulloverkleids, das ich zum Geburtstag bekommen habe, veranstaltet in ihrem Laden einen Flohmarkt. Ihre tolle Mode, die normalerweise ein, zwei Monate Taschengeld kostet, zu Flohmarktpreisen – das muss ich mir anschauen. Noch dazu wird meine liebe Freundin Kirsten dort sein, die ich schon viel zu lange nicht mehr gesehen habe. Dilemma im Anmarsch, aber hallo!

Doch es ist bereits Dezember, elf Monate sind um – tief in mir drin bin ich bombensicher, dass ich standhaft bleiben werde. Noch dazu ist Samstag. Wie war das noch mal am Samstagvormittag im Hause Nunu und Flo? Richtig, ich seit Stunden wach, der Liebste wahrscheinlich bis zum frühen Nachmittag tief im Träumeland. Ich werfe mich in die gemütlichste Kleidung, die ich finden kann, ziehe meinen selbst gestrickten Pullover drüber und marschiere los.

Als ich den Laden betrete, kommt Kirsten gerade strahlend hinter einem Kleiderschrank hervor, der eine Ecke des Raums als Umkleideecke abtrennt, bis oben hin bepackt mit Kleidern und Pullis von Anita. Und was für Zeug! Ich bekomme weiche Knie. Verdammt. Die Teile sind einfach genial fesch. Ich fühle mich plötzlich schwach, sehr schwach.

Zögerlich schaue ich die Angebote durch – und da ist er: der dunkelblaue Rock, den ich schon im Sommer vor eineinhalb Jahren im Laden bewundert habe und bei dessen Preis es mir die Sprache verschlagen hat. In meiner Größe. Extrem verbilligt. Das ist ein Zeichen. Direkt daneben hängt ein schwarzes Oberteil, das groß genug aussieht, um meine Kurven oberhalb der Hüfte zu beherbergen. Ich muss die einfach anprobieren – und sei es nur, um ein paar von Anitas Stücken einfach mal anzuhaben.

Also Sachen geschnappt und ab hinter den Kleiderschrank. Raus aus meinem Rock, rein in den von Anita. Währenddessen dämmert es mir: Das letzte Mal hat diese Situation vor ziemlich genau elf Monaten stattgefunden, als ich am Flughafen in Barcelona an dem Mantel einfach nicht vorbeikonnte. Wo ist der Mantel eigentlich? Egal, er wird sowieso nicht zu dem Rock, den ich da gerade anziehe, passen. Der Rock wiederum, der passt. Und wie der passt! Strahlend trete ich vor mein »Publikum« und gehe zum Spiegel, der in der Mitte des Raums an die Wand gelehnt ist.

Wow. Passt wirklich. Genau meine Farbe. Die Struktur verdeckt die falschen Rundungen und betont die richtigen. Einfach perfekt. Und zum Flohmarktpreis – der bei Anita immer noch 70 Euro beträgt.

»Wow«, sagt Kirsten.

»Wow«, sagt Anita.

Okay, das ist gemein, wenn sogar Anita mich in ihrem Design mag. Das ist wirklich zum Schwachwerden.

Schnell zurück hinter den Kleiderschrank, das schwarze Oberteil anprobiert. Etwas knackig rund um die Oberweite, aber herrlich lange Ärmel, angenehm hüftlang und einfach nur stylish. Das Spiel wiederholt sich: hinter dem Schrank hervor, zur Mitte des Raumes, vor den Spiegel.

»Wow«, denke ich.

»Da darfst du obenrum aber kein Gramm zunehmen«, sagt Kirsten.

»Das ist eigentlich ein Kleid«, sagt Anita.

Autsch, das sitzt. Als Kleid ist das Ding definitiv nicht machbar, es endet etwa bei der Hälfte meines Hinterteils. Und ja, es sitzt oben eng – aber durch den V-Ausschnitt … Also der Liebste würde sich freuen, so viel ist sicher. Auch wenn es sein kann, dass ich schon wieder anfange, mir ein Kleidungsstück schönzureden, das mir anscheinend – zumindest sehen die anderen es so – nicht gut passt: Ich find es nun mal einfach nur schön. Es würde zu Jeans genauso gut aussehen wie zum engen Rock.

»Also ich finde, es steht dir hervorragend!«, höre ich plötzlich. Eine mir unbekannte Dame mustert mich. Eine weitere Flohmarktbesucherin stimmt ihr zu: »Mir gefällt es sogar besser als der Rock von vorhin!« Das geht runter wie Öl! Und ich selbst fühle mich wirklich wohl in dem Oberteil! Wie sich für einen Kettenraucher wohl die erste Zigarette nach mehreren Tagen Abstinenz anfühlen muss, so fühle ich mich in diesem neuen Kleidungsstück!

Der Beschluss ist schnell gefasst: Ich muss beide Teile haben. Einen Haken gibt es da allerdings bekanntermaßen noch: Eigentlich darf ich erst in knapp einem Monat wieder einkaufen. Das eingangs befürchtete Dilemma hat mit vollem Karacho zugeschlagen.

»Anita? Duuuuu? Sag mal, würdest du mir den Rock und das Oberteil, Tschuldigung, das Kleid, bis Mitte Jänner weglegen? Ich verspreche mit Indianerehrenwort, dass ich sie mir abholen komme!«

Ja, es ist ein Tiefschlag, und ich biege die Regeln gerade ein zweites Mal ordentlich. Aber immerhin ist es nicht für irgendwas, sondern für Produkte meiner liebsten Designerin, aus recycelten Materialien und hier in Wien genäht. Mein Ökogewissen ist also nicht beeinträchtigt. Nur meine Konsequenz, die jault grad gewaltig auf.

»Klar können wir das machen! Gar kein Problem! Nicht, dass ich dich noch in Versuchung bringe«, lacht Anita und bringt die zwei Kleidungsstücke, die in wenigen Wochen mein sein werden, ins Hinterzimmer. Kirsten beschließt derweil, dass jetzt getrunken werden müsse, und bestellt an der eigens für den Flohmarkt eingerichteten Bar zwei Glas frisch gepressten Saft, von denen sie mir eines in die Hand drückt, sobald ich fertig umgezogen wieder hinter dem improvisierten Umziehversteck hervorkomme.

Plötzlich sieht Anita mich mit großen Augen an: »Sag mal, ist das der Pullover, den du dir selbst gestrickt hast? Der ist ja mörderlässig!«

Moment mal. Die Designerin, die bereits einige nationale und internationale Preise abgestaubt hat, findet meinen selbst gestrickten Pullover, mein Erstlingswerk noch dazu, cool? Mein Zelt, das in alle Richtungen absteht und Ärmel hat, die um ein Drittel länger sind als meine Arme? Unfassbar.

»Den hast du wirklich selbst gemacht?«, meint plötzlich auch die Frau, die mich zuvor im schwarzen Oberteil gelobt hat.

»Der ist sensationell!«, kommt es aus einer anderen Ecke.

Kirsten, deren Subtilität hin und wieder ein klein wenig zu wünschen übrig lässt (das ist definitiv eine Gemeinsamkeit von uns beiden), zieht mir den Pullover kurzerhand über den Kopf und sich selbst an. »Der ist wie für mich gemacht, Nunu! Den kriegst nicht wieder«, lacht sie.

»Ich will ihn auch mal anprobieren«, tönt es plötzlich aus der Richtung, in der Anita steht. Anita will meinen Strickpulli anprobieren? In welchem Film bin ich da bitte gelandet? Hallo, Leute, der ganze Raum ist voller Klamotten, darunter ein paar richtig geile Designerteile, und ihr schart euch um meinen Pullover?!

Es ist gar nicht so einfach, aber irgendwann gelingt es mir, mein graues Zelt wieder zurückzuerobern. Ich schnappe mir mein Glas und gehe raus auf die Straße, erst mal durchatmen. Was ist denn bitte da gerade passiert? Anita und Kirsten gesellen sich zu mir. Ich kann Anita förmlich beim Denken zusehen – dadrinnen in ihrem Kopf formt sich eine Idee. »Wie schaut's aus, machen wir einen Deal? Du strickst mir genau so einen Pullover, und dafür bekommst du die beiden Teile von mir geschenkt?«

War schon Weihnachten und ich hab einfach ein paar Tage verschlafen? Der Film, in dem ich mich da befinde, wird immer schräger.

»Aber ich mag dann auch so einen haben!«, ist Kirsten sofort zur Stelle. Sie, deren Stil ich so bewundere und von der ich mir schon manchen Stylingtrick abgeschaut habe, will einen selbst gestrickten Pullover von mir haben. Wahnsinn.

Also gut. Zwei neue Pullover. Challenge accepted.

Auf dem Heimweg schwebe ich vor lauter Stolz Richtung Straßenbahnstation. Zu Hause angekommen, ist der Liebste im Aufwachen begriffen. »Liebster Mann, du wirst mir nicht glauben, was mir vorhin passiert ist!«, sage ich und erzähle von Kirsten, schöne Grüße übrigens, von Anita, von den Kleidungsstücken und von dem Theater rund um meinen Pullover.

Der Liebste tut wieder einmal das, was er so gut kann – einen furztrockenen Kommentar abgeben. »Stimmt, glaub ich dir nicht.«

12. *Dezember* Stopp mit den Entschuldigungen!

Es ist spannend, wie viele Leute mir derzeit erzählen, was sie sich tolles Neues gekauft haben – und sich direkt im Anschluss dafür entschuldigen. Die einen sagen: »Sorry, ich reib dir das unter die Nase und du darfst ja nicht.« Das finde ich zwar sehr nett, ist aber egal – meistens. Was wäre ich denn für eine Freundin, würde ich meinen Freundinnen ihre neuen Dinge nicht gönnen?

Die anderen sagen: »Tschuldigung, ist vom Textilschweden« oder von einer anderen konventionell herstellenden Kette. Und entweder sie flüchten sich in Ausreden, warum das eigentlich eh nicht so schlecht sei (»War im Ausverkauf, und bevor es weggeschmissen wird …«), oder sie würden halt auf andere Sachen achten (»Schau, ich fahr dafür Fahrrad«), oder sie sagen, sie wüssten natürlich, dass das schlecht sei, was sie da gekauft haben, aber …. Auch das ist wahnsinnig nett mir gegenüber, aber nicht nötig. Ich will nicht missionieren, sondern nur dokumentieren, wie sich meine Perspektiven verschieben! Sonst nix.

Also: Es liegt bei jedem selbst, ein kritischer Konsument zu werden. Vor mir, nur weil ich an Sprechdurchfall leide und permanent reden muss über das, was mich bewegt, gibt's nix zu beweisen.

15. Dezember
Frohe Kaufnachten!

Es ist der vorletzte Samstag vor Weihnachten. Ich bin vor wenigen Minuten aufgewacht, der Holde schläft noch. Im Wohnzimmer fläze ich mich mit meinem Lieblingstee aufs Sofa, beginne mein Pulloverprojekt für Anita und Kirsten und genieße, dass es so gemütlich hier drinnen ist, während es draußen nasskalte Flocken vom grauen Himmel schneit. Und das Schönste daran: In den nächsten sechs bis acht Stunden wird sich an dieser Situation nichts ändern. Es ist einfach ein Drinnen-Tag. Allein schon beim Gedanken, was heute in den verschiedenen Einkaufsstraßen und -zentren los sein wird, gruselt's mich.

Ich selbst habe das Wichtigste schon besorgt. Das kleine Buchgeschäft ganz in meiner Nähe, das ich vorher nie wahrgenommen hatte, hat als Vollversorger für meine ganze Familie fungiert. Und ich habe dabei sogar gleich mal was Gutes getan beim Geschenkekauf. Denn ich will, dass es in meiner Umgebung wieder mehr kleinere Geschäfte gibt, und nicht nur Supermärkte und Filialen von großen Ketten. Nur: Wenn ich immer im Internet bestelle, trage ich dazu nicht wirklich etwas bei. Wenn ich jedoch bei den Läden kaufe, die es bei mir gibt, dann unterstütze ich die regionale Wirtschaft und helfe ihnen umsatztechnisch weiter.

Ich bin einfach nur glücklich – ein Samstag mit Strickzeug und vor allem ohne Weihnachtsstress.

17. Dezember
Die Schenkerei

Zwei Tage später schaut die Welt anders aus. Der Haken ist klar: Ich kann nicht die ganze Woche mit Tee und Strickzeug auf dem Sofa verbringen. Ich muss da raus in diese graue Welt. Und mein Weg zur Arbeit führt mich immer wieder durch die – nennen wir es mal konventionellste – Einkaufsgegend von Wien. Nicht nur an Samstagen, sondern sogar heute, an einem Montag, stehen bereits Menschentrauben vor den diversen Geschäften. Das Absurde: Die Shops haben noch gar nicht geöffnet! Es ist halb neun Uhr früh, und den Leuten steht bereits der Stress ins Gesicht geschrieben. Logisch, sie haben vielleicht eine Viertelstunde, bevor sie weiter ins Büro müssen!

Ich verstehe es ja, Weihnachten, Geschenke und so. Aber warum wird so viel Schrott gekauft? Damit – und das ist statistisch erwiesen – von Jänner bis April die Schuldnerberatung wieder Hochkonjunktur hat?

Ich frage mich immer wieder: Wozu das Ganze? Mit Grauen erinnere ich mich an meine Nichte, die letztes Jahr zu Weihnachten nach dem Auspacken von 24 Geschenken in einem Berg von Papier und Geschenken saß und sagte: »Mir ist langweilig!«

Natürlich ist es super, Geschenke zu bekommen! Ich freue mich auch schon darauf, welche Augen der Liebste machen wird, wenn er mein Geschenk bekommt. Und ich bin jedes Jahr brutal neugierig auf das von ihm. Dieses Jahr sogar ganz besonders – ich habe nämlich keine so subtilen Hinweise gegeben wie letztes Jahr, als da doch diese Stehlampe gerade im Angebot war …

Aber ganz ehrlich? Ich freue mich noch viel mehr darauf, meine Nichten und Neffen quer durch die Wohnung zu jagen, indem ich ihnen sage, ich hätte da das Christkind gerade im Schlafzimmer/Wohnzimmer/Küche/Bad gesehen und wenn sie sich wirklich beeilen, dann … Oder darauf, meinem im Rollstuhl sitzenden Vater seine heiß geliebten Windringerl (ein Schaumgebäck, mit dem in Österreich traditionell die Christbäume dekoriert werden) genau auf die Höhe zu hängen, dass er sich riiiiiiichtig strecken muss. (Zu meiner Verteidigung: Das ist gut für ihn, er soll sich öfter strecken.) Oder darauf, Weihnachtslieder absichtlich falsch zu singen, um nicht in das kollektive Wir-sind-so-rührselig-Geplärre meiner Familie einzusteigen. Am meisten freue ich mich auf »O Tannenbaum« in Opas schmutziger Version (die erst gesungen werden darf, wenn die Nichten und Neffen im Bett sind):

»O Tannenbaum, o Tannenbaum,
mir geht am Arsch die Haut net zamm
ich schieb sie hin, ich schieb sie her
die Haut am Arsch, sie wird nicht mehr.«

Ich erwische mich immer wieder dabei, diesen Text innerlich vor mich hin zu summen, wenn ich auf den Straßen akustisch mit dem grässlichen Weihnachtsschrummschrumm belästigt werde.

Meine Konsumauszeit hat meine Ramschabneigung also noch verstärkt: Ich finde es fürchterlich, wie viele Sinnlosigkeiten verschenkt werden. Auch die müssen ja produziert werden und verbrauchen Ressourcen. Auweh, ich fürchte, ich bin auf direktem Weg zu einer wirklich uncoolen Tante, die nur noch Bücher und pädagogisch Sinnvolles verschenkt! Die armen Kids, wenn ich nicht aufpasse, werde ich noch so schrullig, dass ich ihnen selbst gestrickte Pullover schenke …

23. *Dezember* O du Fröhliche!

»Wie war das jetzt noch mal? 24. deine Eltern, 25. meine Mama oder umgekehrt?«

Der Liebste, der mich gerne als seinen »lebenden Kalender« bezeichnet. Wenn es um Termine geht, schaltet er meistens auf Durchzug. Die Nunu kümmert sich eh drum. Aber was soll's, ich denke, dieses Schicksal teile ich mit vielen Frauen, die sich mit dem Nudelsiebhirn ihres Liebsten herumschlagen müssen. Immerhin, der Liebste bringt mir viel bei, unter anderem: Geduld. Und so antworte ich auch diesmal wieder geduldig: »Ja, 24. bei meinen Eltern, 25. bei deiner Mama.«

Mit meinen Nichten und Neffen macht Weihnachten bei meinen Eltern wieder Spaß. Den lasse ich mir nicht entgehen.

24. *Dezember* Geschenkte Zeit

Und so läuft es dann auch. Die Kinder laufen sich in der großelterlichen Wohnung müde, die Erwachsenen erledigen selbiges durch das alljährliche Festmahl. Flo und ich beschenken uns erst am nächsten Abend bei seiner Mutter – dort geht es bedeutend ruhiger zu. Er bleibt streng – er schenkt mir keine Kleidung. Passt. Wünsch mir auch keine. Stattdessen schenkt er mir das Beste, was man sich überhaupt vorstellen kann: Zeit. Gemeinsame Zeit nämlich – in Form von Konzertkarten für zwei verschiedene Konzerte.

Silvester verbringen wir bei Bekannten in München. Wir genießen die wenigen Tage Auszeit. Das ist halt wirklich das Wertvollste: Zeit mit dem Liebsten verbringen. Ganze elfundzwanzig Jahre alt musste ich werden, um das erstens mal ernst zu nehmen und nicht für pathetischen Unsinn zu halten und zweitens auch selbst zu denken: Das Wertvollste ist die Zeit, die man mit den Personen verbringt, die man liebt. So einfach ist das. Shoppen, Kleidung – alles nebensächlich.

15. Januar
Stolz und traurig zugleich

Es ist der 15. Januar, spätabends. Der Tag war lang, ein typischer Bürotag, an dem man permanent von einer Aufgabe zur nächsten gerissen wird. Normalerweise kann ich wunderbar abschalten, wenn ich mich neben Flo aufs Sofa haue, er sich irgendwelche Dokumentationen über den Bau eines Wolkenkratzers, eine seltene Gnu-Population am anderen Ende der Welt oder sonstige Müdemacher reinzieht und ich an den Pullovern für Anita und Kirsten stricke. Aber: Flo ist nicht da.

Stattdessen ruft meine Mutter an. »Naa? Gehst morgen shoppen?«

»Ich hab's nicht vor. Wobei, die Stiefel von Markus hol ich mir demnächst ab.«

»Lass ihn lieb grüßen!«

»Mama, ich flieg nicht nach New York, ich hol sie von seinem Bruder ab.«

»Na, dann lass halt den lieb grüßen!«

»Aber den kennst du doch gar nicht!«

»Na und?«

Hach, ich mag sie, die Frau Mama.

Wir tratschen noch ein paar Minuten weiter – Papa geht es gut, das Auto von Bruder Nr. 2 ist kaputt, Neffe Nr. 2 hat Bindehautentzündung, seine Schwester, Nichte Nr. 1, will Geige spielen lernen, und Mamas Schwester hat wieder einmal zu tief ins Glas geschaut. Das Gespräch erfüllt seinen Zweck, endlich ist das Büro gedanklich etwas weiter weg.

»Morgen darf Flo ja auch endlich wieder Gummibärchen essen«, lacht Mama, als wir kurz über mein Projektende reden.

Mir wird siedend heiß, ich schaue auf die Uhr. Kurz nach sieben Uhr abends. Bis halb acht hat der Supermarkt ums Eck offen. »Mama, ich muss dringend noch mal weg! Ich hab vergessen, Flo Gummibärchen zu kaufen! Himmel, ich hab's mir ein ganzes Jahr lang vorgenommen! Und dann vergesse ich es genau heute!«

Mama lacht. »Na, dann renn!«

Fünf Minuten, bevor der Supermarkt schließt, stehe ich vor seiner Tür. Rein, zwei Packungen Gummibärchen kaufen, raus. Gerade noch geschafft.

Und vor allem: gerade noch versteckt. Denn als ich den Supermarkt verlasse, kommt der Liebste gerade von der U-Bahn-Station. Wir gehen gemeinsam nach Hause.

Während ich mich neben ihm auf dem Sofa fläze, er wie erwartet bei einer unfassbar unspannenden Dokumentation über die Leistungsfähigkeit von handelsüblichen Staubsaugern hängen bleibt und ich am ersten Ärmel für Anitas Pullover zu stricken beginne, lasse ich das letzte Jahr vor meinem inneren Auge Revue passieren.

Was mit dem simplen Versuch begann, mich und meine mangelnde Konsequenz ein wenig herauszufordern, endet heute Nacht – und ich bin wehmütig. Noch nie hat mich eine Aufgabe, die ich mir selbst gestellt habe, so glücklich gemacht. Eines ist sicher, ich bleib dran. Ich will mich weiterhin mit nachhaltiger Mode beschäftigen – und habe unfassbarerweise sogar beruflich Gelegenheit dazu bekommen.

Auch die Rückmeldungen meiner Freunde waren eine Bestätigung dessen, was sich mir nach und nach eröffnet hat: Ich habe einen Nerv der Zeit getroffen. Ich bin nicht die Einzige, die das Shoppen zweckentfremdet hat – vom Benötigen neuer Kleidung, weil alte kaputt ist, hin zum Trösten, Ablenken, Zeitvertreiben, Belohnen. Letzteres ist ja genau das, was die Wirtschaft in ihrem ewigen Streben nach mehr sich von uns Konsumenten und Konsumentinnen wünscht – wir betäuben uns auf Kosten der Globalisierungsverlierer. Das ist wohl die größte Erkenntnis dieses Jahres: Wenn ich jedem Trend nachlaufe, der nach drei Wochen schon wieder vorbei ist, tue ich mir selbst und anderen verdammt viel Schaden an. Anderen, weil durch diese Fast-Fashion-Produktion Umwelt und Menschen massiv leiden, und mir selbst, weil ich mich doch sowieso durch diese Masse an Kleidung überfrachte und überfordere.

Doch auch die Feststellung, dass ich mit meinen eigenen Händen, die sonst nur Texte in die Tastatur klopfen und gelegentlich Gemüse in essfertige Happen schneiden, etwas produzieren kann, das ich sogar außerhalb meiner vier Wände herzeigen will, ist schön. Ursprünglich war da nur die Idee, etwas selbst zu produzieren, damit ich merke, wie lange so etwas dauert und wie viel ich dabei fluche. Stattdessen ist bereits mein erster Pullover so gut angekommen, dass ich ihn zweimal reproduzieren darf (wobei das definitiv ein Glücksfall war, ich glaube nicht, dass mir immer so gute Teile passieren werden). Und seit meinem Durchbruch in Sachen Nähen bin ich unglaublich stolz auf dieses Gefühl, Dinge herstellen zu können, die meinen Vorstellungen entsprechen. Okay, das ist jetzt hoch gegriffen, beim Nähen wird es fast nie so, wie ich es mir vorher vorstelle – aber es wird immer so, dass es mir gefällt.

Aber das Allertollste: Ich habe es geschafft! Nix gekauft. Ein Jahr lang. Und ich weiß: So wie früher kaufe ich nicht mehr. Keine Frustkäufe beim Textilschweden mehr, keine zwei Shirts kaufen, weil ich davon ausgehen kann, dass eines sowieso bald kaputtgeht, keine Käufe mehr, die ungetragen in meinem Kleiderschrank verstauben werden.

»Und? Was wirst du dir als Erstes kaufen?«, fragt Flo. Er hat inzwischen die beiden Tüten Gummibärchen entdeckt, die ich ihm auf sein Nachtkästchen gelegt habe, und fährt mit der Hand zärtlich über die Verpackungen.

»Die Stiefel von Markus.«

»Hä? Welcher Markus?«

»Na, mein Markus, der in New York!«

»Der ist doch gar nicht da!«

Oh, da war noch was. Ich habe dem Liebsten gar nicht von dem Plan erzählt, den Markus und ich ausgeheckt hatten. Wobei, ausgeheckt ist schon ein ziemlich hartes Wort.

»Du hast geschummelt!« Der Liebste ist entsetzt.

»Nein, hab ich nicht. Die Stiefel sind ja bis jetzt weder bezahlt, noch besitze ich sie.«

»Na ja, aber du hast die Regeln schon ordentlich gebogen mit der Aktion, meine Liebe.« Was muss der immer so brutal konsequent sein!

»Ja, aber gebrochen habe ich sie nicht!«

»Na gut, es sei dir gegönnt. Sind ja auch schöne Stiefel. Aber danach? Was kaufst danach? So richtig in einem Geschäft?«

Ich denke kurz nach. Und komme auf nix. Die Sachen von Anita tausche ich ja. Es ist wirklich wahr geworden. Sosehr ich während der letzten zwölf Monate Anfälle von »Haben wollen, jetzt sofort« hatte, mir fällt nicht ein einziges Teil ein, das ich mir jetzt kaufen will – abgesehen von den Stiefeln. Am Anfang meines Selbstversuchs war ich noch komplett überzeugt, dass ich mir am ersten Tag nach Ende des Jahres mindestens drei neue Kleider, vier neue Shirts, fünf neue Leggings und so weiter kaufen würde. Ich bin wirklich überrascht von mir. Kein Interesse, keine Lust.

Eines ist jedoch sicher: Ich möchte in Zukunft keine Kleidung mehr neu kaufen, für die eine Näherin am anderen Ende der Welt nicht einmal ein paar Cent bekommt. Ich möchte in Zukunft wissen, dass die Person, die sie genäht hat, unter sicheren Bedingungen arbeiten konnte, und dass der Bauer, der die Baumwolle dafür angebaut hat, sich für das Saatgut und das Land nicht komplett verschuldet hat.

Es gibt kaum etwas auf der Welt, das so sehr unter seinem Wert verkauft wird, wie Kleidung. Zur Produktion werden immer Menschen gebraucht werden, die ernten, Stoff spinnen und nähen – und Arbeitskraft darf nicht unterbezahlt werden. Trotzdem wird Kleidung immer noch billiger. Wir halten die Kleidungsstücke in der Hand und sehen nur den Preis, nicht die Entstehung. Und wir denken nicht daran, dass sich ein so geringer Preis nicht ausgehen kann. Das ist auch mir lange genug passiert, doch jetzt ist genug. Ich will nicht mehr.

Wahnsinn, fühlt sich das toll an: Ich darf morgen wieder, aber ich will nicht! Ich will nur die Stiefel. Die tollsten Stiefel der Welt werden das sein.

16. *Januar* Glücklich!

Eigentlich ist das ein stinknormaler Tag. Aufstehen, duschen, anziehen, worauf ich gerade Lust habe, und ab ins Büro. Aber er ist auch irgendwie anders. Ziemlich anders. Permanent bimmelt mein Handy und es gehen Glückwunsch-SMS von Freunden ein, die mir gratulieren, als hätte ich die Besteigung der Eiger-Nordwand ohne Kletterseil geschafft. Nur bin ich gar nicht mehr so stolz auf mich wie gestern noch. Jetzt ist es halt einfach vorbei und geschafft, und wo bitte wartet die nächste Herausforderung?

Auf meinem Schreibtisch im Büro liegt eine kleine Schachtel. Ich öffne sie und muss lachen: Drinnen liegen lauter Euro- und Cent-Stücke. Insgesamt fünfzig Euro. Der Kollege ist ein ehrlicher Verlierer.

Ansonsten verläuft dieser so lange ersehnte Tag recht unspektakulär ab. Nur am Abend, als ich durch mein Tagebuch des vergangenen Jahres blättere und am Anfang auf meine selbst auferlegten Regeln stoße, bin ich plötzlich doch noch mal stolz: Ich habe meinen Joker nicht gebraucht und keine neuen Wanderschuhe gekauft. Die alten Latschen haben den Job auch erfüllt.

Nachwort:

Wie ging es weiter?

Seit 16. Jänner durfte ich also wieder. Zunächst einmal holte ich mir die braunen Stiefel von Markus' Bruder ab. Ich nahm die Schachtel entgegen und zwang mich, sie erst zu Hause zu öffnen. Was folgte, war ein Moment, an dem mich meine Endorphine ordentlich durchschüttelten. Ich hatte in dem Jahr zwar neue Sachen bekommen, vom Sockenpulli über die selbst gestrickten Teile bis hin zur Tauschware, aber diese braunen Stiefel hier, die waren meine echte Belohnung für ein Jahr Enthaltsamkeit.

Die ersten Monate danach waren besonders spannend. Ich durfte zwar, aber ich wollte lange nicht! Es reizte mich nichts. Ich habe inzwischen nicht mehr Kleidung als der Durchschnitt (gemessen an der Größe der Kleiderschränke meiner Freundinnen), aber es ist mir immer noch zu viel. Besitz belastet – dem kann ich inzwischen zustimmen. (Obwohl der Besitz von neuen Schuhen natürlich trotzdem immer wieder aufs Neue Spaß macht.)

Die Dinge, die ich neu angeschafft habe, haben gleich mal den dreifachen Wert für mich. Die getauschten Sockenteile von Anita, die Stiefel und auch die zwei neuen Kleider und das neue Shirt, die ich bei dem Besuch von Cora in Amsterdam erstanden habe – all das sind Stücke, die ich hege und pflege und auf die ich ganz besonders stolz bin.

Irgendwann hatte ich dann doch so etwas wie einen Rückfall in meine Onlineshopping-Leidenschaft. Ich bestellte bei Öko-Versandhäusern und stellte schnell fest: Das war jetzt zu viel. Den Großteil habe ich wieder zurückgeschickt. Nur die schwarzen Leggings, die durften bleiben …

Was nicht mehr vorkommt, und zwar wirklich konsequent nicht mehr: Ich kaufe keine konventionell produzierte Kleidung mehr. Bei Schuhen schaut das anders aus, da ich weiterhin ein Problem mit der Ökoschlappenoptik der fair produzierenden Schuhmarken habe. Aber Filialen des Textilschweden oder ähnlicher Ketten, in denen ich früher selbstverständlich ein und aus gegangen bin, stoßen mich inzwischen ab. Auf den Einkaufsstraßen schlägt uns permanent laute Musik oder stark parfümierter Geruch aus den Geschäften entgegen, und wir bemerken es inzwischen gar nicht mehr. Auch gegen helles Blinken und Leuchten einerseits und komplett abgedunkelte Läden andererseits scheinen die Konsumentinnen inzwischen immun geworden zu sein. Wenn man von dieser Reizüberflutung ein Jahr Auszeit macht, dann ist man schnell überfordert davon.

Ich will einfach nicht mehr in Läden einkaufen, in denen alle meine Sinne davon abgelenkt werden, dass das Kleidungsstück, das mir gefällt, aus miesem Material besteht und schlecht verarbeitet ist. Außerdem muss ich inzwischen mehr über meine Kleidung wissen als nur die Optik und den Preis. Ich weiß, dass ich damit nicht den Wünschen der Gewerkschaften in Bangladesch entspreche, aber ich kann gar nicht mehr anders, es widerstrebt mir viel zu sehr.

Zugegeben, in ein, zwei Läden gehe ich aus Angst vor einem Rückfall nicht hinein. Es ist ja nicht so, dass die konventionell produzierten Modekollektionen nicht hübsch sein können, und auch der Preis ist natürlich verführerisch, da gibt es gar keine Diskussion. Aber es ist einfach eine Grundsatzentscheidung: Ich will diese Form der Produktion nicht mehr unterstützen. Ich habe nichts gegen »Made in Bangladesch«, denn auch ökologisch einwandfreie Firmen lassen in Bangladesch nähen – und zwar in Fabriken, wo die Angestellten angemessene Löhne erhalten und nicht in Gefahr sind, dass demnächst das ganze Haus über ihnen zusammenstürzt. Besonders die Katastrophe des Rana Plaza, des Fabrikgebäudes, das im Frühjahr 2013 in sich einstürzte und 1127 Menschen in den Tod riss und 2438 Verletzte hinterließ, berührte mich zutiefst. Das Gewinndenken der Konzerne, die so günstig wie möglich produzieren, um den maximalen Profit herauszuholen, ist menschenverachtend.

Was außerdem passiert ist: Ich versuche, mich nicht mehr durch Shopping von unangenehmen Gefühlen abzulenken – was weitaus schwieriger ist, als einfach nur nicht zum Textilschweden zu gehen. Es passiert mir natürlich immer noch, dass ich an Wochenenden durch Onlineshops surfe. Manchmal mache ich auch nach der Arbeit absichtlich kleine Umwege, um in ein paar Auslagen schauen zu können, wo es biofaire Kleidung nach meinem Geschmack gibt.

Aber ich kaufe nicht. Nicht als Ablenkung von Problemen. Ich kaufe, wenn ich etwas brauche. Während früher der Kauf einer schwarzen Hose knappe zwanzig Minuten vom ersten Gedanken bis zum Entgegennehmen der Quittung verbraucht hat, sind es heute Wochen: Was für eine schwarze Hose will ich? Welches Material? Welcher Stil? Wo finde ich die? Brauche ich die wirklich?

Und ganz ehrlich: »Ich brauch nix« sage ich inzwischen öfter als »Ich kauf nix«.

Natürlich habe ich immer noch meine Haben-wollen-Anfälle, wer hat die nicht? Es ist auch vollkommen in Ordnung, sich hin und wieder etwas zu gönnen, selbst wenn es finanziell unvernünftig ist und nicht unbedingt »gebraucht«, sondern einfach nur intensiv »gewollt« wird. Ich habe aber gelernt, dass hinter diesen Anfällen oft etwas ganz anderes steckt. Manchmal ist es Unzufriedenheit über den eigenen Anblick im Spiegel, manchmal nicht zugelassene Gefühle, weil es mit dem Liebsten gerade nicht wirklich gut läuft, manchmal einfach der Wunsch nach Komplimenten von anderen. Aber die einzigen Haben-wollen-Anfälle, denen ich in den Monaten nach Ende des Projekts nachgegeben habe, waren jene, bei denen ich mich selbst belohnen wollte. Manchmal wirkt bei nur latent konsequenten Menschen wie mir die Aussicht auf eine Belohnung eben Wunder.

Mein Konsumverhalten ist also wirklich bewusster geworden. Und, das soll jetzt nicht esoterisch klingen, ich habe das Gefühl: Ich habe meinen Verstand wiederentdeckt, der von all den Konsumverführungen, von denen ich täglich umschwirrt bin, weich und warm zugedeckt war.

Flo hat sich von meinem veränderten Einkaufsverhalten übrigens anstecken lassen. Braucht er neue Shirts, kauft er sie in Bioqualität in einer kleinen Boutique. Doch er hat sowieso die (unabsichtlich) ökologischere Einstellung zu Kleidung: Er trägt sie, bis sie ihm vom Leibe fällt.

Aber das Projekt hat viel mehr verändert in meinem Leben als »nur« das Einkaufsverhalten. Ich habe tolle Menschen kennengelernt, mit denen ich sofort auf einer Wellenlänge war. Besonders die Näherei und Strickerei hat sich in meinem Freundes- und Bekanntenkreis nachhaltig ausgewirkt. Viele Freundinnen »gestanden« mir, dass sie insgeheim auch gerne stricken. Die wunderbare Susanne, die ich über den Blog, den ich führe, kennengelernt habe, gründete kurzerhand den ersten Wiener Strickverein. Wir treffen uns durchschnittlich einmal im Monat und geben für Außenstehende ein amüsantes Bild ab: Frauen zwischen Anfang zwanzig und Anfang sechzig sitzen an einem großen Tisch in einem hippen Lokal, vor sich die tollsten Cocktails mit und ohne Schirmchen, und stricken.

Susanne hat außerdem den sogenannten Strickfilm erfunden: Im Kino gehen die Lichter nicht komplett aus, sondern es bleibt hell genug, um nebenbei noch stricken zu können. Das leise, kollektive Geklappere der Stricknadeln macht den Filmabend gleich noch viel gemütlicher – und außerdem hat man keine Hand frei zum Popcorn-in-sich-Hineinstopfen, auch ein Vorteil!

Langer Rede kurzer Sinn: Die Shoppingdiät war eine Herausforderung – und seit sie vorbei ist, ist mein Leben als kritische Konsumentin mindestens ebenso herausfordernd, wenn nicht sogar anstrengender. Aber: Ich bin glücklich.

Die Kauf(nix)-Regeln

Eine mir unbekannte Sally gibt auf der Website der Great American Apparel Diet ihre Shoppingregeln zum Besten. Ich finde sie wirklich gut, darum mache ich sie mir jetzt auch zu meinen Regeln.

1. Kauf nix, nur weil's im Ausverkauf ist. Kaufe es vor allem nicht, wenn du es nicht auch zum vollen Preis gekauft hättest.
2. Kauf nix, was du nicht vorher anprobierst. (Ja, das hätt ich mir bei einem meiner letzten Käufe vor der Auszeit auch einreden sollen. Damals im Vorbeigehen eine Hose um 15 Euro im Sale – siehe Regel 1, also alles falsch gemacht – ohne Anprobieren mitgenommen. Seither genau einmal angehabt.)
3. Kauf nix, was dir nicht in genau dem Moment passt, wenn du es kaufst. Nix mit »eine Hose zum Hineinschrumpfen«.
4. Der Regel stimme ich nicht hundertprozentig zu: keine Impulskäufe. Ja, im Grunde schon. Aber mir haben Impulskäufe schon ein paar richtig, richtig lässige Teile beschert. Nur sollte man die Impulse halt quantitativ im Griff haben.
5. Kauf nix, wenn du nicht mindestens zwei Teile zu Hause hast, die dazu passen. Find ich gut.
6. Kauf nix, in dem du dich nicht sofort wohlfühlst.
7. Kauf nix, was grad in ist, nur weil's grad in ist. Kauf es, weil's – und das lasse ich jetzt unübersetzt – »magical« ist.
8. Wenn's geht: Kauf regional.

Das wäre ja im Grunde alles nicht so schwer. Und wenn ich mir das so durchlese, denke ich mir: Ja, eh klar, Hausverstand, hallo! Aber ich weiß auch: Vor über einem Jahr wäre ich sehr schnell an den Regeln 1, 2, 3, 4, 6, 7 und 8 gescheitert. Regel 5 war echt easy, bei meinen Bergen an Kleidung war immer was dabei. Arg.

Keine Ahnung, ob meine Leserinnen und Leser was damit anfangen können – ich selbst stelle mir beim Shoppen jetzt immer drei Fragen: »Brauch ich das wirklich?«, »Gefällt mir das wirklich?«, »Passt mir das wirklich?«.

Hat weniger Verbote und »nix« drin …

Fakten

Im Zuge des Jahres habe ich viel recherchiert und bin auf viele Dinge gestoßen, die in der Textilproduktion weder fair noch ökologisch ablaufen. Es ist schockierend, wie viele Themen um die Textilproduktion kreisen, von denen jedes für sich schon schlimm genug ist. Ich habe versucht, anhand eines Lebenszyklus eines Baumwollshirts die einzelnen Schritte nachzuzeichnen – vom Saatgut bis hin zum Weg, den das Shirt nimmt, nachdem wir es weggeworfen haben. Als Quelle dienten mir die bei den Lesetipps angegebenen Bücher, diverse Zeitungsartikel, der Ethical Fashion Guide, das Faktenblatt der WearFair (www.wearfair.at) sowie Recherchen von Greenpeace, GLOBAL 2000 und der Clean-Clothes-Kampagne.

Baumwollsaatgut – Wasserverbrauch

Der Baumwollanbau an sich ist schwierig: Baumwolle braucht es trocken und heiß und wird oft in Äquatornähe angebaut, aber zu spezifischen Zeiten während ihres Wachstums brauchen die Pflanzen extrem viel Wasser. Um 1,5 Kilogramm Baumwolle zu produzieren, sind 15000 Liter Wasser nötig – vom Gießen der Pflanze bis zu den Produktionsvorgängen. So hat ein konventionell produziertes Shirt noch vor dem ersten Waschen zu Hause in der Waschmaschine 2700 Liter Wasser »auf dem Buckel« – durchschnittlich 18 Badewannen voll. Die ökologischen Auswirkungen sind dramatisch – und am besten sichtbar am Aralsee in Zentralasien. Der ehemals viertgrößte Binnensee der Erde hat inzwischen neunzig Prozent seiner Fläche eingebüßt. Grund sind unterbundene und umgeleitete Zuflüsse für die Baumwollfelder der umgebenden Ländereien.

Baumwollsaatgut – Pestizideinsatz

Ein Viertel aller weltweit hergestellten Pestizide landen auf Baumwollpflanzen. Abgesehen von der drohenden ökologischen Katastrophe aufgrund der Auslaugung der Böden (es findet in Baumwollanbauregionen so gut wie niemals Fruchtfolge statt) ist dies auch eine sozioökonomische Katastrophe: Die meist armen und teilweise des Lesens nicht mächtigen Bauern sind im Umgang mit den Pestiziden unerfahren und unvorsichtig. Laut WHO sterben jedes Jahr 20000 Feldarbeiter durch Unfälle, ausgelöst vor allem durch Insektizide (beispielsweise Vergiftungen durch Endosulfan). Weitere 25 Millionen Menschen in Entwicklungsländern erleiden jährlich akute Vergiftungen durch den Kontakt mit Pestiziden. Unter den Folgewirkungen befinden sich Krebs, Missbildungen bei Neugeborenen, Atembeschwerden und Unfruchtbarkeit. Und beispielsweise in Togo und Nordkamerun werden so viele freie Feldflächen für den Baumwollanbau genutzt, dass die dortigen Bauern keine Möglichkeit mehr haben, Obst und Gemüse für den eigenen oder nationalen Bedarf in ausreichender Menge zu produzieren.

Gentechnik

Riesige Biotechnologiekonzerne entwickeln und verkaufen laufend neues gentechnisch verändertes Saatgut. Vor allem Indien ist ein riesiger Markt für dieses veränderte Baumwollsaatgut. Dort wird den Bauern erklärt, dass sie durch die neue gentechnisch veränderte Baumwolle effektiver und öfter pro Saison ernten können. Was nicht gesagt wird, ist: Die Genbaumwolle ist einjährig, muss also jedes Jahr neu erworben werden. Schädlinge entwickeln laufend Resistenzen und befallen auch wieder das gentechnisch veränderte Saatgut. Die Konzerne verkaufen also gleich die ebenfalls von ihnen produzierten Pestizide mit – sehr teuer. Die Bauern verschulden sich reihenweise für Land, Saatgut und Pestizide und sehen oft keinen anderen Ausweg als Selbstmord. Schon ein einziger Teelöffel des in der Baumwollproduktion signifikant häufig verwendeten »Aldicarb«-Pestizids auf der Haut reicht aus, um einen erwachsenen Menschen zu töten. Besonders »beliebte« Selbstmordvariante bei Indiens Bauern ist das Trinken dieser Pestizide.

Kinderarbeit

Kinderarbeit ist entgegen landläufiger Annahmen immer noch ein großes Problem in der gesamten Produktionskette. Beim Anbau der Baumwolle ist das signifikanteste Beispiel Usbekistan, wo Kinder immer noch klassenweise schulfrei bekommen, um auf den Baumwollfeldern des Landes bei der Ernte Zwangsarbeit zu leisten. International bereits verurteilt, sprechen sich viele große Modehäuser inzwischen gegen Baumwolle aus Usbekistan aus. Da es aber bei der Lieferkette immer wieder zu großen Intransparenzen kommt, zeigen diese Boykotte für Usbekistan kaum Wirkung.

Auch bei der Fertigung der Kleidungsstücke kommt es immer wieder zu Kinderarbeit. Kommt es in den Textilfabriken von Bangladesch, Pakistan oder Kambodscha zu unangekündigten Audits (Überprüfungen), werden Medienberichten zufolge immer wieder minderjährige MitarbeiterInnen gefunden. Das Problem ist vielschichtig, da einerseits bei den Arbeiterfamilien oft der wirtschaftliche Zwang besteht, Kinder so früh wie möglich in die Lohnarbeit zu stecken, anderseits auch das Selbstverständnis der Kinder von klein auf auf Lohnarbeit getrimmt wird. Gesetzliche Regelungen eines Mindestalters können durch das Fehlen von Papieren umgangen werden.

US-Subventionen für Baumwolle und der Weltmarktpreis

In den USA ist der Baumwollanbau zu hoch subventioniert, ein Baumwollbauer bekommt pro Kilogramm Baumwolle um etwa ein Drittel mehr als den Weltmarktpreis. Nur durch diese hohen Subventionen kann der Weltmarktpreis so niedrig bleiben. Das wiederum schadet den Wettbewerbern aus Westafrika, einer der ärmsten Regionen der Welt. Diese Länder werden auch als Cotton 4 bezeichnet: Tschad, Mali, Benin und Burkina Faso. Den westafrikanischen Bauern entgehen so lebenswichtige Einnahmen. Die Subventionen für US-Bauern belaufen sich jährlich nach Schätzungen auf über eine Milliarde US-Dollar. Auch die EU fördert Baumwollanbau. Vor einigen Jahren war Griechenland noch unter den Top 10 der weltweiten Baumwollanbauländer. Doch auch dort wurde das Problem der US-Konkurrenz mit ihren riesigen Feldern und großen staatlichen Stützen evident. Auch die Öffnung des europäischen Marktes für Importe aus China wirkte sich negativ aus.

Biobaumwolle

Der Bio-Anteil am Weltbaumwollmarkt beträgt 1,1 Prozent, 2010 wurden insgesamt 241 697 Tonnen Biobaumwolle produziert.

Seit 2001 stiegen die Umsätze bei Biobaumwolle trotz Weltwirtschaftskrise um jährlich 40 %. Allerdings dürften diese nun stagnieren, da Global Player wie H&M nicht mehr so intensiv wie zuvor auf den Ausbau ihres Biobaumwollangebots setzen. H&M gehörte in den vergangenen Jahren zu den größten Einkäufern von Biobaumwolle.

Biobaumwolle wird in Mischkultur angebaut, im Gegensatz zur konventionellen Baumwolle, die Jahr für Jahr in Monokultur angebaut wird. Im Biolandbau wird auf chemische Dünger und Pestizide verzichtet, Gentechnik ist streng verboten. Gedüngt wird mit dem Mist der Nutztiere, der ohne Primärenergie hergestellt wird. Biobaumwolle wird in 23 Ländern weltweit angebaut, 81 % der gesamten Biobaumwolle kommt jedoch aus Indien. Die Nachfrage dürfte durch das steigende Bewusstsein der kritischen KonsumentInnen weltweit gestärkt werden.

Fast Fashion

Laut einer Studie der Universität Cambridge wurde 2006 in Großbritannien ein Drittel mehr Kleidung gekauft als noch 2002 – ein Verhältnis, das sich wahrscheinlich auch auf andere Länder in Europa übertragen lässt. Der Konkurrenzkampf zwischen den Marken wird immer härter: Ohne klare Corporate Identity, niedrige Preise und schnell wechselndes Angebot kann man sich als Textilunternehmen am Massenmarkt kaum noch behaupten. Die immer schnelleren Kollektionswechsel zu immer niedrigeren Preisen üben extremen Druck auf die Unternehmen innerhalb der Lieferkette aus. Die Preise werden immer knapper kalkuliert. Der Anbau von Baumwolle nimmt zu, der Biobaumwollanteil stagniert jedoch. Die hohe Produktion führt zu Umweltschäden und massiven negativen sozialen Auswirkungen. Dem Textilmulti Inditex wurde 2011 zum Beispiel nachgewiesen, dass sie Teile ihrer Kollektionen in Brasilien von ArbeiterInnen herstellen ließen, die sklavenähnliche Bedingungen ertragen mussten. In Bangladesch, dem Land mit den niedrigsten Mindestlöhnen weltweit, kommt es aufgrund der schlechten Arbeitsverhältnisse und des hohen zeitlichen Drucks immer wieder zu Arbeitsunfällen und gesundheitlichen Zusammenbrüchen von NäherInnen.

Durch die oftmals mangelnde Qualität und die schnell wechselnden Trends ist auch das Bewusstsein zur Reparatur der Kleidung bzw. für die Wertigkeit des »guten Stücks« verloren gegangen. Noch nie wurde so viel Kleidung weggeworfen wie heutzutage. Dies führt zu nie da gewesenen Müllbergen aus Stoff. In Deutschland besagen die Schätzungen, dass zwischen 600.000 und einer Million Tonnen an Kleidung pro Jahr weggeworfen werden. Allein in München werden pro Kopf und Jahr etwa 15 Kilogramm Kleidung weggegeben.

Intransparente Lieferkette

Dass viele Menschenrechtsverletzungen und umweltzerstörerische Maßnahmen im Verborgenen bleiben, liegt vor allem an der oftmals intransparenten Lieferkette. Den Fabrikanten, die Aufträge großer europäischer oder US-amerikanischer Textilmarken annehmen, steht es frei, Subunternehmer zu engagieren. Besonders bei der Fertigung von speziellen Bestandteilen wie etwa Knöpfen, Reißverschlüssen, Applikationen werden Subunternehmen beauftragt. Die Textilmarke kann einen noch so guten »Code of Conduct« haben, der Mindestarbeitsbedingungen, maximale Arbeitszeiten und eine faire Bezahlung beinhaltet – auf diese Subunternehmen haben sie keinen Einfluss. Diese Tatsache wird jedoch häufig bewusst in Kauf genommen.

Fertigung: soziale Probleme

Weltweit sind fast dreißig Millionen Menschen in der Textilindustrie beschäftigt, der überwiegende Anteil unter unmenschlichen und unsicheren Arbeitsbedingungen. Fast 75 Prozent der weltweiten Kleidungsproduktion wird in sogenannten Entwicklungsländern hergestellt. In Europa gekaufte Kleidung wird größtenteils in Asien, Lateinamerika, Afrika und Osteuropa produziert. Dies ermöglicht den Herstellern extrem niedrige Produktions- und Lohnkosten. Auch für lokale Verhältnisse sind die Löhne in der Textilindustrie extrem niedrig, oft unter der Armutsgrenze. Trotz massiver Überstunden ist es den ArbeiterInnen oft nicht möglich, mit dem Lohn ihre Familien ausreichend zu versorgen. In Ländern wie Indien, Sri Lanka, Vietnam, Pakistan und Kambodscha liegt das Mindestgehalt einer Näherin knapp über der von den Vereinten Nationen festgelegten Armutsgrenze von zwei US-Dollar pro Tag – allerdings sind die Lebenshaltungskosten in diesen Ländern wesentlich höher. Siebzig-Stunden-Wochen sind daher Nichtregierungsorganisationen zufolge keine Seltenheit.

In manchen Ländern wie etwa China wird gewerkschaftliche

Organisation verhindert. 80 bis 90 Prozent der ArbeiterInnen sind Frauen. Der Preis für ein T-Shirt setzt sich prozentual zusammen aus: 40 Prozent Einzelhandel, 20 Prozent Steuern, 18 Prozent Werbung, 16 Prozent Fabrik, fünf Prozent Transport, ein Prozent Löhne. Diese Verteilung kann allerdings variieren, aufgrund fehlender Transparenz in der Lieferkette der Bekleidungsbranche ist eine Erstellung genauer Zahlen kaum möglich. Dass die Löhne in der Kostenverteilung irgendwo einen höheren Anteil erreichen würden, halten NGOs wie Clean Clothes jedoch für so gut wie ausgeschlossen.

Billigstlohnländer

In der Textilbranche ist es üblich, bei steigenden Lohn- und Lohnnebenkosten in ein noch günstigeres Billiglohnland abzuwandern. So zogen in den vergangenen Jahren viele Unternehmen aus China, wo sich gerade eine breitere Mittelschicht und damit insgesamt ein höherer Lebensstandard samt steigenden Kosten entwickeln, Richtung Bangladesch oder Pakistan. Jüngstes Beispiel ist Thailand. Dort beträgt der Mindestlohn pro Tag seit Januar 2013 umgerechnet etwa 7,50 Euro – zu viel für einen der größten thailändischen Textilfabrikanten, T. K. Garment, der für den Export arbeitet. Er verlagerte nach 32 Jahren in Thailand seine Produktion nach Kambodscha, wo der gesetzliche Mindestlohn pro Tag nur 1,52 Euro beträgt. Mit einer Sechstagewoche und Überstunden ergibt das einen Monatslohn von etwa 50 Euro für die kambodschanischen NäherInnen – ein Lohn, der sie trotz Arbeit systematisch in die Armut drängt.

Living Wages

Die Clean-Clothes-Kampagne hat es sich zur Aufgabe gemacht, Living Wages in der Textilindustrie einzufordern. Living Wages sind existenzsichernde Löhne, mit denen ein/e ArbeiterIn leben und auch seine/ihre Familie unterstützen kann. Die Ausreden der Industrie sind vielschichtig und reichen von der falschen Argumentation, man könne Living Wages nicht berechnen, über die Weitergabe des schwarzen Peters an Regierungen, von denen die Einführung solcher Living Wages auf gesetzlicher Basis eingefordert wird. Auch KonsumentInnen werden vorgeschoben, sie würden nicht mehr für ein Shirt bezahlen wollen.

Sicherheit am Arbeitsplatz

2013 geriet das Thema weltweit in die Medien, als in Bangladesch ein illegal erbautes Fabrikgebäude einstürzte und über eintausend Menschen unter sich begrub. Schon im Jahr zuvor kam es zu zwei verheerenden Bränden: In Bangladesch starben bei einem Fabrikbrand fast 300 NäherInnen, wenig später forderte ein Brand in Pakistan 115 Opfer. Derzeit weigern sich aus Kostengründen noch viele große Textilunternehmen, für wirksamen Brandschutz bei den Zulieferfabriken zu sorgen. In Bangladesch haben NGOs und Gewerkschaften ein umfassendes Brandschutzprogramm entwickelt und versuchen, große Textilhändler zur Beteiligung zu bringen. Damit würden sie sich verpflichten, ihre Zulieferer zu benennen und zu verlangen, dass die Beschäftigten in den Fabriken Arbeitsschutzausschüsse bilden. Die ArbeiterInnen müssten geschult werden und Sicherheitsrisiken melden können. Wenn eine Fabrik trotz Aufforderung solche Risiken nicht beseitigen würde, dann wäre der Auftraggeber verpflichtet, die Produktion in eine andere Fabrik zu verlegen.

Eine verhältnismäßig große Zahl von Unternehmen hat sich bereit erklärt, dieses Abkommen mitzutragen. Doch manche wirklich großen Namen fehlen noch. Deren Ausrede: Man würde bereits in andere Aufklärungskampagnen investieren. Seit Jahren kommt es NGOs zufolge in Fabriken in Bangladesch, Pakistan, Indien, aber auch den Philippinen immer wieder zu in Ohnmacht fallenden NäherInnen, die aufgrund der Dämpfe in den stickigen Hallen und aufgrund von akuter Überarbeitung nach 20 Stunden oder mehr einfach umkippen.

Chemie bei der Fertigung

In der Produktion kommt es immer wieder zum Einsatz von chemischen Mitteln zur Färbung und Applikation. Etwa 80 Prozent der Färbemittel bleiben in den Fabriken, die restlichen 20 Prozent werden einfach in die Kanalisation oder in lokale Gewässer geleitet. Durch die globale Textilindustrie gelangen Greenpeace zufolge auf diese Weise jährlich 40 000 bis 50 000 Tonnen Färbemittel in das Wassersystem der Produktionsländer. Doch dabei bleibt es nicht: Die ersten drei bis zehn Waschgänge von Kleidung sorgen dafür, dass Schadstoffe wie Phthalate oder Nonylphenolethoxylate in das lokale Abwassersystem gelangen. Vor allem NPEs sind nicht abbaubar und durch Kläranlagen nicht aus den Gewässern zu bekommen. Greenpeace schaffte es 2012, diverse große Modeeinzelhändler wie etwa Zara und ihren Mutterkonzern Inditex (der größte Textilkonzern der Welt), Levis oder Esprit dazu zu verpflichten, die Freisetzung von gefährlichen Chemikalien bis 2020 zu beenden. Wichtigster Schritt ist hierbei die Weisung der Unternehmen an ihre oft Hunderte von Zulieferbetrieben, Daten über die Freisetzung gefährlicher Chemikalien zu veröffentlichen und in weiterer Folge diese Chemikalien auszulisten.

Sandblasting

Als Sandblasting, also Sandstrahlen, bezeichnet man die Oberflächenbehandlung von Stoffen wie Jeans, um ihnen einen »Used-Look« zu geben. Dabei werden oft mit einem Kompressor Sand oder anderes Feinteiliges wie etwa Kunststoffgranulat oder Nussschalen mit Hochdruck auf den Stoff geblasen. Das hat denselben Effekt wie die Behandlung mit Schleifmitteln, allerdings mit bösen Nebenwirkungen. Die ArbeiterInnen atmen den Staub ein und bekommen schwere Atemwegserkrankungen, die nicht selten tödlich enden. Viele große Unternehmen haben sich bereits öffentlich distanziert, immer wieder finden Verbraucherschützer jedoch eindeutig sandgestrahlte Produkte in den Filialen der jeweiligen Textilketten.

(Un-)angekündigte Überprüfungen

Große Textilunternehmen stellen ihren Zulieferfirmen oft die Bedingung, dass diese über bestimmte Zertifikate verfügen (häufig: ISO 14001 für Umweltmanagement und SA 8000 für Arbeitsnormen und Sicherheitsstandards). Nicht nur, dass diese Zertifikate häufig gefälscht werden, die Audits (Überprüfungen der Standards) finden selten unangekündigt statt und verlieren so ihren Sinn.

Transport

Ein Kleidungsstück, dessen Rohbaumwolle aus den USA und dessen Polyesterfaseranteil aus Fernost kommt, in Deutschland gewebt, in Tunesien geschneidert und bei uns verkauft wird, hat bereits rund 19000 Kilometer (= drei Erdumrundungen) zurückgelegt. Aufgrund immer häufiger wechselnder Kollektionen wird auf verhältnismäßig umweltschonende Transportmittel (Schiff/Bahn/emissionsarme Lkws) verzichtet und – wie bei verderblicher Ware – das Flugzeug als Transportmittel gewählt. Der Flugtransport produziert circa die zwölffache CO_2-Menge eines Schifftransportes bei gleicher Kilometerentfernung. Der größte aller Textilproduzenten, Inditex, hat übrigens seine Produktionsstätten von Fernost vor allem nach Nordafrika verlagert. Die Verkürzung des Lieferwegs dient jedoch nicht der Nachhaltigkeit, sondern ist der Tatsache geschuldet, dass eine Verkürzung der Lieferwege noch schnellere Kollektionslieferungen in die einzelnen europäischen Filialen ermöglicht. Diese Beschleunigung (»Fast Fashion«) trägt wesentlich zum Grundproblem des Überkonsums und der Verschlechterung der ökologischen und sozialen Bedingungen in der Produktion bei.

Verkaufskonzepte als Ablenkungsmanöver

Die Darstellung der Qualität tritt in den Geschäftslokalen in den Hintergrund, wichtiger wird die Produktpräsentation als Gesamtkonzept. Sanfte Hintergrundbeschallung, laut stampfende Beats oder gar keine Musik in den Läden als Statement ist ebenso wichtig geworden wie Gerüche, Temperatur und Shopdesign. Eine bekannte Modekette aus den USA hat großen Erfolg mit dem Konzept, ihre Mode in abgedunkelten Geschäftslokalen, in denen ohrenbetäubend laute Musik läuft, zu präsentieren. Der Kunde hat das Gefühl, anstelle des Shops einen angesagten Club zu betreten – inklusive gut aussehender Türsteher. Auf die Qualität der Nähte oder die Farbechtheit des Stoffes kann gar nicht mehr geachtet werden, ohne das Geschäft zu verlassen und die Bekleidung bei Tageslicht zu betrachten – dies wird ohne vorherigen Kauf jedoch oft unmöglich gemacht.

Alte Kleidung: Müllberge

Ein Effekt der explodierenden Massenproduktion, der uns oft nicht bewusst ist: Die Müllberge aus Stoff steigen massiv an. Allein in Hamburg beispielsweise landen 14 000 Tonnen Altkleider im Hausmüll, in München sind es immer noch rund 10 000 Tonnen. Zwar gibt es viele Möglichkeiten der Altkleiderverwertung, dennoch: Die schiere Menge an nicht mehr getragener Kleidung, die durch Fast Fashion entstanden ist, ist erdrückend.

Alte Kleidung: Textilmarkt in Afrika

Viele Kleidersammlungen in Europa mit ihren großen Containern am Straßenrand vermitteln den Menschen, dass sie mit ihrer Altkleiderspende etwas Gutes tun. Prinzipiell ist die Idee ja auch gut: Die Wiederverwertung der Kleidung vermeidet Müll, und der Verkauf der Secondhand-Ware unterstützt der Werbung zufolge karitative Organisationen. Doch dies scheint nicht so ganz zu stimmen: 2010 wurden Vorwürfe wegen der undurchsichtigen

Geschäftsstruktur der Organisation »Humana – People to People« laut. Danach fließt nur ein Bruchteil der Einnahmen in die Entwicklungshilfe. Ähnliche Vorwürfe wurden auch gegen andere Einrichtungen, die Altkleidercontainer aufstellen ließen, laut. Die Unternehmen geben ihren Namen für die Sammlung her, eingesammelt wird die Ware von professionellen Rohstoff-Recyclingbetrieben. Die Kleiderspenden werden dann sortiert und je nach Beschaffenheit in andere Länder verschickt (Osteuropa, Afrika). Nur ein geringer Prozentsatz der Kleidung landet in inländischen karitativen Einrichtungen (Flüchtlingsheime, Frauenhäuser). Der überwiegende Großteil der Kleidung wird nach Afrika verschifft. Dort ist der Markt bereits überschwemmt von den »Abfällen« aus Europa – mit der traurigen Konsequenz, dass die lokale Textilindustrie inzwischen fast komplett brachliegt. Die Afrikaner und Afrikanerinnen bezahlen für die Altkleidung Preise, die unter Umständen über dem Erstkaufpreis liegen – und das, obwohl sie von gutmeinenden EuropäerInnen »gespendet« wurde.

Faire und ökologische Mode

Eine österreichische Studie von Anfang 2012, in Auftrag gegeben von Südwind und durchgeführt von OGM, brachte folgende Ergebnisse: Der Trend geht in Richtung nachhaltige Mode. Bereits zwei Drittel der ÖsterreicherInnen geben faire Arbeitsbedingungen und umweltschonende Herstellung als wichtiges Kriterium beim Kleidungskauf an (was nicht per se bedeutet, dass es ein Ausschlusskriterium ist). 31 Prozent finden diese beiden Kriterien sogar sehr wichtig. Über die Hälfte der Befragten gab an, dafür auch tiefer in die Tasche greifen zu wollen, die Bereitschaft zu mindestens 15 Prozent Überzahlung ist da. Auch das Wissen der KonsumentInnen über faire und ökologische Mode scheint im Steigen begriffen zu sein. Während 2010 (als diese Studie bereits einmal durchgeführt wurde) nur 13 Prozent der Befragten angaben, sich gut informiert zu fühlen, sind es jetzt schon über

20 Prozent. Besonderes Vertrauen wird unabhängigen Gütesiegeln entgegengebracht. Die Nachfrage nach Biobaumwolle steigt ebenfalls (leider steigt der Anbau nicht in Korrelation).

Die Gütesiegel

KonsumentInnen werden immer wieder Gütesiegel als Vertrauenszeichen und zur Absicherung präsentiert. Aufgrund der Fülle dieser Gütesiegel und des Mangels an einheitlichen Standards ist das Angebot jedoch sehr verwirrend und gleicht einem Wald voller Siegel. Besonders im ökologischen Bereich gibt es sehr viele Gütesiegel, der Bereich der sozialen Absicherung und Fairness hinkt noch etwas nach. Doch auch viele der ökologischen Gütesiegel versprechen mehr, als sie halten. So ist beispielsweise das weitverbreitete *ÖKOTEX-100*-Siegel eine Garantie für ein schadstofffreies Endprodukt, definiert jedoch keine Kriterien für eine ökologisch nachhaltige oder sozial faire Produktion. Das Siegel, das derzeit am breitesten greift und dem KonsumentInnen vertrauen können, ist das *GOTS*-Siegel (Global Organic Textile Standard). Es kombiniert ökologische und soziale Kriterien und zertifiziert die gesamte Zulieferkette – die dann auch transparent sein muss.

Die Clean-Clothes-Kampagne

Die Clean Clothes Campaign, ein Netzwerk aus diversen NGOs weltweit, setzt sich seit 1990 für eine Verbesserung der Arbeitsbedingungen in der Bekleidungsindustrie ein. Sie verfolgt einen »holistischen Unternehmensansatz« und fordert Unternehmen dazu auf, sich einem Verhaltenskodex zu verschreiben, der für die gesamte Lieferkette umgesetzt werden soll. Damit zielt die CCC nicht auf Produktzertifizierungen, sondern auf Unternehmenszertifizierungen. Dies soll vermeiden, dass Unternehmen nur einzelne Produktlinien als »fair« oder »bio« verkaufen und dies dann als Feigenblatt für ihre restliche Produktion nutzen.

Der Verhaltenskodex der CCC beinhaltet:

1. keine Zwangsarbeit
2. keine Diskriminierung
3. keine Kinderarbeit
4. keine exzessiven Arbeitszeiten
5. Vereinigungsfreiheit und Kollektivvertragsverhandlungen
6. betrieblicher Arbeits- und Gesundheitsschutz
7. festes Beschäftigungsverhältnis
8. Bezahlung eines »living wage«, also eines Lohns, von dem die ArbeiterInnen und ihre Familien leben können

Alternativen: Messen für nachhaltige Mode

Die Berliner Fashion Week ist alle sechs Monate der Treffpunkt schlechthin für ökofaire Mode. Während dieser Woche findet regelmäßig die Ethical Fashion Show Berlin statt, eine Fachmesse für grüne Mode, ebenso wie der Greenshowroom im Hotel Adlon. Der Heldenmarkt, die Messe für nachhaltigen Konsum, macht alljährlich Station in mehreren deutschen Städten (München, Bochum, Frankfurt/Main, Stuttgart, Berlin). Die WearFair ist Österreichs größte Messe für faire Mode, sie findet seit 2008 alljährlich Ende September in Linz statt. 2013 wurde das Angebot von Mode auf weitere Bereiche wie Ernährung und Mobilität erweitert. In der Schweiz gibt es die Designgut, eine Ausstellung für nachhaltige Produkte. Sie findet ebenfalls seit einigen Jahren regelmäßig in Winterthur statt.

Buchtipps

Folgende Bücher habe ich während meiner Shoppingdiät für mich entdeckt:

Zum Thema Konsum

- »No Shopping! Ein Selbstversuch« von Judith Levine, erschienen 2007 im Gustav Kiepenheuer Verlag: ein Selbstversuch-Buch, das ich relativ bald nach Beginn meiner Shoppingdiät entdeckte. Judith Levine verzichtet auf alles, was sich als Luxusprodukt bezeichnen lässt – und das geht weit über Kleidung hinaus. Ihr Mann macht mit und hat ziemlich bald so seine Probleme damit, dass Bier und Wein auch als Luxusprodukt kategorisiert wurden. Doch er findet kreative Lösungen dafür. Ein Buch, das gleichzeitig zum Lachen bringt und sehr nachdenklich macht, wie wenig man eigentlich braucht.
- »Go Shopping! Warum wir es einfach nicht lassen können« von Eva Tenzer, erschienen 2009 im Gustav Kiepenheuer Verlag. Eva Tenzer listet die unterschiedlichen Erklärungen auf, warum wir zu leidenschaftlichen Konsumenten geworden sind. Teilweise nimmt sie die Evolution zu Hilfe. Sehr amüsant geschrieben lernt man, wie wir unsere eigenen unbewussten Mechanismen austricksen können.
- »Habenwollen. Wie funktioniert die Konsumkultur?« von Wolfgang Ullrich, erschienen 2012 im Fischer Taschenbuch Verlag. Nüchtern und deutlich erklärt der Autor, wie Produkte heute gemacht werden – und was sie mit uns machen.

Zur Textilproduktion

- »Saubere Sachen. Wie man grüne Mode findet und sich vor Öko-Etikettenschwindel schützt« von Kirsten Brodde, erschienen 2009 im Ludwig Verlag. Kirsten Brodde ist Deutschlands bekannteste Kämpferin für faire Mode, sie bloggt seit 2008 auf www.gruenemode.de und war von 2012 bis 2013 verantwortlich für die Detox-Kampagne von Greenpeace. Ein Pflichtbuch für alle, die sich für grüne Mode interessieren!
- »Eco Fashion. Top Labels entdecken die Grüne Mode« von Kirsten Diekamp und Werner Koch, erschienen 2010 im Stiebner Verlag. Ein weiteres packendes Werk über die Zustände in der konventionellen Textilproduktion, bei dem man viel über die verschiedenen Gütesiegel und Labels, aber auch einige erschreckende Fakten lesen kann. Für mich zum regelmäßigen Nachschlagewerk geworden.
- »Die Weltreise einer Fleeceweste. Eine kleine Geschichte über die Globalisierung« von Wolfgang Korn, erschienen 2008 im Bloomsbury Verlag. Das Buch ist eigentlich ein Jugendbuch und der Autor zeichnet den Weg seiner eigenen Fleeceweste von der Rohstoffgewinnung bis zum Altkleiderberg und noch weiter nach. Definitiv auch für erwachsene Leser empfehlenswert!

Zum Thema Do it yourself

- »Hab ich selbst gemacht. 365 Tage, 2 Hände, 66 Projekte« von Susanne Klingner, erschienen 2011 bei Kiepenheuer & Witsch. Sicherlich das Buch in meinem Bücherregal, das mit Abstand am meisten »zerlesen« ist. Klingner beschließt, für ein Jahr lang ihr Gemüse selbst anzubauen, Brot selbst zu backen, selbst zu nähen, zu stricken und handzuwerken. Sie berichtet von ihren Erfolgen und Misserfolgen – und gibt jede Menge Anleitungen. Die »gesunden« Good-Morning-Muffins und das »faule« Brot haben es mir besonders angetan, deshalb musste das Buch schon einige Aufenthalte in der Küche überleben.

- Strickbücher gibt es wie Sand am Meer, sodass die Auswahl wirklich schwerfällt. Für diese Auflistung habe ich mich für »Stricken. Das Standardwerk« von Stephanie Linden, erschienen 2011 im Frech Verlag, entschieden. Warum? Weil »Standardwerk« es wirklich trifft, in dem (übrigens fast zwei Kilo schweren) Buch findet man wirklich alles, jeden Tipp, jeden Kniff, alles, was irgendwie mit Stricken zu tun hat. Meine Ausgabe ist bereits voll mit Lesezeichen in Form von Garnbanderolen.
- Praktischerweise ist im gleichen Verlag auch »Nähen. Das Standardwerk« erschienen (von Brigitte Binder, Jutta Kühnle und Karin Roser). Auch hier wieder: alles, was man wissen muss, gebündelt in einem Buch voller informativer Texte und Bilder. Selbst wenn man bei null startet, findet man sich mit den Tipps in dem Buch zurecht.
- »DIY Couture. Einfach nähen ohne Schnittmuster« von Rosie Martin, erschienen 2012 bei DuMont. Nähen, so wie ich es mag: Das Buch gibt intensiv bebilderte Schritt-für-Schritt-Anleitungen, wie man sich auf Basis simpler Schnitte und ohne komplizierte Anleitungen tolle Teile selbst näht. Quasi das anarchistische Standardwerk des Nähens.

Danksagung

Abgesehen von meinen an den Beginn des Buches gestellten Danksagungen an meine Familie, den Liebsten und Katrin möchte ich noch ein paar anderen Leuten persönlich danken:

Sind zwar oben in »Familie« schon eingeschlossen, aber trotzdem: Oma und Opa, ich danke euch für alles. Opas Kommentar: »Da scheinen die Leute ja doch wieder gescheit zu werden, wenn dein Thema so viel Interesse erzeugt«, hat mich über Wochen motiviert.

Gina, Moni, Ena und wie ihr alle heißt, liebste Mädels, die ihr als Protagonistinnen für dieses Buch herhalten musstet – einfach nur, weil ihr es euch antut, mit mir befreundet zu sein …

Danke, Andrea, für deine Informationen aus einer mir völlig fremden Welt!

Der lieben Stephanie, meiner Lektorin, die es geschafft hat, mich auch bei Durchhängern immer wieder zu motivieren – und die Geduld hatte, weil Buchschreiben neben Job und Ausbildung gar nicht so ohne ist.

Meinen treuen Leserinnen und Lesern von ichkaufnix.wordpress.com – es macht Spaß, für euch zu schreiben!

Und noch einmal: dem Liebsten, der entgegen (oder trotz? oder gerade wegen?) der trockenen Kommentare, die er regelmäßig loslässt, herzensgut und männertechnisch mit großem Abstand das Beste ist, was mir je passiert ist.